中國学術思想

研究輯刊

七　編

林　慶　彰　主編

第 5 冊

惠棟易例研究（下）

江　弘　遠　著

花木蘭文化出版社

國家圖書館出版品預行編目資料

惠棟易例研究（下）／江弘遠 著 — 初版 — 台北縣永和市：
花木蘭文化出版社，2010〔民99〕
目 4+174 面；19×26 公分
（中國學術思想研究輯刊 七編：第5冊）
ISBN：978-986-254-164-7（精裝）
1.（清）惠棟　2.易學　3.學術思想　4.研究考訂
121.17　　　　　　　　　　　　　　　　99002190

ISBN - 978-986-254-164-7

中國學術思想研究輯刊

七 編 第五 冊　　　　　ISBN：978-986-254-164-7

惠棟易例研究（下）

作　　者　江弘遠
主　　編　林慶彰
總 編 輯　杜潔祥
出　　版　花木蘭文化出版社
發 行 所　花木蘭文化出版社
發 行 人　高小娟
聯絡地址　台北縣永和市中正路五九五號七樓之三
　　　　　電話：02-2923-1455／傳眞：02-2923-1452
網　　址　http://www.huamulan.tw 信箱 sut81518@ms59.hinet.net
印　　刷　普羅文化出版廣告事業
封面設計　劉開工作室
初　　版　2010年3月
定　　價　七編24冊（精裝）新台幣 40,000 元

惠棟易例研究（下）

江弘遠　著

目

次

四四、貴　賤

（1）《乾鑿度》曰，初為元士（在位卑下），二為大夫，三為三公，四為諸侯，五為天子，上為宗廟（宗廟人道之終）。凡此六者，陰陽所以進退，君臣所以升降，萬民所以為象則也。

△按：此爻位配官爵，始見於《京氏易傳》及《易緯乾鑿度》。〈繫辭〉已有如斯之觀念，首章云：「卑高以陳，貴賤位矣。」是也。然事有輕重緩急，辭有隱顯陳錯，既言「大君」是矣，而履六三曰：「武人為于大君。」〈象〉曰：「武人為于大君，志剛也。」則六三上應上九，故然也。師上六曰：「大君有命，開國承家，小人勿用。」蓋無應也。既言「王」矣，師九二云：「在師中言，無咎，王三賜命。」〈象〉曰：「剛中而應。」乃指此爻上應六五王位，又于爻為三才三天，故九二〈象〉曰：「承天寵也﹒」比九五云：「王用三驅，失前禽。」此則王位是也。隨上六云：「王用享于西山。」上為宗廟，故有此象。蠱上九：「不事王侯，高尚其事。」〈象〉曰：「不事王侯，志可則也。」君子齊家而後能治國，前五爻皆言父母之事，是以在家奉養父母，為高尚之事，故其志可則也。又上爻居一卦之終，有退職還家之象也，故曰：「不事王侯。」觀六四云：「用賓于王。」離上九曰：「王用出征。」蹇六二曰：「王臣蹇蹇。」晉六二：「于其王母。」益六二：「王用享于帝吉。」升六四：「王用享于西山。」凡此諸爻皆非王位，然與王者之事有關，而於此爻動則有此象，不必咸書於第五爻也。家人九五：「王假有家。」渙九五：「渙王居，無咎。」則是值五爻之事也。諸侯、三公、大夫、士，餘例仿此。除爻之相應者外，當尋諸納支、生剋、沖合，世月之法。若直以爻辭配《乾鑿度》貴賤爵位之說，必有不盡相合之處也。

　　　甲、坤六三，或從王事。干寶曰，陽降在四（自否來），三公位也。陰升在三，三公事也。

△按：既為坤六三，三為三公，而三爻處內外之際，故有「或從王事」之象。《周易釋爻例》：「凡三四爻……亦稱或。」「坤六三或從王事，訟六三或從王事，无妄六三或繫之牛，恆九三或承之羞，乾九四或躍在淵，漸九四或得其桷，中孚六三或鼓或罷或泣或歌，小過九三從或戕之。」﹝註359﹞或者，不定之疑辭也。《集解》引干寶曰：「陰氣在三，七月之時，自否來也。陽降在四，三公位也；陰升在三，三公事也。」其取「消息」之說以釋爻義。徐芹庭曰：「七月孟秋，於卦

﹝註359﹞參見63年9月版，廣文書局印行，頁17～18。

為否。虞註：一陰消乾。謂陰消去乾之內卦而成否也。」〔註360〕故惠註云：「自否來。」李道平疏曰：「陰消至三，為七月否，故知坤三自否來也。陰當居二，否陰升三，出于地上。陽當居五，否四為陽，是陽降在四矣。《乾鑿度》：『三為三公』，三本陽位，陽降在四，本由于三，故以陽降在四，為三公位也。六三居三之位，是陰升在三而行三公之事也。」既以三為三公，而云陽降在四，三公位也，則四爻為三公位，與本旨相違。陰升在三，不云其位，止言其事，亦甚牽強。且李道平這「陽降在四，本由于三」云云，既不合「升降」之例，理亦難通。

（2）訟上九，或錫之鞶帶。荀爽曰，鞶帶宗廟之服，三應于上，上為宗廟，故曰鞶帶也。

△按：說文段註「鞶」字云：「虞翻註《易》亦云鞶帶大帶，皆與鄭異。蓋鄭以大帶用素，天子、諸侯、大夫同士，用練皆不用革也。大帶所以申束衣，革帶以佩玉佩及事佩之等，故喪服以要絰象大帶，又有絞帶象革帶也。內則云：男鞶革，女鞶絲，則鞶非大帶明矣。」又云：「鞶，革帶也。」〔註361〕由此得知，除喪服須要絰象大帶之外，無任何明言其鞶帶為宗廟之服也。鞶帶非大帶，乃為革帶，用以佩玉飾及事佩之等，非專於宗廟服之。李道平疏：「鞶帶服之以祭者，故云宗廟之服。三應于上，上為宗廟，故知鞶帶為祭服而在上也。」〔註362〕其言尚待辨明。〔註363〕屈萬里曰：「按即使上爻為宗廟，

〔註360〕參見《兩漢十六家易註闡微》，頁71。

〔註361〕木鐸出版社印行，《中國文化史工具書》「腰帶」下云：「古代的服裝，不用紐扣，沒有衣袋，只是在衣服的衣襟之間用一根根小帶子繫結起來，起著現在紐扣的作用。這種小帶子叫做『紟（音同衿）』。而在衣服外面的腰帶，則總束一根大帶，把衣服裹好，隨身攜帶的物件就繫掛在這根腰帶上。當時，腰帶也有貴賤等級之分。平民百姓的腰帶是用熟牛皮製的：『韋帶』（韋，熟牛皮）。後來：『布衣韋帶』就成為平民的代稱。如說苑、奉使：『大王亦掌見夫布衣韋帶之士怒乎？』貴族、官吏的腰帶有兩種，一種是用絹織成的『紳』，大夫以上用生絹，寬四寸；士以上用熟絹，寬二寸。一種是用皮革做的『革帶』，也叫做『鞶』。」

〔註362〕引自《周易集解纂疏》，卷二，頁138。

〔註363〕試用納支生剋沖合之法解之如下：（右一為初爻）

戌 子	申 妻	午 兄	午 兄	辰 子	寅 父
土 女	金 財	火 弟	火 弟	土 女	木 母
		（世）			（應）

而鞶帶為宗廟之服；然鞶帶自鞶帶，宗廟自宗廟，詎可以鞶帶說宗廟乎？」
〔註364〕聊備一說。然荀爽言「三應于上」，則言之有據也。

（３）師上六，大君有命，開國承家。于寶曰，離上九曰，王用出征，有嘉折
　　　首。上六為宗廟，武王以文王行，故正開國之辭於宗廟之爻，明己之受
　　　命文王之德也。

△按：「有嘉」其義有三：一，有作介詞，于也。如家人九五：「王假有家。」
萃：「王假有廟。」言王至于家，王至于廟也。隨九五：「孚于嘉。」隨卦二三
四上諸爻皆載係獲，疑此「孚」為「俘」之借字也。由此推知，「嘉」或為一地
名。孚于嘉者，俘于喜之地也。故離上九斷句「王用出征有嘉，折首，獲匪其
醜。」其義可作「王用出征于嘉。」二、「有」作動詞。高亨云：「古謂喜慶之
事為嘉。」〔註365〕《周禮・春官・小宗伯》：「掌五禮之禁令。」乃以冠婚之事
為嘉禮也，而以軍旅之事為軍禮，故有嘉作有冠婚之事，於此離上九爻義不合。
孔疏：「以出征罪人，事必剋獲，有嘉點之功。」〔註366〕則其說可通。三、「有」
作虛詞，如「有窮氏」、「有扈氏」。其斷句則作「王用出征有嘉，折首。」其語
法同於未濟九四：「震用伐鬼方。」干寶引離上九之意，李道平疏曰：「復引離
上九爻辭者，以稱王可以明大君出征，可以明王在郊野之象也。」是以知「王
用出征」，乃指王者告祭於廟，以行征伐之事也。干寶乃以「大君」為文王，「王
用出征」之「王」為武王。李道平疏：《史記》周本紀：武王觀兵，至于孟津，
為文王木主，載以車中，言奉文王以伐，不敢自專。故云武王以文王行。」〔註
367〕又云：「〈泰誓〉下篇曰：予小子夙夜祗懼，受命文考。故云：正開國之辭于
宗廟之爻。」〔註368〕予者，指武王自稱也。「受命文王之德」，即為「大君有命」
之意也。〔註369〕此干寶註引離上九爻辭，即黃師慶萱於《魏晉南北朝易學書考

　　　　離宮，世月在卯木父母。《卜筮正宗》，卷三：「凡占衣服，俱以父母爻為
　　用神。」今卯與上六戌合，是「錫之鞶帶」之象。又「凡占忠臣、良將，俱
　　以子孫爻為用神。」是王者錫臣屬之象也。然卯戌合中帶剋，又戌於一日之
　　時辰，受寅剋、辰沖，豈為「終朝三遞之」之由乎？
〔註364〕目《先秦漢魏易例述評》「爻位貴賤」條。
〔註365〕引自《周易古經今註》，卷二，頁107。
〔註366〕引自《十三經註疏》本。
〔註367〕李氏之語，見《周易集解纂疏》，卷二，頁151。
〔註368〕同上，頁152。
〔註369〕朱天順在《中國古代宗教初探》一書中言及：「殷代宗教最主要的內容有三方
　　　　面：一、信仰上帝和天命。二、祖先崇拜。三、占卜。西周時期的周統治者

佚》一書中「次序干寶周易註釋易義之依據」文下，「據爻辭以爲註」之例也。
黃師又於書中曰：「干寶好以殷周史說易，尤好以文王與紂事說《易》，當以繫
辭傳語爲其最重要之依據。」（頁343）故干寶註師上六爻辭，即「據殷、周之
際史事以說《易》」（頁346）也。干註言「上六爲宗廟」，當爲引《乾鑿度》也。

（4）解上六，公用**躲**隼。仲翔曰，上應在三公，謂三伏陽也。

△按：屈萬里云：「解上穴不以上爻爲說，乃取於三；三爲三公，則『公用射隼』
之辭，曷不繫於三爻？以三說上，既已指鹿爲馬，況更牽及三之伏陽乎？其紕
繆罕通，胥此類矣。」〔註370〕其說不可謂無理，因三上皆爲陰爻，不得謂有應；
三既有伏陽，上亦有之，則曷以言之？原辭爲：「公用射隼于高墉之上，獲之無
不利。」惠棟書爲「躲」，說文：「躲，弓弩發於身而中於遠也。射，篆文，從
寸，寸，法度也，亦手也。」墉，《集解》本及所引虞翻《易》作「庸」，詩大
雅：「以作爾庸。」註：「庸，城也。」《禮記・王制》：「附于諸侯曰附庸。」鄭
註：「附庸，小城也。」是以庸爲墉也。馬王堆帛書本《周易》亦作「庸」。《集
解》本李鼎祚曰：「二變時體艮，艮爲山，爲官闕，三在山半，高墉之象也。」
是李氏經文作庸，而自註則以墉釋庸，明作庸者假借字也。〔註371〕然而，解上
六稱公，蓋以納支、生剋等法也，〔註372〕非單視某爻必言某爵位也。

基本上把殷人的上帝崇拜和天命迷信，都接受了下來。……周統治者也像殷
商那樣極力把君權神聖化，周武王對諸侯說，周的君權是文王接受天命建立
的。」（谷風出版社印行，頁277～278）

〔註370〕引自《周易異文考》，頁79。
〔註371〕引自同上。
〔註372〕試解之如下：（右一爲初爻）

戌 妻	申 官	午 子	午 子	辰 妻	寅 兄
土 財	金 鬼	火 女	火 女	土 財	木 弟
					伏 父
（應）				（世）	子 母

震宮，世月在丑土妻財。虞氏逸象云：「坎爲弓彈，爲弧。艮爲城。離爲
黃矢，爲矢，爲鳥，爲飛鳥。」卜筮正宗卷三云：「凡占禽鳥，俱以子孫爻爲
用神。」今三爻三公位值子女，在互體離卦之中爻，離有飛鳥之象，子女爻亦
郡雍爲占禽鳥之用神，故曰隼。以內外卦象視之，小過，朱熹本義云：「卦體
內實外虛，如鳥之飛。」上六：「弗遇過之，飛鳥離之，凶，是謂災眚。」則

（5）損〈象〉曰，曷之用二簋，可用享。荀爽曰二簋，謂上體二陰也。上為
　　　宗廟，簋者宗廟之器，故可享獻也。

△按：商代有盛器曰「簋」，圓腹圈足，盛黍、稷、稻、粟之用。兼有陶製與
青銅製，西周承襲之。〔註373〕其為食器最常見者，周代之簋，圈足下多附有
方座。此因古人席地而坐，故食器附座，便於取食也。〔註374〕由此可知，簋
既為常用之食器，非特供做宗廟之器也。而周禮、地官、舍人：「凡祭祀，共
（供）簠、簋，實之際之。」是食器可供祭祀之證也。唯若直言之「簋者，
宗廟之器」則非是。「曷之用？二簋可用享。」今為損之卦辭，古曰象辭，故
「損象曰」之「象」當指今卦辭也。荀爽謂上體二陰為二簋，殆非然也。損
卦，其象似有蓋之簋；「二」不倚從何取，疑自五行之數而來。〔註375〕

（6）益六三有孚中行，告公用圭。仲翔曰，公謂三伏陽也。三公位，乾為圭
　　　（圭，玉也。乾為玉），乾之二，故告公用圭（卦自否來，故稱乾）。

解外卦亦有飛鳥之象：內卦坎為弓，又體離為矢，是有射隼之象。世為卦之主，
占問者之爻也，若卜官所占，則以己值世，公在三也。今辰與戌相沖，上六妻
財受沖，是鳥被射之象；九二靜爻受沖，財動則發，故獲之無不利也。至於李
鼎祚言「二變時體艮，艮為山，為宮闕，三在山半，高墉之象也。」聊備一說。
〔註373〕參見《考古學基礎》，帛書出版社印行，頁74～94。其，頁94附圖14西周
　　　　銅器第十六號，為有蓋之簋，與損卦象甚相近。
〔註374〕李學勤於中國青銅器的奧秘一書中指出：「簋是食器中最常見的一種，是盛黍
　　　　稷等食物用的容器。其形制有有蓋、無蓋，有耳無耳之別，有耳的又有兩耳、
　　　　三耳、四耳的，三耳極少見。周代的簋，圈足下多附有方座，這是由於古人
　　　　是席地而坐的，所以食器附座，便於取食。有一些簋，在四耳下延長成為四
　　　　足的長珥，使簋身舉高，也是出於同樣的目的。簋這一器名在中國廣東方言
　　　　中流傳至今，把宴席上八個菜碗稱為『八簋』。……簋絕大多數是圓體，方簋
　　　　雖有，但極少見。」（頁25～27）
〔註375〕試以納支、生剋、沖合、世月之法釋之：（右一為初爻）

寅	官	子	妻	戌	兄	丑	兄	卯	官	巳	父
木	鬼	水	財	土	弟	土	弟	木	鬼	火	母
（應）						（世）					

　　　　艮宮，世月在申金子女。今上九寅木被申月沖剋，須子水妻財來救。《卜
　　　　筮正宗》，卷三用神分類定例第一云：「凡占鬼神，俱以官鬼爻為用神；凡占
　　　　錢糧、器皿，俱以妻財爻為用神。」今官鬼值上六宗廟之位，而妻財爻來生之，
　　　　且卦象有簋之象，故云：「曷之用？二簋可用享。」特「二」不知其義也。

△按：既爲三公之位矣，曷須言「公謂三伏陽也」。若以二至四爻體坤，坤見伏乾，故有圭之象，其說尚可通。然何以「乾之二」？「二」字疑誤，《集解》本載爲「乾之三」爲正。而三爻爲陰，烏由得乾之三耶？若這「乾之初」則是，象曰：「益，損上益下。」朱熹《本義》云：「爲卦損上卦初畫之陽，益下卦初畫之陰。自上卦而下於下卦之下，故爲益。」故知乾不之二，亦不之三。此當與升降法無涉也。益六三全文：「益之用凶事，無咎，有孚，中行告公用圭。」〔註376〕古時以喪葬之事爲凶禮，高亨云：「蓋凶禮之別有五，即喪禮、荒禮、弔禮、襘禮、恤禮。則此所謂凶事，即死亡、凶札、禍災、圍敗、寇亂之類。」〔註377〕其言是也。何謂「益之用凶事，無咎。」？高亨曰：「所謂益之，即對於有凶事者贈之以財物，或助之以力役也。人有凶事，我則益之，此自無咎。」〔註378〕孚者，信也。中行者，其語法與詩經：「中谷」、「中逵」、「中林」、「中露」、「中河」、「中沚」、「中陵」、「中鄉」、「中原」、「中澤」、「中阿」、「中田」、「中心」，皆自相似。所謂「中行」，即「行中」，猶言「於道之中」也。「用圭」者，朱熹本義曰：「所以通信。」說文：「圭，瑞玉也。」高亨云：「古者國有凶事，則告諸它邦，或有所求助。告必有將往之儀。《國語‧魯語》：魯饑，臧文仲以鬯圭與齊告糴。」〔註379〕朱駿聲解云：「用圭，如珍圭以恤凶荒。穀圭以和難。琰圭以易行，以除慝。詩：圭璧既卒。春秋傳：用圭請糴，用璀琇玉瓚弭災。」故知圭之用，所以通信兼恤凶弭災也。中行告公用圭者，謂有凶事，適公外出，以圭告於道中，或於道中告公以圭恤凶弭。〔註380〕

〔註376〕1984 年大陸文物雜誌，〈馬王堆帛書六十四卦釋文〉，其斷句與通行本同，乃作：「益之用凶事，咎，有孚中行，告公用圭。」然依六四爻辭：「中行告公從。」爲一句，則六三之「中行」宜與「告公用圭」連文，《六十四卦經解》及《周易古經今註》皆如斯也。

〔註377〕引自《周易古經今註》，頁 143。

〔註378〕引自同上。

〔註379〕引自同上，頁 144。

〔註380〕此略采高亨之說。益六三爻辭以納支諸法釋之如下：（右一爲初爻）

卯	兄	巳	子	未	妻	辰	妻	寅	兄	子	父
木	弟	火	女	土	財	土	財	木	弟	水	母
（應）						（世）					

（7）巽上九，巽在牀下。《九家易》曰，上爲宗廟，禮封賞出軍，皆先告廟，然後受行。三軍之命，將之所專，故曰巽在牀下也。

△按：《九家易》所言，似有附會之嫌。因巽上九全文曰：「巽在床下，喪其資斧，貞凶。」且床爲寢具，殆無關於宗廟之事也。高亨曰：「巽，伏也。資斧猶今言錢財也。巽在床下，喪其資斧者，盜賊入室，主人恐懼，盜賊掠其錢財以去也。有外寇之來，無自衛之勇，喪室中之財，非凶而何，故曰：巽在床下，喪其資斧，貞凶。」其言是也。今以納支諸法，適足以證之。〔註381〕又說卦：「巽，入也。」「巽在床下」釋爲入於床下，其說亦通。然床之象，

巽宮，世月在申金官鬼。《卜筮正宗》，卷三：「凡占章奏、文章，俱以父母爻爲用神。凡占盜賊、邪祟、憂疑、病症，俱以官鬼爻爲用神。凡占結盟同寅，俱以兄弟爻爲用神。凡占珠寶，俱以妻財爻爲用神。」巽宮內外皆木，故象曰：「木道乃行。」《易漢學》載五行休王（旺）論：「立秋，巽廢。」世月在申，秋令時節，巽氣爲廢。木氣廢則喜水生木扶。此水須大勢始能濟之。《易漢學》，卷五〈五行高堂隆議臘用日〉云：「水始於申，盛於子，終於辰。」此即《卜筮正宗》，卷一三合會局歌曰：「申子辰會成水局。」是也。今申月，初九子水，六三辰世，三合成水局，以生六二寅木兄弟、上九卯木兄弟。兄弟者，盟邦也。今上九爲應兄弟爻，應爲彼，卯受申金剋，又值全卦之終。申爲官鬼，凶事之主也，故曰「凶」。上九受其剋，有外患之象，故上九象：「或擊之，自外來也。」六三值妻財，爲錢糧珠寶之屬，又值世爻、三公之位。錢糧所以濟難，圭爲珠寶。初九子水父母爻爲符信所主，與申月辰土財相合成局，故圭有通信之象。又初九：「利用爲大作。元吉，無咎。」朱駿聲《六十四卦經解》，頁182云：「大作謂耕種，耒耨之利。」繫下第二云：「包氏犧沒，神農氏作，斲木爲耜，揉木爲耒，耒耨之利，以教天下，蓋取諸益。」今益內外皆木，又世爻值妻財，故有農稼耒耨之象。今申月巽宮之氣廢，申子辰成水局以生木氣，故利用大作也。六三之「中行」，疑其居初二三四五爻之中。又內卦爲震，二三四體坤，三四五體艮。說卦：「震爲大塗，坤爲地，艮爲徑路。」故曰：「中行」。

〔註381〕巽卦六親、納支、五行，世應圖如下：（右一爲初爻）

卯	兄	巳	子	未	妻	酉	官	亥	父	丑	妻
木	弟	火	女	土	財	金	鬼	水	母	土	財
（						（					
世						應					
）						）					

世月在巳火子女。今九三應爻官鬼，爲盜賊之屬，九三酉金沖剋上九卯木，故有盜賊入室之象。上九值兄弟爻，爲剋財之主，故有「喪其資斧」之象。

不知取自何處也。

（8）〈繫辭下〉曰，二與四同功而異位。崔憬曰，二主士大夫位，佐於一國。四主三孤三公牧伯之位，佐於天子，皆同有助理之功也。二士大夫位卑，四孤公牧伯位尊，故有異也。

又云，三與五同功而異位。崔憬曰，三諸侯之位，五天子之位，同有理人之功，而君臣之位異者也。

△按：崔憬以三爻爲諸侯之位，而四爻主三公之位，乃與《京氏易傳》及《乾鑿度》所載者異。朱熹《本義》曰：「同功，謂皆陰位；異位，謂遠近不同。」此釋二四爻；又曰：「三五同陽位，而貴賤不同。」故知同功者，以陰陽之位言之；異位者，以貴賤遠近言之。

總案：惠棟所舉《乾鑿度》貴賤之等，干寶、崔憬二人之說與之略不同，皆以四爲三公位也。

惠氏引坤三：「或從王事。」三爲三公之位，故或從王之事矣，唯干寶以爲自否變來，惠氏從之，然自不同於京氏，且扞格難通也。引訟上九鞶帶之說，荀爽以爲宗廟之服，非然也，其失猶以損卦之簋爲宗廟之器也。惠棟引干寶註師上六之文，以「大君」爲文王木主，離上九言王用之以出征，明言在宗廟行受命之事也，其理頗可採信。惠棟引虞翻註解卦上六之文，以三伏陽與上六相應，難信其說也。又引荀爽釋損卦「曷之用二簋」，以「二簋」爲六四六五，且謂簋爲宗廟之器，皆失當也。惠棟引虞氏解益六三之文，既爲公位而云「三伏陽也」，若三已伏陽，然又何以「乾之三」耶？此難以理得也。又引《九家易》釋巽上九「巽在床下」之文，犬者，寢具，非宗廟之具也，殆不須辯說也。

四五、爻　等

（1）〈繫辭下〉曰，爻有等，故曰物。干寶曰，等，群也。爻中之義，群物交集，五星、四氣、六親九族、福德、形殺，眾形萬類皆來發于爻，故總謂之物也。

△按：王弼曰：「等，類也。乾，陽物也；坤，陰物也。爻有陰陽之類而后有剛柔之用，故曰爻。有等，故曰物。」孔疏：「爻有等，故曰物者，物，類也，言爻有陰陽貴賤等級，以象萬物之類，故謂之物也。」朱熹《本義》云：「等，

謂遠近貴賤之差。」三人所語，實與干寶「等，群也」之義，皆自相似。文言傳不亦云乎：「同聲相應，同氣相求；水流濕，火就燥；雲從龍，風從虎，聖人作而萬物睹。本乎天者親上，本乎地者親下，則各從其類也。」即為「爻有等」之義也。何謂「五星」？金木水火土，天之經星也。〔註382〕四氣也者，亥卯未相得合木，寅午戌相得合火，巳西丑相得合金，申子辰相得合水，土兼其中，故其數為四。〔註383〕〈高堂隆議臘日〉云：「水始於申，盛於子，終於辰；火始於寅，盛於午，終於戌；木始於亥，盛於卯，終於未；金始於巳，盛於酉，終於丑。」〔註384〕四氣各有所始終，此即《卜筮正宗》所云之水局、火局、木局、金局是也。六親九族，即火珠林法也。〈京房易積算法〉曰：「八卦鬼為繫爻，財為制爻，天地為義爻，福德為寶爻，同氣為專爻。」（見後）此即為「六親」也。何謂「九族」？《卜筮正宗》，卷三、用神分類定例云：「凡占祖父母、父母、師長、家主、伯、叔、姑、姨，與我父母同輩，或與我父母父母年若之親友，俱以父母爻為用神。凡占丈夫、夫之兄弟、同輩，及夫之相與朋友，俱以官鬼爻為用神。凡占兄、弟、姐、妹、姐妹丈、妻之兄弟、世兄弟、姑盟同寅，及知交朋友，俱以兄弟爻為用神。凡占嫂與弟婦、妻、妾，及友人之妻、妾、婢、僕，俱以妻財爻為用神。凡占身女、孫、姪、女婿、門生，俱以子孫爻為用神。」除朋友、結盟、婢、僕、門生及無血親關係者之外，餘皆屬於宗族、家族，及異性親族。九族有數說焉，〔註385〕然於卦爻占法中分屬六親之下，不必固執一說也。「福德」者，於六親為子孫爻也，以其為解憂、避禍之用神，〔註386〕故云。擴而充之，凡喜吉之用神皆統謂之「福德」也。「形殺」者，集解本作「刑殺」，李道平疏曰：「刑即殺也。」

〔註382〕引自《周易集解纂疏》，卷九，廣文書局，頁889。

〔註383〕參見同上。《卜筮正宗》，卷一、三合會局歌亦曰：「申子辰會成水局，巳酉丑會成金局，寅午戌會成火局，亥卯未會成本局。」《易漢學》，卷五，頁4載申子辰合。

〔註384〕參見《易漢學》，卷五，頁15行條下。

〔註385〕九族，其說有四：一、今文尚書，夏侯、歐陽二氏以為九族是異姓親族，即父族四、母族三、妻族二。二、古文尚書家以為九族是同姓親族，指高、曾、祖、父、己、子、孫、曾、玄為九族。三、小學紺珠一書，指九族為外祖父、外祖母、從母子、妻母、姑之子、姐妹之子、己之同族。四、明律及清律例所謂九族，直系親以自本身上推而父、祖、曾、高，再自本身下推而子、孫、曾、玄為止；旁系親以自身橫推而兄弟、堂兄弟、再從兄弟、族兄弟為止。（資料採自三民書局《大辭典》。）

〔註386〕參見同註390。

《卜筮正宗》有「三刑六害」之法，皆主破敗亂亡，然其法與生剋之法相抵，尤當辨焉。〔註387〕眾形萬類即為繫上第八所言：「聖人有以見天下之賾，而擬諸其形容，象其物宜，是故謂之象。」第一章云：「方以類聚，物以群分，吉凶生矣；在天成象，在地成形，變化見矣。」即所謂「皆來發于爻，故總謂之物也。」

（2）〈京房乾卦傳〉曰，水配位為福德（陸績曰，甲子水是乾之子孫），木入金鄉居寶貝（甲寅木，乾之財），土臨內象為父母（甲辰土，乾父母），火來四上嫌相敵（壬午火，乾官鬼），金入金鄉木漸微（壬申金，同位傷木）。

△按：此釋六親之由。乾卦（乾宮）屬金，乾初納甲子水，金生水，是乾卦之子孫爻也。故曰：「水配？位為福德。」福德即子孫爻也。〔註388〕「木」指九二納甲寅木也，「金鄉」指乾宮金也，「寶貝」指妻財也。凡占珠寶錢財，即以此爻為用神也。乾金剋寅木，是乾卦之妻財爻也。「土」為九三納甲辰土也，「臨內象」者，居內卦之謂也。辰土生乾金，是父母爻也。「火」者，乃乾之九四納壬午火也，火來剋乾金，是乾之官鬼爻。火既剋金，故曰「嫌相敵」也。乾九五納壬申金，與乾宮同位，是為兄弟爻也，故云：「金入金鄉」。金剋木，故曰：「木漸微」。上九納壬戌土，與九三辰土同。《卜筮正宗》，卷一、六親相生相剋訣，以「我」為本卦，其言曰：「生我者為公母，我生者為子孫，剋我者為官鬼，我剋者為妻財，比和者為兄弟。」凡八宮所屬之卦，皆以本宮為「我」，而定其爻之六親也。陳壽熊於《讀易漢學私記》一書中云：「按此數語幾類時俗卜師所造之口訣，豈漢人而有語耶，乃亦徵引及之，殊猥雜非體矣。」然今傳《京氏易傳》本乾卦傳中，載有此訣，則陳氏云云，乃個人之見也。

（3）〈京房易積算法〉曰，孔子曰，八卦鬼為繫爻，財為制爻，天地為義爻（陸績曰，天地即父母也），福德為寶爻（福德即子孫也），同氣為專爻（兄弟爻也）。

〔註387〕卷一載「三刑六害歌」：「寅刑巳，巳刑申，丑戌相刑未並臻；子刑卯，卯刑子，辰午酉亥自相刑。六害子未不堪親，丑害午分寅巳真，卯害辰分申害亥，酉戌相穿轉見深。」寅木既生巳火，又言寅刑巳；子水既生卯木矣，又言子刑卯，卯刑子；既言午火生丑土矣，何以丑害午耶？申金生亥水而言申害亥；戌土既生酉金而言相穿，此皆於理不合者也。

〔註388〕「水配位為福德」當增文作「水配初位為福德」。

抱朴子引《靈寶經》（周秦時書）謂支干上生下曰寶日（原註甲午乙巳是也），下生上曰義日（壬申癸酉是也），上克下曰制日（戊子己亥是也），下克上曰伐日（甲申乙酉是也），上下同曰專日。又云入山當以保日及義日，若專日者大吉，以制日伐日必死。

△按：同氣為魯爻之魯，依下文宜作「專」。「支干」作「干支」為妥。寶日者，以干之行生支之行也，如甲木生午火，乙木生巳火之類。支之行生干之行則曰義日，如壬申日，申金生壬水是也。何謂制日？以干之行剋支之行也，如戊土剋子水之日是也。伐日者，支之行剋干之行也，如甲申日，甲木被申金剋也。干支相同之行曰「專日」。凡斯與〈京房易積算法〉大同小異。京房之法，以本宮所屬五行為主，而視其與爻之納支所五行之生剋或同氣，而定諸爻之名。《靈寶經》則以日為單位，以天干所屬五行為，而視其與地支所屬之五行之生剋或同氣，而定其名。唯繫爻之繫，與伐日之伐不同，餘自皆相同。抱朴子所言入山云云（案「保日」同「寶日」也），殆以相生或同氣之干支日為吉，以相剋者必死為凶也。陳壽熊於《讀易漢學私記》一書中云：「按葛稚川特晉人耳，乃凡所引用即謂之周秦時書，是何說也？」聊備一說。

(4)《淮南・天文》曰，子生母曰義，母生子曰保（與寶通），子母相得曰專，母勝子曰制，子勝母曰困（困即繫也）。以勝擊殺，勝而無報，以專從事而有功，以義行理名立而不墮，以保畜養，萬物蕃昌，以困舉事，破滅死亡。《淮南》之說，與京房及《靈寶經》合，蓋周秦以來相傳之法，九師言易，安知不用是為占歟（師法用辰不用日，故京《易》止據辰也）。

△按：「母」字即為《卜筮正宗》六親相生相剋訣之「我」也，為本宮或日之干所屬之五行而言也。「子」者，則為諸爻或日之所屬之五行而言也。「以勝擊殺，勝而無報」上「勝」字，當指制爻或制日也。「以保畜養，萬物蕃昌」者，保即寶日或子孫爻也。劉誠意云：「命在福神，若遇興隆須長養。」王洪緒註曰：「禽蟲六畜之命，皆屬子孫，旺相有氣不空，必然長養易大。」則知子孫爻於卦中若氣旺相，主六畜易養也。劉氏亦云：「欲識栽培可否，分詳子位持臨。」王洪註曰：「凡卜種植，當指實種子分占得子孫持臨身世，財爻無刑傷剋害，此種必是多收。如官鬼持身世或父動、或財爻動變兄鬼，主此種無收。」〔註389〕身者，

〔註389〕參見《卜筮正宗》，卷八。

月卦身也，世者爻之所主。卦中子孫爻生財爻，凡占五穀糧作皆以財爲用神，〔註390〕若無剋傷，主大豐收。王氏亦云：「子孫爲原神，最喜生旺發動爲吉。若遇空亡，則財無生氣，官鬼當權定多損耗。」〔註391〕鬼者主邪祟憂疑病症，〔註392〕故《淮南・天文》曰：「以困舉事，破滅死亡。」困即繫爻或官鬼爻也。占種作遇之值卦身之爻或世爻，或財爻動變鬼爻，皆主損耗，收成不佳。占病症，以鬼爻爲輕重；占年時，鬼動主有災；占征戰，應爻臨鬼爻動傷身爻或世爻，必致損兵折將，又旺鬼持世爻乃困圍之象；占身命，世爻遇之主帶疾或招官訟；占產育，子孫爻動化鬼必是死胎；白虎神臨官鬼爻動，或臨財之爻動化官鬼，或鬼爻動空化空，或被沖散者，當小產，其子不育之象。〔註393〕是以知

〔註390〕 參見《卜筮正宗》，卷三用神分類定例第一。
〔註391〕 同註389。
〔註392〕 同註390。
〔註393〕 皆參見《卜筮正宗》。《周易》占疾症，有豫六五：「貞疾，恆不死。」此豫六五持申金官鬼，六二巳火子女爻合剋之，且世月午火亦剋之，是病癒，或病勢被止，長久不死之象。无妄九五：「无妄之疾，勿藥有喜。」九五申金官鬼，亦如豫六五鬼，爲占疾之用神也。六二寅木兄弟沖之，且九四世爻子女午火，午火剋申金，故「勿藥有喜」也，蓋子孫爻即屬藥之用神，故不必服藥，即可瘥癒。遯九三：「有疾厲。」九三申金兄弟爻，被六二九四午火鬼爻夾剋，故云。損六四：「損其疾，使遄有喜，無咎。」六四戌土兄弟被九二卯木官鬼合剋，救神爲世月（卦身）申金，申金剋卯木，是損其疾也，故唯速則善，戒占者如是則無咎矣。（參自朱熹本義）鼎九二：「我仇有疾，不能我即，吉。」仇，匹也，疑指上九巳火兄弟爻也，九二世亥水官鬼剋之，故曰「有疾」，巳亥又相沖，沖者離散也，故「不能我即」，丑月子女剋鬼，故吉。豐六二：「往得疑疾。有孚發若，吉。」六二丑土官鬼應爻。應者，彼也。應來生九四世申金父母。鬼剋疾厲，鬼生疾潛，故曰「疑疾」。丑被世月未所沖，沖，發也。父母爻主有孚之象也。疾被沖則發而瘥，故吉也。兌九四：「介疾有喜。」九四亥水子女，主解憂之福德神也，又值月卦身，初九巳火官鬼爲其沖剋，介者大也，是大病亦可瘥癒，故曰：「介疾有喜」。復：「出入無疾，朋來無咎，反復其道，七日來復」。六二官鬼寅木，與六五妻財亥水相合，鬼被合住則不發，故出入皆無疾疢也。凡占朋友以兄弟爻爲用神，今六四兄弟丑土爲應，與初九世爻子水相合，應彼世我，相合故曰「來」。鬼被合住，故兄弟丑土得不被剋，故曰：「朋來無咎。」六四應爻動化午沖世爻子，或初九世爻動化未沖應爻丑，沖則不合而散，是反復其道之象也。以子而言，至午爲七日；以丑而言，至未亦爲七日，故曰「七日來復」。占產育，漸九三：「夫征不復，婦孕不育，凶。利禦寇。」九三申金子女世爻被世月卦身寅木官鬼沖，沖則胎散，蓋子女爻爲胎兒也，故曰「婦孕不育」。若婦占夫征，則世爻爲婦之主爻，世持子女剋上六卯木鬼爻，鬼爻即丈夫之爻也，被剋傷矣，又世申金沖剋卦身寅木官鬼，亦有「夫征不復」之象也。若占盜賊，則鬼爻爲用神九三世申剋之，是「利禦寇」之象也。漸九五：「婦三歲不孕，終莫之勝，吉。」九五巳火父母，動來

鬼爻主破滅死亡之事。以勝以專以義云云，不詳其義也。惠棟云：「師法用辰不用日，故京《易》止據辰。」日指寶日制日者也，辰指爻之納支與六親所屬也。陳壽熊於《讀易漢學私記》一書中云：「按師法用辰不用日，見《漢書·翼奉傳》，本言風角之術。不言所出，亦殊混淆。」其言是也。

（5）《參同契》曰，水以土為鬼。

> 今占法水以土為官，以火為妻。案《左傳》曰，火，水妃也。蓋從所勝者名之，故鄭康成註《尚書·鴻範》曰，木八，為金九妻也。

△按：「水以土爲官，以火爲妻」，水即如淮南天文所言之「母」也，土、火即如「子」也，其言曰：「母勝子曰制，子勝母曰困。」制即妻也，困即官也。今水被土所剋，故水以土爲官鬼；水來剋火，故水以火爲妻財，換言之，火乃爲水之妻財，妃屬妻財，故《左傳》云：「火，水妃也。」蓋所勝者名之者，水勝火，即以火爲妻財之名是也。「鴻範」即「洪範」也。洪範九疇初一曰五行，〔註394〕五行者一曰水，二曰火，三曰木，四曰金，五曰土。揚雄《太玄經》：「一六爲水，二七爲火，三八爲木，四九爲金，五十爲土」。徐芹庭曰：「一二三四五爲生數，六七八九十爲成數，後人據此畫成河圖。」〔註395〕是以知鄭玄曰：「木八」、「金九」乃據天地之成數也。木被金剋，故曰：「木八爲金九妻也。」

（6）比六三，比之匪人。〈象〉曰，比之匪人，不亦傷乎。干寶曰，六三乙卯，坤之鬼吏，在比之家，有土之君也。周爲木德，卯爲木辰，同姓國也。爻失其位，辰體陰賊（卯木以陰氣賊害土，故爲陰賊），管蔡之象也。比建萬國，唯去此人，故曰比之匪人，不亦傷王政也。

△按：比六三納乙卯木、本宮爲坤土，木剋土，故六三爲官鬼爻也。《卜筮正宗》，卷三、〈用神分類定例〉云：「凡占亂臣、盜賊，俱以官鬼爻爲用神。」《易漢學》，卷五、五行例引翼奉上封事曰：「東方之情怒也，怒行陰賊，亥卯主之。」故干寶曰：「辰體陰賊。」陰賊值官鬼，《易漢學》，卷五載南史曰：「鬼而帶賊，非魔何也。」其凶可知，故有「匪人」之象也。又六三持世爻，

合九三申金子女，是子女爻之救神也，因申被寅月沖，至巳則合住申，寅至巳，其數適爲「三」，世月可以年代之，故曰「三歲不孕，終莫之勝，吉。」

〔註394〕〈洪範篇〉載：「天乃錫禹洪範九疇，彝倫攸敘，初一曰五行。」
〔註395〕參見《兩漢十六家易註闡微》，頁75，〈漢易略例·天地生成之數與五行配合之數〉。河圖見《周易本義》。

官鬼值之，是有內亂之兆也。干寶謂周爲木德，卯爲木辰爲同姓之國，管蔡之亂臣也。且陰爻居三公之位，不中不正，其理亦然。

（7）小畜九五〈象〉曰，有孚攣如，不獨富也。《九家易》曰，有信下三爻也。體巽，故攣如，如謂連接其，鄰謂四也。五以四陰作財（卦體木六四辛未土，乃制爻也，故爲財），與下三陽共之，故曰不獨富也。

△按：「有孚」掌指初九世爻子水父母也，且持世月卦身子水，故云。〈說卦〉：「巽爲繩直。」說文：「攣，係也。」段註：「係者，絜束也。《易》小畜：有孚攣如。馬曰：連也。虞曰：引也。攣者，係而引之，其義近擢。」今世爻於巽宮，故曰：「體巽，故攣如。」外卦亦爲巽卦，六四應爻未土妻財（惠註同此）居之，應爲彼，鄰之用神也。九五巳火子女動爻生之，是使鄰增財之象也，故九五爻辭曰：「富以其鄰。」初九世爻與本宮初六丑土財爻相合，動化亦爲丑土妻財，又應爲未土妻財，未土剋世子水，是我本有財富之象也。《卜筮正宗》，卷九求財下劉誠意云：「財來就我終須易，我去尋財必是難。」王洪緒註：「財爻生合世爻、持世、剋世，皆謂財來就我，必然易得。若財爻而與世爻不相干者，謂我去尋財，必難望也。」其這是也。今我已富矣，九五動生應爻，彼亦富矣，故曰：「不獨富也。」然則，其云：「與下三陽共之。」非是。〔註396〕

（8）隨初九，官有渝（此《易經》爻官之明文），貞吉，出門，交有功。《九家易》曰，渝，變也。謂陽來居初，德正爲震，震爲子，得土之位，故曰官也。陰陽出門，相與交通，陰往之上，亦不失正，故曰貞吉而交有功。

先儒皆以隨爲否上之初，初柔升上，是乾之上九居坤初爲震，坤之初六升乾上而爲兌也。震初庚子，水得坤初乙未土之位，故曰官有渝。水以土爲官鬼，官鬼變則吉也。上本陰位，故陰往之上，亦不失正。

△按：惠註云云，殆與前所引者相違。隨初九納子水父母爻，非官鬼爻也，惠棟云：「此《易經》官爻之明文」恐非確言。《易經異文釋》卷二，頁六載：

〔註396〕八卦六位圖載納干支、六親、五行，參見《先秦漢魏易例述評》，頁104，和易漢學卷。世月卦身，參見《易漢學》，卷五、世卦起月例、卦身考，及《卜筮正宗》，卷一、安月卦身訣。生剋沖（衝）合諸例，參見《卜筮正宗》，卷一，頁1、及《增刪卜易》十一至十五章。

－184－

「官有渝。釋文云：官，蜀才本作館。案官館一聲之轉。」高亨《周易異文考》曰：「此以官爲古文，館爲今文，可備另一解。」渝，變也。說文段註：「釋言曰：渝，變也。鄭風傳，虞翻註《易》，杜註《左傳》皆同。」然則，官有渝之有渝，與豫上六爻辭之「有渝」，馬王堆《帛書周易》乃咸書爲「或諭」也。說文：「諭，告也。」段註：「凡曉諭人者，皆舉其所易明也。《周禮》掌交註曰：諭，告曉也。曉之曰諭，其人因言而曉，亦曰諭。」有渝之有，帛書本作「或」，當是。以帛書本隨初九：「官或諭，貞吉，出門交有功。」下有字同今本而上作或字，與現行本異。若二字同義，則帛書本應作同一字。然而，今本之「有渝」當作「或諭」明矣。貞吉者，高亨《周易古經今註》云：「若筮遇此爻則吉。」是也。〔註397〕交者，相接也，謂接臨其事也。依隨卦二至上爻，皆言係獲之事，則初爻當亦類焉。隨初九納庚子水父母，《卜筮正宗》，卷三〈用神分類定例〉：「凡占宅舍、章奏，俱以父母爻爲用神。」館爲宅舍之屬，故有館之象也。諸本多作「官吏」義，今亦從之。《易漢學》，卷五〈五行休王論〉曰：「立秋，震囚。」隨卦世月在申金，秋之時也，震宮木氣弱，則當申金，與初九子水，六三也爻辰土三會合成水局（見註 2），以生震木也。申月官鬼，故曰官。「有諭」作「或諭」。諭者，告也。古有提拿犯人之事，蓋有提狀，父母爻乃屬焉。又初爻爲元士之位，父母臨之，蓋爲差役領狀是也。此爻爲救神，故曰「貞吉」。《虞氏逸象》載，「震爲行人，爲行，爲出。」〈說卦〉第十一：「艮爲門闕。」今隨內卦體震，二三四體艮，故有出門之象。又三四五體巽，爲係之象；四五上體兌，《虞氏逸象》曰：「兌爲刑，爲刑人。」故隨卦多言係獲俘虜之事也。《九家易》曰陽來居初，陰往

〔註397〕貞，《說文》：「卜問也。」段註：「大卜：凡國大貞大。鄭云：貞，問也。國有大疑，問於蓍龜。」故知貞之本義爲卜問矣。察卦爻辭，其作卜問之義者頗多。坤：「利牝馬之貞。」高亨云：「猶言利牝馬之占也。筮問有關於牝馬之事，遇此卦則利。」坤：「安貞吉。」高亨云：「占問安否謂之安貞。」按坤爲母，故字從女在宀中。屯初九：「利居貞。」高亨云：「占問居處謂之居貞。」六二：「女子貞不字。十年乃字。」高亨云：「謂筮遇此爻，若占問女子不許嫁之事，則十年乃克許嫁也。」按屯六二寅木子女爻，被六四申金父母爻沖剋，是不從父母之意。又寅大剋官鬼爻，我爲丈夫之用神，是不嫁之象也。凡沖須合則吉。今寅受沖剋，至亥年始被合住，寅至亥其數十年，故云。屯九五：「小貞吉，大貞凶。」高亨云：小事之占爲小貞，大事之占爲大貞。」豫六五：「貞疾，恆不死。」此乃占問疾病之爻兆也。餘爻有「貞吉」「貞屬」「貞凶」「利貞」「貞吝」，然則，貞若釋作「正」，何以又爲屬、凶、吝耶？故知貞作卜問之義明矣。

之上，乃以升降之說解之。陰升陽降，故曰「陰陽出門，相與交通。」或指內震爲陽，外兌爲陰是也，陽氣主升，陰氣主降，故交通焉。先儒云云，以爲隨自否來。然隨初九爻動化爲萃卦初六未土，〔註398〕其內卦自爲坤也，故不必言升降也。又水以土爲官鬼，則水爲土之妻財也，今隨初九爲子水，烏不語妻語財，而謂之曰官耶？然則，單視水土之關係可定其六親，而於卦爻之關係，必以本宮爲主而定其爻六親也。蓋隨初九曰官，非指初九之官鬼爻也，乃以申月而言。陳壽熊於《讀易漢學私記》一書中云：「按否上乾陽來初成震，震爲長子，得坤土之位，守土者也，故曰官。《九家易》本意蓋如此。若謂震爲子，乃指震初庚子水，則不應不言初，并不言水矣。即如惠說，亦非京《易》所謂官爻乃剋卦者，豈得以此混之。且古來占法，凡官爻皆宜靜不宜動，官鬼變則吉，亦通論。」其言誠是。唯《卜筮正宗》，卷八載王洪緒之語云：「出巡官宜鬼爻發動，牧守官宜官爻安靜。」可備一說。

（9）《漢書·王莽傳》曰，太后聽公卿采莽女，有詔遣大司徒、大司空策告宗廟，雜加卜筮，皆曰，兆遇金水王相（服虔曰，卜法橫者爲土，立者爲木金，邪向經者爲金，背經者爲火，因兆而細曲者爲水。孟康曰金水相生也），卦遇父母得位（父母者，京房所謂天地爻也。皇后母，天下父母，得位故吉），所謂康強之占，逢吉之符也。

△按：所謂王相，即氣之強弱也。王，今作「旺」。龜兆何以視其五行氣勢之強弱耶？曰：不詳。《易漢學》，卷五載〈八卦五行休王論〉曰：「立春艮王震相……立夏巽王離相……立秋坤王兌相……立冬乾王坎相……」乃依文王八卦之次而定其相者也。另卜筮正宗卷三〈旺相休囚論〉曰：「春令木旺火相，夏令火旺土相，秋令金旺水相，冬令水旺木相，四季之月土旺金相。」〈五行休王論〉以立春震木相、主夏離火相、立冬坎水相、主秋兌金相，此與《卜筮正宗》所述者異。然而《漢書·王莽傳》言「金王水相」，適合《卜筮正宗》「秋令金旺水相」之說，以秋時金也，故金旺；金生水，故水相。孟康曰：「金水相生也。」是然也。晉六二曰：「貞吉，受茲介福，于其王母。」謂貞卜得吉兆，朱熹本義曰：「而受福于王母也。王母，指六五，蓋享先妣之吉占。而

〔註398〕凡爻變曰動，陰爻動化爲陽爻，陽爻動化做陰爻，此法俱見《卜筮正宗》及《增刪卜易》。凡一卦爻動，不論爲單爻或數爻動，皆由此變做另一卦。《春秋占筮書》載「艮之隨」「大有之睽」，及《易漢學》，卷五，頁4載邱說三國典略曰：「乾之晉。」云云，皆是也。

凡以陰居尊者，皆其類也。」然其曰「先妣」，不必盡如斯也。《漢書·王莽傳》言「卦遇父母得位」及惠註云云，皆類晉卦占象也。且晉六五未土持父母爻，故曰「王母」。六二巳火官鬼動剋九四世金兄弟，九四諸侯之位也，為占問者之主爻；既受鬼剋，故須以六五未土父母為救神，巳火生未土、未土生酉金，故云。其言曰：「康強之占，逢吉符」亦如是也。

　　總案：爻等一例，實雜含諸例。如「五行」、「六親」之生剋沖合；「用神分類」、「納甲」、「納支」、「天地生成之數與五行配合之數」、「世卦起月」、「卦身」、「地支相合相沖」、「地支三合會局」、「旺相休囚」、「爻動之卦」、「互體」。

四六、貞　悔

（1）《尚書·鴻範》曰：曰貞、曰悔。又云：卜五占用（句），二衍忒（句）。
　　　鄭氏曰：二衍忒，謂貞悔也。

（2）《左傳》僖九年曰：秦伯伐晉，卜，徒父筮之，其卦遇蠱。曰：蠱之貞
　　　風也，其悔山也。

（3）〈晉語〉曰：公子親筮之曰，尚有晉國，得貞屯悔豫，皆八。韋昭曰：
　　　震在屯為貞，在豫為悔。

（4）《京房易傳》曰：靜為悔，發為貞。

（5）《唐六典》曰：凡內卦為貞，朝占用之。外卦為悔，暮占用之。

（6）胡氏炳文曰：乾上九，外卦之終，曰有悔。坤六三，內卦之終，曰可
　　　貞。貞悔二字，豈非發諸卦之凡例歟？

△按：沈竹礽謂條（4）下當有「貞為本，悔為末」，不可省略。〔註399〕其言誠是。棟云：「庖犧氏沒，神農氏作，始云蓋取諸益，蓋取諸噬嗑，二卦皆有貞悔則神農重卦明矣。」〔註400〕又云：「京房易積數曰：初為下貞，二為中貞，三為上貞；四為下悔，五為中悔，六為上悔。〔註401〕又云：「京氏占法，一爻變為九六，二爻以上變為七八，故晉語重耳得貞屯悔豫皆八，乃屯之豫。《左傳》穆姜遇艮之八，乃艮之隨，此外所占九卦，皆一爻變。或以疑左氏非知

〔註399〕見《惠棟易漢學正誤》，頁157。
〔註400〕見《松崖文鈔》，卷一，頁3。
〔註401〕見《松崖筆記》，卷一，頁1。

古法者。」〔註402〕惠氏云「二卦皆有貞悔」以明其爲重卦，又云「初爲下貞」云云，是知惠棟以內卦爲貞，外卦爲悔。一如條（5）《唐六典》所言。故條（2）載「蠱之貞，風也，其悔，山也。」即蠱內卦巽爲風，外卦艮爲山也。

條（1）原文張立文引之道：「七稽疑，擇建立卜筮人，乃命卜筮。曰雨、曰霽、曰驛、曰克、曰貞、曰悔，凡七，卜五，占用二，衍忒。」〔註403〕審其上下文「占用二」宜作一句是也。惠棟所標之句逗，及引鄭氏曰「二衍忒」句，實誤。所謂「卜五」者，孔穎達云：「以上五者，灼龜爲兆，其釁坼形狀有五種，是卜兆之常法也。」〔註404〕朱天順釋「貞、悔」云：「〈洪範〉說，筮占只有『曰貞，曰悔』兩種占兆，而筮占發展到周易時，每一爻都能成爲占兆，已有三百八十四種占兆。由此可見，所謂『貞、悔』兩種占兆，實際上是等於用最原始的占具取得最簡單的兆象，即正與反、奇數與偶數、長與短之類的兆象，所以『貞』與『悔』反映著原始的兆象分類法。但是『貞、悔』可能不是筮占兆象原有名稱，而是後人概括很多兆象分爲吉凶兩大類時，才命名的。」〔註405〕由朱氏之言，愚設想其「貞、悔」爲「兩儀」之代名詞也。又觀《周易本義》所載「伏羲八卦次序圖」「伏羲六十四卦次序圖」，知卦之組合由爻，而爻乃由一正一反得之，即所謂陽爻、陰爻是也。除此之外，卦亦分陽卦、陰卦，則所謂陰陽者，未嘗不統攝卦也。啓蒙占法以內卦爲貞，外卦爲悔；又以本卦爲貞，之卦爲悔。或三畫之卦，或六畫之卦，皆有貞悔也。然愚以爲，在陰陽符號確立前先有正反的兆象，後此種對等關係，存在於古占法之中，而還未確分陽卦、陰卦也。故內卦爲貞，外卦爲悔，是一對等關係；本卦爲貞，之卦爲悔，亦是一對等關係。京房易傳所云「靜爲悔，發爲貞」或「貞爲本、悔爲末」皆爲對等關係。內卦、外卦，本卦、之卦，是空間位置之對等關係。說文段註引鄭註《尙書》云：「悔之言晦，晦猶終也。」忒又有時間之對等關係。條（5）《唐六典》曰：「凡內卦爲貞，朝占用之。外卦爲悔，暮占用之。」暮時天色晦暗，故暮占用外卦悔也。「貞爲本，悔爲末」則兼時空二者對等關係而言。「靜爲悔，發爲貞」是變動狀態之對等關係也。

條（3）所載，愚於例十五詳論之，茲不贅述。條（1）「衍忒」義未詳，疑「忒」

〔註402〕見《松崖文鈔》，卷二，頁7。
〔註403〕見《周易思想研究》，頁26。
〔註404〕見《十三經註疏》本尙書，東昇出版事業公司，頁175。
〔註405〕見《中國古代宗教初探》，谷風出版社，頁154。

為變更之義，「衍」為衍生之義，似為貞悔並占，或卜筮並用而言。又卦爻辭之「貞悔」義，與此不同。其「貞」義，已詳論於例七「元亨利貞大義」。卦爻辭之「悔」字，乃一占辭，與「吝」字詞性相同。而此例之「悔」字，《說文》作「𠨥」，云：「《易》卦之上體也。」段註：「然本古文，非小篆，因其從卜，則系之卜部，亦埶然也。不曰篆文作悔，亦不於心部悔下列𠨥，云古文悔者，本非一字也。小篆無𠨥而壁中古文有𠨥，不可以不存之於卜部。凡其存尚書古文之例如此。」由此段註，吾可得此，此例「貞悔」之「悔」本作」。小篆創於秦代，而小篆無𠨥字，壁中古文有𠨥字，則「𠨥，《易》卦之上體也」其義早存於先秦。段註亦云：「今尚書、左傳皆作悔，疑𠨥是壁中古文，孔安國以今文讀之，易為悔也。」故知，條（1）條（2）之「悔」字，當原作「𠨥」，至秦代小篆始作後，為人所改。此例「貞悔」義，既然不同於卦爻辭之「貞悔」。余又審周易之爻辭，內卦之爻有「悔」字者十三條，外卦之爻有「貞」字者，亦有二六條，則其義與「內卦為貞，外卦為悔」不同明矣。然則，條（6）胡氏之見，非也。

　　愚謂條（3）「貞屯悔豫皆八」非如啓蒙占法以「本卦為貞，之卦為悔」。因其上下六爻之重卦，既以內卦為貞，外卦為悔。而此內外兩卦分視之，猶筮二次三爻之單卦，即內卦先筮，外卦後筮也。其既有時間之對等關係，一如條（5），亦可知一事可以二筮也。即朝占用內卦，暮占用外卦。推之，六爻之重卦，亦可以一事筮二次此卦矣，如殷周時數字卦即如此，〔註406〕故知條（1）引尚書鴻範「占用二」，乃是一事二筮，兼內外卦，及前後二個重卦而為說。是前卦為貞，後卦為悔，而非以爻動變言以本卦為貞之卦為悔也。由此知條（3）引「貞屯悔豫皆八」此「皆」字，亦分視二卦之意也。唯「皆八」似以二卦六爻之陰世爻不變而言（參見例十（5）），殆與殷周時數字卦一事二三筮而爻皆不變者有別。〔註407〕其例四二條（14）引劉禹錫之語，亦甚有理。《左傳》「艮之八，史曰艮之隨」之占例，乃亂動而視其不動之爻為用神也。《國語・晉語》載公子親筮之祝辭曰：「尚有晉國。」而占得「貞屯悔豫皆八」，乃一事二筮之例。而世為我邦，故以世爻為用神。因屯豫之世爻皆為陰爻，又此筮法蓋無有變動之法，一如殷周數字卦筮法也，或世爻無所變

〔註406〕見〈從商周八卦數字符號談筮法的幾個問題〉，《考古學報》，1981 年，第二
　　　　期，頁 162。
〔註407〕參見本著作下篇〈本書研究之心得〉二，「言占筮」一節。

動，故曰「皆八」也。

　　總案：惠棟於條（1）句逗有誤，亦錯引鄭氏之誤讀。又於條（4）未增「貞爲本，悔爲末」句，豈其欲避重就輕耶？又惠氏釋「貞悔」之義，散見於其《松崖文鈔》及《松崖筆記》中，而於此例未加案語以評其得失或述其原由，特雜薈諸條文耳。

四七、消　息

（1）剝〈彖傳〉曰，君子尚消息盈虛，天行也。

△按：李銳著《周易虞氏略例》消息第四載消卦六、息卦六。剝屬消卦，虞註云；「陰消乾也。」李銳云：「乾息爲盈，坤息爲虛，故君子尚消息盈虛。」徐芹庭曰：「消者謂陽之消也，息者謂陽之長也，息之言生長，消之言消剝也。陽消則陰息，陽息則陰消。」〔註408〕故知，所謂息卦之息，陽之息也，盈之象也；消卦之消，陽之消也，虛之象也。李銳云：「故消息皆主乎乾也。」其言是也。故其所謂「消卦」之消、「息卦」之息，皆以乾陽之消或息而定名焉。然審虞註十二消息卦，其註復卦云：「陽息坤。」註臨卦云：「陽息至二。」註泰卦云：「陽息坤」。註大壯卦云：「陽息泰也。」註夬卦云：「陽夬陰，息卦也。」其言「陽息坤」，乃復泰皆由坤變來，復卦陽息初，泰卦陽息至三也。「陽息泰」者，乃大壯卦由泰六四變九四而來，故云。諸卦咸由坤卦初爻漸變至上爻成乾卦，故爲息卦也。虞註姤卦云：「消卦也。」註否卦云：「陰消乾。」註剝卦云：「陰消乾也。」然則，「陰消乾」──依文法觀之，與「陽息坤」無二致。竊疑由陰變陽，既謂之息，則由陽變陰，是謂之消也。《集解》引虞翻註云：「乾息爲盈，坤消爲虛，故君子尚消息盈虛，天行也。」皇侃曰：「乾者生爲息，坤者陰死爲消也。」〔註409〕李道平曰：「消息十二卦，成於乾坤十二畫。」〔註410〕諸說乃以成於乾坤之爻而言也，乾指陽爻，坤指陰爻也。而李道平又謂：「復、臨、泰、大壯、夬、乾，皆自乾息而成也，故云乾息爲盈。姤、遯、否、觀、剝，皆自坤消而成也。」其言「自乾息」、「自坤消」，殆非謂自乾卦或自坤卦變來之意，乃以乾爲陽生之爻，坤爲陰生之爻也。虞

〔註408〕參見《兩漢十六家易註闡微》，頁 71。
〔註409〕參見惠棟《易漢學》，卷一，頁 7，廣文書局，頁 1061。
〔註410〕參見《周易集解纂疏》，卷四，頁 310。

翻曰：「坤消爲虛。」李銳則云：「坤息爲虛。」此二語乃壁壘分明，其因肇於觀點之異也。十二月各代以十二消息卦，則春夏秋冬陰陽之變化，瞭然於目矣，此爲時間之消息也。君子者制其十二消息卦，乃依天象變化而來，故曰：「君子尚消息盈虛，天行也。」

（2）豐〈彖傳〉曰，日中則昃，月盈則食，天地盈虛，與時消息。

△按：此言日月之變化，因時之運行而生消息。日中則昃，月盈則食，天地之變化也。

〈繫上〉曰：「法象莫大乎天地，縣象著明莫大乎日月。」又曰：「天地變化，聖人效之；天垂象見吉凶，聖人象之。」此乃爲空間之現象變化，而其變化，不離時間而運行，故又曰：「變通莫大乎四時。」是以天地之盈虛，乃與時而消息也。

（3）臨〈彖傳〉曰，至於八月有凶，消不久也。

△按：徐芹庭曰：「十二消息謂以十二卦配十二月，以狀陰陽消息之情況者也。」〔註411〕李銳曰：「十二月辟卦，復十一月、臨十二月、泰正月、大壯二月、夬三月、乾四月、姤五月、遯六月、否七月、觀八月、剝九月、坤十月。」又曰：「自復至乾爲息，自姤至坤爲消，乾息則坤消，乾消則坤息。」〔註412〕知臨爲息卦，陽息陰消也。然則，消不久也之消，當指陰之消退也。「至於八月有凶」者，臨主十二月，非八月也，然則，此八月有凶，殆與納支有關係。臨九二納卯木世爻，八月爲酉，至酉月沖剋世爻，故曰「有凶」。漢之消息十二卦，皆採夏曆，即今之農曆也。黃師慶萱以爲臨卦，於周曆爲二月，至八月成遯，六爻非舊，故凶。此說頗可取。詳見條（4）愚之按語。

（4）《左傳正義》，《易》曰，伏羲作十言之教。曰，乾坤震巽坎離艮兌消息。

△按：乾坤、震巽、坎離、艮兌皆陰陽爻相變，所謂錯卦或旁通是也。特此載八卦而末言消息，其兩兩卦次乃合《周易本義》，卷首所載「伏羲八卦方位」圖兩兩相對旁通之卦次也。

依十二消息卦，其相對位置之兩卦，亦旁通也。如泰否、大壯觀、夬剝、乾坤、復姤、臨遯，皆兩旁通卦相對而排。而其所配之月，於地支，無論夏

〔註411〕參見同註408。
〔註412〕引自《周易虞氏略例》，頁14。

曆或周曆，亦兩兩相沖。即《卜筮正宗》，卷一王洪緒所云：「子午相衝、丑未相衝、寅申相衝、卯酉相衝、辰戌相衝、巳亥相衝。」是也。

右文《左傳正義》所引十卦亦兩兩旁通，與十二消息卦兩兩旁通，其理相似，此黃師慶萱之意也。見條（3）。察「伏羲卦八卦方位」圖，其一周八卦，有六卦合消息原則，即除坎離二卦。自震、兌、乾，乃陽息陰消之次第。自巽、艮、坤，乃陰息陽消（或陰消陽）之次第。唯離在震兌之間，坎在巽艮之間。

惠棟《易漢學》，卷三「八卦納甲之圖」一節，惠案云，「乾息坤成震，三日之象；成兌，八日之象。十五日而乾體成坤，消乾成巽，十六日也；艮，二十三日也」其序竟與「伏羲八卦方位」圖順時之序相合。其「伏羲八卦方位」圖之「離東坎西」，此二卦不合消息者，與「八卦納甲之圖」坎離位於中宮者，實有同功之妙處。

惠棟所引右文「乾坤震巽坎離艮兌消息」，其兩兩卦次乃合「伏羲八卦方位」圖兩兩相對旁通之卦次也。而其圖之順時之序，與八卦納甲消息之序相合。故惠棟引文之卦序，雖非「伏羲八卦方位」圖順時之序，然其內含「消息」之意義，與八卦納甲消息同出一轍也。

〈說卦傳〉第三章云：「天地定位，山澤通氣，雷風相薄，水火不相射。八卦相錯。數往者順，知來者逆，是故《易》，逆數也。」朱熹《本義》引邵子曰：「此伏羲八卦之位，乾南、坤北、離東、坎西、兌居東南、艮居西南、震居東北、巽居西北，於是八卦相交而成六十四卦，所謂先天之學也。」又於「伏羲八卦方位」圖下，朱熹引邵子曰：「自震至乾為順，自巽至坤為逆，後六十四卦方位放此。」屈萬里及黃宗羲皆指其非矣（見例一註 19）。愚疑〈說卦傳〉「八卦相錯」之「錯」，本非明朝來知德所謂「錯卦」或虞翻所謂之「旁通卦」也。殆其乃「措」字之借字耳。說文：「措」，置也。段註：「經傳多假錯為之。」是也。例一註十九愚論〈說卦傳〉第三章、第六章所云八卦方位之義乃有所不同，前者合「伏羲八卦方位」圖，後者合「文王八卦方位」圖。是前章云「八卦相錯」本指相對而置，後人見其相對之卦，同位之爻皆陰陽相對，遂有「錯卦」之名。例文「十言之教」云云，為《正義》之語，非《左傳》之言。疑其說殆始於漢代也。張政烺依《帛書周易》〈繫辭傳〉卦序，及北周衛元嵩《元包》之八卦次序，作八卦方位圖，其順時鐘方向乾在下坤在上，依次為巽、離、兌、坤、震、坎、艮、乾。其與消息卦之法不同，由

坤而震一陽生於初，至坎則陽在中，至艮則陽在上；由乾而巽一陰生於初，至離則陰在中，至兌則陰在上，乃一陽或一陰循序漸升，而非呈漸趨盈滿之勢也。

（5）〈繫辭上〉曰，**變化者進退之象也。荀爽曰，春夏為變，秋冬為化，息卦為進，消卦為退也。**

△按：李道平疏曰：「陽稱變，春夏為陽，故為變。陰稱化，秋冬陰，故為化。陽息而進，故息卦為進。陰消而退，故消卦為退。乾鑿度曰：陽動而進，陰動而退。蓋陽動為變，陰動為化，故曰：變化者，進退之象也。」〔註413〕李氏言「陰消而退，故消卦為退」乃循虞翻「坤消為虛」之徑而言，以陰虛為退也。李氏以「春夏為變，秋冬為化」似欲合於消息，即變者為進，化者為退。然察十二消息，五月仲夏，一陰始生，於卦為姤，虞註：「消卦也。」六月季夏，二陰生，於卦為遯，虞註：「陰消姤二也。」十一月仲冬，一陽始生，於卦為復，虞註：「陽息坤」十二月季冬，二陽始生，於卦為臨，虞註：「陽息至二。」由上得知，夏令時節，五月姤卦即為消卦；冬令時節，十一月復卦即為息卦，此不合以變為進，以化為退也。然「變化者，進退之象也」，何以釋之？或以動爻觀之。〈繫上〉云：「六爻之動。」又云：「所變而玩者爻之辭也。」李道平疏：「爻謂九六相變，故爻言乎變者也。」〈繫上〉云：「動則觀其變而玩其占。」虞註：「謂觀爻動也。以動者尚其變。占事知來，故玩其占。」〔註414〕爻動也者，陽變則化陰，陰變則化陽，此之謂九六相變。《春秋占筮書》，卷一，頁二載：「陳侯使筮之，遇觀之否。」毛奇齡註曰：「所遇是觀卦以，以四爻動當變，故以六四變九四，以巽變乾，謂之『之』，之者，往也。後倣此。」六四變九四者，即為九六相變之例也。所謂「進退」者，《卜筮正宗》，卷三，頁 12，變出進退神論：「凡卦中亥變子、丑變辰、寅變卯、辰變未、巳變午、未變戌、申變酉、戌變丑，乃進神也。進神者，吉凶倍增其勢也。凡卦中子變亥、戌變未、酉變申、未變辰、午變巳、辰變丑、卯變寅、丑變戌，乃退神也。退神者，吉凶漸減其威也。」故知，卦之爻動，其納支依子至亥之序而變出者，即所謂「進」；依亥至子之序而變出者，即所謂「退」。其九六相變之納支須同於五行之一也。若依陽氣欲升、陰氣欲降而言

〔註413〕引自《周易集解纂疏》，卷八，頁 711。
〔註414〕參見同上，頁 711～713。

進退，則李氏引乾鑿度曰：「陽動而進，陰動而退。」其理可通。若囿於形而上之道，則荀爽云：「息卦為進，消卦為退。」亦不離本體。然落實於形而下之現象界，純就卦爻之變而而言，變化者，乃陽變則化陰，陰變則化陽〔註415〕也。舉十二消息卦，十一月復至十二月臨，是六二變九二，陰變而化陽也；五月姤至六月遯，是九二變六二，陽變而化陰也。由此推知，陰變而化陽，乃陽進而陰退也；陽變而化陰，乃陰進而陽退也。然荀爽以四季釋變化，以消息釋進退，似求其分而不得繫辭之合。李道平曰：「陽稱變，陰稱化。」乃執一以說。然則，依李銳、徐芹庭對等之法，息卦乃陽息為進，陰消而退，陰變而化陽也。消卦反是。

（6）〈說卦〉曰，**數往者順，知來者逆。仲翔曰，坤消從午至亥，上下故順也。乾息從子至巳，下上故逆也。**

△按：虞氏以坤消從午至亥為上下，故順；乾息反是。然依息卦之變，從初爻子始至上爻巳，從下變至上。消卦之變，從初爻午始至上爻亥，亦從下變至上。就十二月而言，午至亥為順數，子至巳亦為順數。今不詳虞氏所指為何。說卦云云，乃接於「天地定位，山澤通氣，雷風相薄，水火不相射，八卦相錯。」之後，似與消息無干。〔註416〕然消息文例第四左傳正義曰：「伏犧作十言之教，曰：乾坤震巽坎離艮兌消息。」其兩兩卦相對之排法，與說卦所言同，即伏犧八卦方位也，而末書「消息」二字，則乃又與消息相關。愚已論之於條（4）矣。唯虞氏以乾坤十二消息卦來釋「數往者順，知來者逆」，非說卦傳之本旬也。

（7）《九家易》註泰卦曰，**陽息而升，陰消而降。陽稱息者，長也。起復成巽，萬物盛長也。陰言息者，起始終乾，萬物成熟，熟則給用，給用則分散，故陰用持言消也。**

△按：以形而上之道言之，陽氣欲升，陰氣欲降，如泰卦，朱熹《本義》曰：

〔註415〕陽變則化陰，陰變則化陽，其理可見於《卜筮正宗》，卷一，頁4，六親變化歌。其言曰：「父母化父母，進神文書許；化子不傷丁，化鬼官遷舉，化財宅長憂，兄弟為泄氣。」即動爻九六相變，而視其所持之六親變化，看其生剋，而有諸吉凶。以變爻曰「變」，以所從而變出之爻曰「化」。

〔註416〕參見朱熹《周易本義》。其言曰：「起震而歷離兌，以至於乾，數已生之卦也。自巽而歷坎艮，以至於坤，推未生之卦也。易之生卦，則以乾兌離震巽坎艮坤為次，故皆逆數也。」

「爲卦天地交而二氣通，故爲泰。」是明地氣在上而下降，天氣在下而上升，故互相交通也。而就形而下之器言之，十二消息卦之變化，殆不可以升降論也。虞翻曰：「坤消爲虛。」李銳云：「坤息爲虛。」雖觀點不同，然十二消息之變，皆依子至巳、午至亥之序，由下而上，故不可以升降論。「起復成巽」之「巽」，宜作「乾」，以復卦陽爻初起，至乾卦六爻俱陽，乃春夏期間，萬物盛長之象也。《易漢學》，卷一載同文而云：「陰言消者，起姤終乾，……故陰用特言消也。」當爲正文。然「乾」字宜作「坤」，以姤卦陰爻初起，至坤卦六爻俱陰，乃秋冬之季，萬物成熟之象也。又「起始」之「始」當作「姤」。其「陽息而升」以消息變化言，由下而上，其理尚通。「陰消而降」則不通。以「陰消陽」或「陰息陽消」，其變勢皆由下爻依次往上變化，其條（6）虞氏云「坤消從午至亥。」是「坤陰消乾陽，從初爻午消至上爻亥」之義也，而未嘗有從上爻消至下爻者，故九家以「升降」釋「消息」，不可據也。

（8）《易緯・乾鑿度》曰，聖人因陰陽起，消息立，乾坤以統天地。又云，消息卦純者爲帝，不純者爲王。

△按：惠棟撰《易漢學》卷一引孟康曰：「房以消息卦爲辟。辟，君也。消卦曰太陰，息卦曰太陽，其餘卦曰少陰、少陽，爲臣下也。」又引其《乾鑿度》曰：「孔子曰：復表日角。臨表龍顏。泰表載干。大壯表握訴龍角大辰。夬表升骨履文。姤表耳參漏足履，王知多權。遯表日角連理。否表二好文。觀表出準虎。剝表重童，明歷元。」惠棟曰：「案十二消息，皆辟卦，故舉帝王之表以明之。」以天地言之，十二消息主寒暑相變，乃天地之統也，故《易漢學》，卷一引《九家易》曰：「乾坤消息，法周天地，而不過於十二辰也。」以人事言之，消息卦爲雜卦之首，孟康乃以消卦爲太陰，息卦爲太陽，餘卦爲少陰少陽，故消息卦爲辟卦以象君，餘皆臣下之象也。而十二消息，各有帝王之異表，出自《乾鑿度》所載。然其曰「消息卦純者爲帝，不純者爲王。」豈指乾坤二卦爲純者耶？沈竹初曰不純者爲王，下有「六子上不及帝，下不遇王，故六子雖純，不爲乾坤」十九字，〔註417〕實則此帝王之說，與左傳正易引伏犧作十言之教：「乾坤震巽坎離艮兌消息。」同，乃囿於伏犧八卦，非指消息十二卦也。乾鑿度既舉消息十二卦爲帝王之表，又舉八卦以乾坤爲帝，

〔註417〕參見《惠棟易漢學正誤》，中央圖刊第一卷，第一期，頁142。案震爲長男，巽爲長女之類，故稱六子。

餘六卦震巽坎離艮兌爲王，何以然耶？闕疑焉。

（9）《史記・歷書》，太史公曰，皇帝考定星歷，建立五行，起消息。注皇侃
曰，乾者陽生爲息，坤者陰死爲消也。

△按：《史記・歷書》太史公所言，乃云消息卦取象於天也。《易漢學》，卷一引
《九家易》曰：「乾坤消息，法周天地，而不過十二辰也。辰，日月所會之宿，
謂：諏訾、降婁、大梁、賓沈、鶉首、鶉尾、壽星、大火、析木、星紀、元枵
之屬是也。」可證《史記》之說。皇侃所云，與李銳、徐芹庭謂消息皆主乎乾
陽者異，然亦有其理也。審虞註消息復卦云：「陽息坤。」註臨卦云：「陽息至
二。」註泰卦云：「陽息坤。」大壯卦云：「陽息泰也。」註夬卦云：「陽夬陰，
息卦也。」註姤卦云：「消卦也。」註遯卦云：「陰消姤也。」註否卦云：「陰消
乾也。」註剝卦云：「陰消乾也。」然則，由陰變陽，是之謂息；由陽變陰，是
之謂消。復泰由坤變來，故曰「陽息坤。」大壯由泰變來，故曰「陽息泰。」
消卦倣此。息者，長也，故陽生爲息；消者，盡也，故陰死爲消也。沈竹初曰：
「皇，原文作黃。」〔註418〕則《史記・歷書》太史公所云，本當專指黃帝之行
事也，而非泛指皇帝也。又「注皇侃曰」宜作「皇侃註曰」。

（10）《漢書》京房上封事曰，辛酉以來，少陰倍力而乘消息。孟康曰，房以
息卦爲辟，辟，君也。消卦曰太陰，息卦曰太陽，其餘卦曰少陰少陽，
爲臣下也。

△按：「房以息卦爲辟」疑有缺文，當作「房以消息卦爲辟」。沈竹初云：「按
原註末句有『并力雜卦氣於消息也』似不可少。」〔註419〕惠棟云：「孟氏卦氣
圖……內辟卦十二謂之消息卦。乾盈爲息，坤虛爲消，其實乾坤十二畫也。……
辟卦爲君，雜卦爲臣。」是孟氏卦氣圖，乃承京房以十二消息卦爲辟卦，乾
盈爲息，以乾卦爲純陽也，故息卦統稱太陽。坤消爲虛，以坤卦爲純陰也，
故消卦統稱太陰。餘卦爲臣下也。〔註420〕《漢書》京房上封事云云，按乘者，
登也，駕也，逐也，則蓋指臣下與君相傾軋之事也。沈氏云末句有「并力雜
卦氣於消息」，其意殆即爲陳壽熊所云：「按六十四卦皆乾坤之交易，而十二

〔註418〕參見同上。
〔註419〕參見同上。
〔註420〕惠棟云云及孟氏卦氣圖，參見《易漢學》，卷一，頁1～2。廣文書局，頁1049
　　　　～1052。

卦皆乾坤之消息。又陽息爲息，陽消爲消，消息皆主於乾，〔註421〕故繫辭以乾坤之策，當期卦氣。」

（11）《後漢書》陳忠上疏曰，頃季夏大暑而消息不協，寒氣錯時，水漏爲變，天之降異，必有其故，所舉有道之士，可策問國典，所務王事過差，令處煖氣，不效之意，庶有讜言，以承天誡。

△按：季夏爲六月，二十四節氣值大暑。〔註422〕頃者，猶言即將。惠棟云：「寒溫風雨，總以應卦爲節，是以《參同契》曰：『君子居室，順陰陽節，藏器俟時，勿違卦月，謹候日月，審察消息，纖芥不正，悔吝爲賊，二至改度，乖錯委曲，隆冬大暑，盛夏霜雪，二分縱橫，不應漏刻，水旱相伐，風雨不節，蝗蟲湧沸，群異旁出。』此言卦氣不效，則分至寒溫，皆失其度也。」〈繫上〉第八曰：「言行，君子之樞機，樞機之發，榮辱之主也。言行，君子之所以動天地也，可不慎乎？」所謂「纖芥不正，悔吝爲賊。」言行不當，即遭辱也，「天之降異，必有其故。」蓋爲此意。漢代盛行災異之說，時人據陰陽、四時、八卦方位、十二度、二十四節氣，制定教令，謂順之者昌，逆之者亡。〔註423〕此即一例。

　　總案：此「消息」一例，或以八卦，或以十二卦言之。孟氏卦氣圖，以內辟卦十二，謂之消息；而以坎離震爲四正卦，名之曰方伯。然則，止此四卦，而不言八卦也。且四卦主四時，不主十二月也。八卦與消息有干，殆源于「八納甲之圖」也，愚論之於條（4）矣。由「消息」而言「變化」、「進退」，乃皆以相對立場言之，不可執其一也（見條（5）愚按）。條（6）虞翻謂坤消爲順，乾息爲逆，乃以或上或下而言之，甚不合理。條（7）《九家易》謂「陰消爲降」，於理亦乖焉。消息亦有二說：一以「坤消爲虛」，虞翻主之；一以「坤息爲虛」，李銳、陳壽熊、徐芹庭主之。

四八、四　正

（1）〈說卦〉曰，震東方也。離也者，南方之卦也。兌正秋也。坎，者正北方之卦也。

〔註421〕參見《易漢學》，卷一，頁2，六日七分圖。

〔註422〕參見顧銘堅撰《秦漢的方士與儒生》，里仁書局，民國74年8月三十日版，頁27。

〔註423〕此說與李銳，徐芹庭所云者同。

案震、離、兌、坎、陰陽各六爻，荀爽以為乾六爻皆陽，陽爻九，四九三十六，合四時；坤六爻皆陰，陰爻六，六四二十四，合二十四氣。蓋四正者，乾坤之用。翟玄注文言云，乾坤有消息，從四時來也。

△按：惠棟曰：「孟氏卦圖，以坎離震兌爲四正卦。」〔註424〕荀爽以四正卦之數，乘以乾陽九之數，得三十六，謂合四時，愚不詳其義也。唯惠棟曰：「夫以二卦（按指乾坤）之策，當一期之數，則知二卦之爻，周一歲之用矣。四卦主四時，爻主二十四氣。十二卦主十二辰。」〔註425〕惠棟《易漢學》卷一引《易緯·是類謀》曰：「冬至日在坎，春分日在震，夏至日在離，秋分日在兌。四正之卦，卦有六爻，爻主一氣（惠棟註：共二十四氣）。」〔註426〕是以知《易緯·是類謀》以一卦之爻數六，乘以四正卦之數四，得二十四，合二十四氣，與惠棟云坤陰六之數六，乘以四正卦四者絕異，當以前者爲是。而惠氏前後之語自相矛盾，其註《是類謀》，與釋孟氏卦氣圖之說，皆不同於此案語所云。蓋惠氏於此案語，欲合乾坤消息四正卦也。

（2）〈繫辭〉上曰，兩儀生四象。仲翔曰，四象，四時也。兩儀，謂乾坤也。乾二五之坤，成坎離震兌。震春、兌秋、坎冬、離夏，兩儀生四象。

△按：朱熹云：「兩儀者，始爲一畫以分陰陽。四象者次爲一畫以分太少。八卦者，次爲三畫而三才之象始備。此數言者，實聖人作《易》自然之次第，有不假絲毫智力而成者，畫卦揲蓍，其序皆然。」然則，虞氏避「四象生八卦」而就「兩儀生四象」，欲合「四象」於四時與四正卦，其謬可見。又以「之卦」，謂四正卦從乾坤變來，然乾二五與坤二五交置，蓋只得坎離，何由得震兌耶？

（3）〈孟氏章句〉曰，坎離震兌二十四氣，次主一爻，其初則二至二分也。坎以陰包陽，故自北正，微陽動於下，升而未達，極於二月，凝涸之氣消，坎運終焉。春分出於震始，據萬物之元，為主於內，則群陰化而從之，極于南正，而豐大之變窮，震功究焉。離以陽包陰，故自南正，微陰生于地下，積而未章，至于八月，文明之質衰，離運終焉。仲秋陰形于兌始，循萬物之末，為主於內，群陽降而承之，極于北正，而天澤之

〔註424〕見惠棟撰《易漢學》，卷一，頁1，廣文書局，頁1049。

〔註425〕同上。

〔註426〕同上，頁3，廣文書局，頁1050。此文本在《稽覽圖》卷六，頁16。

施窮，兌功究焉。故陽七之靜，始于坎。陽九之動，始于震。陰八之靜，始于離。陰六之動，始于兌。故四象之變，皆兼六爻而中節之應備矣（〈一行六卦議〉）。

△按：惠棟曰：「四正爲方伯，二至二分，寒熱風雨，總以應卦爲節。」〔註427〕所謂二至者，夏至、冬至是也，二分者，春分、秋分是也。察《易漢學》，卷一載孟氏六日七分卦氣圖，坎卦初六值冬至，震卦初九值春分，離初六值夏至，兌卦初九值秋分，餘各爻值一節氣，故云「二十四氣次主一爻，其初則二至二分也。」坎內外卦皆一陽爻居二陰爻之中，故曰「以陽包陽」。於卦氣圖居子月正北之位，於十二消息主復卦，故云「自北正，微陽動於下。」至上六，於消息主泰卦，於時爲寅月，陽氣盈於內卦，尚未達外卦；至卯月（即二月）值春分，於消息爲大壯，是陽氣盛於陰氣也，坎水凝涸之氣於此消散，故云「升而未達，極於二月，凝涸之氣消，坎運終焉。」春分於卦氣圖居震初九之位，故曰「春分出於震始」。說卦第五：「萬物出乎震」，故曰「據萬物之元」。震內外卦皆一陽在二陰之下，故曰「爲主於內，則群陰化而從之」。至上六，於消息主乾，於時爲巳日。至夏至午月，木氣始盡，「豐大」者，殆指木性也，故云「極于南正，而豐大之變窮，震功究焉。」離內外卦皆一陰爻居二陽爻之中，故曰「以陽包陰」。於卦氣圖初九值午，於消息主姤，故曰「自南正，微陰生于地下。」至上九，於時爲申月，於消息爲否，陰氣積於內卦，而未顯見外卦；至八月酉辰值秋分，於消息爲觀，陰氣盛於陽氣，離火文明之氣於茲退衰，故云「積而未章，至于八月，文明之質衰，離運終焉。」仲秋，於時爲八月酉辰，秋分居其始，值兌初九之位，故曰「仲秋陰形于兌始」。「循萬物之末，爲主於內」不詳其義。「爲主於內」當作「爲主於外」，是兌內外卦皆一陰在二陽之上，故云「群陽降而承之」。至上六於消息值坤，於時爲亥月；至冬至子月，金氣始盡。又兌爲澤，故云「極于北正，而天澤之施窮，兌功究焉。」末段「陽七之靜，始于坎」云云，不詳其義，故闕疑焉。「四象」當作「四正」，四正卦坎震離兌之變，皆以重卦，四六得二十四，合二十四節氣，一爻合一節氣，故云「皆兼六爻而中節之應備矣」。

（4）《易緯・類謀》曰，冬至日在坎，春分日在震，夏至日在離，秋分日在兌，四正之卦，卦有六爻，爻主一氣。

△按：沈竹礽曰：「按易諱是類謀無此文，見易稽覽圖。」〔註428〕又此文所述，已備論於條（3），茲不贅述。

（5）康成註《通卦驗》曰，冬至坎始用事，而至六氣，初六爻也。小寒於坎直九二，大寒於坎直六三，立春于坎直六四，雨水於坎直九五，驚蟄於坎直上六。春分於震直初九，清明於震直六二，穀雨乙於震直六三，立夏於震直九四，小滿於震直六五，芒種於震直上六。夏至於離直初九，小暑於離直六二，大暑於離直九三，立秋於離直九四，處暑於離直六五，白露於離直上九。秋分於兌直初九，寒露於兌直九二，霜降於兌直六三，立冬於兌直九四，小雪於兌直九五，大雪於兌直上六。

△按：沈竹礽曰：「按鄭君注係類書節錄，非原文。」〔註429〕此文所述，具備載於惠棟撰《易漢學》，卷一，孟長卿六日七分卦氣圖。

（6）孟康《漢書》曰，分卦直日之法，一爻主日六十四，為三百六十日，餘四卦，震、離兌、坎，為方伯監司之官，所以用震、離、兌、坎者，是二至二分用事之日，又是四時各專王之氣，各卦主時，其占法各以其日，觀其善惡也。

△按：沈竹礽曰：「按孟注見京房原文，六十卦作六十四卦，四字衍文。」〔註430〕當是。惠棟云：「四卦主四時，爻主二十四氣；十二卦主十二辰，爻主七十二侯；六十卦主六日七分，爻主三百六十五日四分日之一。群卦為君，雜卦為臣，四正為方伯，二至二分，寒溫風雨，總以應卦為節。」〔註431〕所以用震離兌坎為方伯，以其為東南西北之正卦也，其初爻各值春分夏至秋分冬至，故云「是二至二分用事之日」。十二消息為辟卦，辟者，君也。四正卦為方伯，屬監司之官，各正卦每司三消息卦，故云「各專王之氣」也·凡此俱見孟氏卦氣圖。《易諱·乾鑿度》曰：「歲三百六十五日四分日之一，以卦用事，一卦六爻，爻一日，凡六日（惠註：七分歸閏）初用事。一日天王諸侯也，二日大夫也，三日卿也，四日二公也，五日辟也，六日宗廟。爻辭善則善，凶則凶。」〔註432〕惠棟案云：「《易諱》此說，與齊天保歷合，所謂五卦

〔註428〕見中央圖刊第一期第一卷，〈惠棟易漢學正誤〉，頁143。
〔註429〕見同上。
〔註430〕見同上，頁144。
〔註431〕見《易漢學》，卷一負一，廣文書局，頁1049。
〔註432〕見《易漢學》，卷一，頁12，廣文書局，頁1072。

初爻用事也。其云六日宗廟未詳，豈一卦六爻備有此六者耶？卦氣五位，以公辟侯大夫卿，周還用事，此始侯者從月數也。」（同註9）依孟氏卦氣圖，一消息主五卦，各以辟、侯、大夫、卿、公，於每卦初爻用事，每卦六爻，爻主一日，每卦六日，按乾鑿度所載，每爻亦各有用事，而視爻辭見其吉凶也。故云「各卦主時，其占法各以其日觀其善惡也。」

（7）魏〈正光歷〉曰，正為方伯。薛瓚注《漢書》曰，京房謂方伯卦震、兌、坎、離也。《京氏易傳》曰，方伯分威厥，妖馬生子亡。

△按：《京氏易傳》所言，未詳其義，故闕疑焉。餘說見前。

（8）《易緯·乾鑿度》曰，四維正紀，經緯仲序，度畢矣。康成云：「四維正四時之紀，則坎、離為經，震、兌為緯，此四正之卦為四仲之次序也。」《京氏易傳》曰，賦斂不理，茲謂禍，厥風絕經緯（四時不正也）。又云，大經在辟而易臣，茲謂陰動（坎離為經位方伯，故云大經。辟，辟卦也。大經在辟，謂方伯擬君，易其臣道也）。又云，大經搖政，茲謂不陰（不陰，不臣也）。

△按：坎離南北之位，故曰經；震兌東西之位，故曰緯。賦斂不理，監司失責，故「茲謂禍」；上行下效，必致不正，應之天時，則「二至改度，乖錯委曲；二分縱橫，不應漏刻；卦氣不效，則分至寒溫，皆失其度也。」〔註433〕故曰：「厥風絕經緯」。「陰動」之陰，與「不陰」之陰，豈臣之謂耶？

（9）《漢書》魏相奏曰，東方之卦，不可以治西方。南方之卦，不可以治北方。春興兌治則饑，秋興震治則華，冬興離治則泄，夏興坎治則雹。

△按：東方之卦，震也，其性屬木；西方者，金也，金剋木，故「東方之卦，不可以治西方。」南方之卦，離也，其性屬火；北方者，水也，水剋火，故「南方之卦，不可以治北方。」「春興兌治」金剋木，木被剋傷，果蔬欠收，故饑。「秋興震治」木氣勝金，花謝又發之象，故「華」。「冬興離治則泄」未詳。「夏興坎治」，水剋火氣，是晴空降雹之象，故「雹」。

　　總案：惠棟於條（1）之案語，與釋孟氏卦氣圖所云，註《易緯·是類謀》相背。條（2）殆又不合四正之說，謬於割離牽強矣。餘條皆合孟氏卦氣圖所載。

〔註433〕見同上，頁1，廣文書局，頁1050。

四九、十二消息

（1）《易・繫辭》曰，變通配四時。仲翔曰，變通趣時，十二月消息也。泰、大壯、夬配春；乾姤、遯，配夏；否、觀、剝，配秋；坤、復、臨，配冬。謂十二月消息相變通，而周於四時也。

△按：虞說與孟氏卦氣圖相符。見《易漢學》，卷一，頁1。

（2）又云，剛柔相推，變在其中矣。仲翔曰，謂十二消息，九六相變，剛柔相推，而主變化，故變在其中矣。

△按：息卦由復始至乾終，皆陰變陽，柔變剛；消卦由姤始至坤終，皆陽變陰，剛變柔。故云。

（3）又曰，往來不窮，謂之通。荀爽曰，一冬一夏，陰陽相變易也。十二消息，陰陽往來無窮已，故通也。

△按：李道平曰：「陰常居大冬，然一陽生于冬至；陽常居大夏，然一陰生于夏至。故云一冬一夏，陰陽相變易也。」又曰：「乾坤十二畫，一往一來，循環無已。陽息陰消，推而行之，故謂之通也。」其言然也。

（4）又曰，寒往則暑來，暑往則寒來。仲翔曰，乾為寒，坤為暑，謂陰息陽消，從姤至復，故寒往暑來也。陰詘陽信，從復至泰，故暑往寒來也。

△按：〈說卦〉第十一章云：「乾為寒」。《虞氏逸象》曰：「坤為暑」惠棟註曰：「冬至復、初九乾也。《稽覽圖》曰：冬至之後三十日極寒，故乾為寒。夏至姤，初六坤也。《稽覽圖》曰：夏至之後三十日極暑，故坤為暑。」〔註434〕李道平《纂疏》，復採其說，以釋虞氏之文。然虞氏曰「陰消息陽消」，似又與李銳、陳壽熊，徐芹庭之說雷同。李道平曰：「陰消為詘，陽息為信，從復至泰，故暑往則寒來。」其言然也。而李氏又云：「否為暑往，成乾。下三為寒來，即姤復之義也。」〔註435〕非然也，當為「泰來暑往，成乾。」唯虞氏上云「從姤至復」，下云「從復至泰」，上字「復」似改作「否」為確。

（5）又曰，範圍天地之化而不過。九家易曰，範者，法也。圍者，周也。言乾坤消息，法周天地，而不過於於十二辰也。辰，日月所會之宿，謂諏訾、降婁、大梁、實沈、鶉火、鶉尾、壽星、大火析木、星紀、玄枵之

〔註434〕見《周易集解纂疏》，卷八，廣文書局，頁784。
〔註435〕見《易漢學》，卷三，頁11，廣文書局，頁1128。

屬是也（諏訾以下，謂自寅至丑，自泰至臨也）。

△按：此十二辰，即古人將周天分爲十二次者也。用以觀測日月五星之運行及節氣之早晚。如《春秋》《國語》所載「歲在鶉火」、「歲在星紀」之類，是以歲星所至之次名，爲紀年之準。十二次之名，蓋依星象而定焉。然則，印度十二宮與中國十二次之區界相同。印度人於木星，亦以爲一年行走一宮，即謂歲星乃爲十二年一周天。〔註436〕又依陳遵嬀所言，中國古人將天象與地上之域相配合，此謂之「分野」。分野乃將星座分配屬乎各國，用以占卜國之吉凶，周代許多天文學家，皆擅長此類占卜。〔註437〕陳遵嬀又云，殷末周初已重視歲星，且用推算歲星之位來占人事之占凶。如《左傳》昭公九年，裨竈曰：「歲五及鶉火，而後陳卒亡，楚克有之，天之道也。」昭公三二年，史墨云：「越得歲而吳伐之，必受其凶。」等，皆用歲星來卜吉凶。〔註438〕然則，古人之十二次，即《九家易》所言之十二辰，而原以歲星所至之次，分屬何國，以占其吉凶。乃以十二年一周天也。《九家易》將此十二辰，合諸乾坤消息之中。而陳遵嬀又云，古人於歲星紀年法之前，以冬至夜半所見之方位爲準，並對照地上之方位，已將周天自東而西，配以子丑寅卯等十二地支，此爲分野之原始觀念。〔註439〕惠註云：「諏訾以下，謂自寅至丑、自泰至臨也。」則知諏訾配寅，消息卦則配泰。餘辰則依序配之。而此十二辰配十二地支，早見於歲星紀年法前，以十二年一周天。《九家易》取以配消息，則以十二月一周年爲法也。

（6）干寶註乾六爻曰，陽在初九，十一月之時，自復來也。初九甲子（乾納甲），天正之位，而乾元所始也。陽在九二，十二月之時，自臨來也。陽在九三，正月之時，自泰來也。陽氣在四，二月之時，自大壯來也。陽在九五，三月之時，自夬來也。陽在上九，四月之時也（四月於消息為乾）。又註坤六爻曰，陰氣在初，五月之時，自姤來也。陰氣在二，六月之時，自遯來也。陰氣在三，七月之時，自否來也。陰氣在四，八月之時，自觀來也。陰氣在五，九月之時，自剝來也。陰在上六，十月之時也（十月於消息為坤）。

〔註436〕見《周易集解纂疏》，卷九，廣文書局，頁834。
〔註437〕見陳遵嬀撰《中國古代天文簡史》，木鐸出版社，頁89～90。
〔註438〕見同上，頁91。
〔註439〕見同上，頁93。

康成註《乾鑿度》曰，消息於雜卦為尊。每月者譬一卦，而位屬焉，各有所繫。案每月譬一卦者，如乾之初九屬復，坤之初六屬姤是也，臨觀以下倣此。

△按：沈竹礽曰，「按鄭康成註：『夫八十四者戒者，十二消息爻象之象。消息於雜卦為尊，每月者譬一卦而位屬焉。各有所繫，是謂八十四戒。必連數之者，見四百五十變而周矣。』細繹康成註，重在八十四戒。而惠氏截去之，並加以案語，與康成注義相悖矣。」〔註440〕其言然也。又干寶所註甚詳，茲不贅述。

(7)《春秋緯》《樂緯》曰，夏以十三月為正，息卦受泰，初之始，其色尚黑，以寅為朔。殷以十二月為正，息卦受臨，物之牙，其色尚白，以雞鳴為朔。周以十弓月為正，息卦受復，其色尚赤，以夜半為朔。

此後漢陳寵所謂三微成著，以通三統也。康成謂十日為微，一月為著，三微成著，一爻也。三著成體，乃泰卦也。

△按：沈竹礽云：「按此引《禮記・檀弓》，孔穎達《正義》。《春秋緯》，即《春秋緯・元命苞》。《樂緯》，即《樂緯・稽耀嘉》。孔氏《正義》，與二緯語稍有出入。又受復下，脫物之萌三字。」〔註441〕其言是也。陳遵嬀曰：夫干支紀月法，《史記》載之特詳；其曆書又有夏正、殷正、商正之分，也即所謂三正論。此理論盛行於戰國秦漢之際，乃倡言夏商周二代輪更正朔，稱之為「三正」。《尚書大傳》所謂「夏以十三月為正，色尚黑，以平旦為朔，殷以十二月為正，色尚白，以雞鳴為朔；周以十一月為正，色尚赤，以夜半為朔。」可作代表。因十一月屬子，十二月屬丑，十三月屬寅，故有建子，建丑和建寅之稱。《春秋感精符》所謂「天統，十一月建子，……周以為正；地統，十二月建丑，……商以為正；人統，十三月建寅，……夏以為正。」即此說也。〔註442〕然則，《春秋緯》《樂緯》復合之消息，以十一月受復，十二月受臨，十三月受泰。「初之始」疑作「物之始」，察《易漢學》，卷一載同文作「物之始」是也。牙者，芽之本字也。物生長之序，當以十一月，於消息為復，陽氣初生於下，故云「物之萌」，而說文云，「萌，艸木芽也。」段註聯綴則成

〔註440〕見同上，頁92。
〔註441〕見中央圖刊第一期第一卷，〈惠棟易漢學正誤〉，頁144。
〔註442〕見同註437，頁85～86。

萌芽，析言則有別。尚書大傳：「周以至動，殷以萌，夏以牙是也。統言則不別。故曰：萌，艸木芽也。」尚書大傳所載周以至動云云，又與本文相異，不知何者為是。「其色尚赤，其色尚白、其色尚黑」似與五德終始說不類，以周尚赤為火、殷尚白為金，夏尚黑為水。火剋金，金生水，非一致也。朔者，說文云：「月一日始蘇也。」周以夜半為朔，以建子也；殷以雞鳴為朔，以建丑也；夏以寅為朔，即尚書大傳云「以平旦為朔」，以建寅也。〔註443〕至於陳寵、鄭玄云云，不詳其本旨。按三統，似指《春秋感精符》所云「天統、地統、人統」。而漢太初曆，後人常稱之為「三統曆」。特太初曆以改元為名，而三統曆以法數為名。〔註444〕顧銘堅於其《古史辨》一書中謂：「不知何時，起了一種與五德說大同小異之論，喚做『三統說』。其言歷代帝王配於三統中，而各有其制度」。又云：「夏為黑統，商為白統，周為赤統，周後又輪為黑統。」顧氏亦謂三統說是影射五德說而創者，唯夏於五德說中為木德，而在三統說中為黑統，有本質上之衝突，此與余議相同。

（8）《易緯‧乾鑿度》曰，孔子曰，復表日角，臨表龍顏，泰表載（與戴同）干，大壯表握訴、龍角、大辰（古脣字），夬表升骨、履文，姤表耳參、漏足，履王知多權，遯表日角、連理，否表二好文（坤為文，故好文），觀表出準虎，剝表重童（與瞳同）明歷元。

　　案，十二消息皆辟卦，故舉帝王之表以明之。

△按：沈竹礽曰：「按末一句，此皆律歷運期相一匡之神也，似不可刪。」其言殆是。凡諸「帝王之表」其取象不可考，故闕疑焉。又其中無及乾坤二卦，未詳。

（9）《周易參同契》，朔旦為復（初九至、朔旦，震來受符），陽氣始通，出入疾（仲翔云，謂出震成乾，入巽成坤，坎為疾。十一消息不見坎象，故出入疾），立表微剛，黃鐘建子（韋昭曰，十一月黃鐘，初九也。康成曰，黃鐘，子之氣也。十一月建焉）。兆乃滋張，播施柔暖，黎蒸得常。臨爐施條（九二），路正光，光耀漸近，日以益長，丑之大呂（康

〔註443〕《中國文化史工具書》第五「曆法」條下，頁152～155，言之甚詳。

〔註444〕參見《中國古代天文簡史》，木鐸，頁37～41。其言一統為1539年，一元為三統，三統為四六一七年。在此周期，又復在甲子日夜半朔旦冬至。因一統的日數五六二一二○，以六十來除，還剩四十。所以若以甲子日為元，則一統後得甲辰，二統後得甲申，三統後才復得甲子，此即為「三統」名稱之由來。

成曰，大呂丑之氣也。十二月建），結正低昂。仰以成泰（九三），剛柔並隆，陰陽交接，小往大來，仲翔曰，陰詘外，為小往。乾陽信內，為大來）輻輳于寅，運而趣時。漸歷大壯（九四），俠列卯門（春分為卯，卯為開門），榆莢墮落，還歸本根（二月榆落，魁臨于卯。翼奉風角曰，木落歸本），刑德相負（建緯卯，卯刑德，並會相見歡喜），晝夜始分。夫陰以退，陽升而前，洗濯羽翮（九五飛龍），振索宿塵。乾健盛明，廣被四鄰，陽於巳（上巳）中而相干。姤始紀序（初六），履霜最先，井底寒泉（巽初六與乾初九為飛伏，乾為冰也），午為蕤賓（康成曰蕤賓，午之氣也。五月建焉），賓服於陰，陰為主人。遯去世位（六二遯乾二世），收斂其精，懷德俟時（陸績曰，遯，俟時也），栖遲昧冥。否塞不通（六三），萌者不生，陰伸陽屈，沒陽姓名。觀其權量（六四），察仲秋情，任畜微稚，老枯復榮，薺麥芽蘗。因冒以生（八月麥生，天罡據酉。詩緯椎度災曰，陽本為雄，陰本為雌，物本為魂，雄生八月仲節，號曰太初行三節。宋均注曰，本即原也。變陰陽為雌雄魂也。節，猶氣也。太初者，氣之始也。必知生八月仲者，據此時菱薺生以為驗也。陽生物行三節者，須此雌俱行物也）。剝爛肢體（六五雜卦曰，剝，爛也。初足、二辯、四膚，指間稱辯，辯上稱膚，皆屬肢體），消滅其形（消艮入坤），化氣即竭（秋冬為化，）亡失至神（乾為神），道窮則返，歸乎坤元（坤元即乾元）。

△按：沈竹礽以「兆乃滋張」之「張」，「觀其權量」之「量」，謂：「按張，原文作彰；量，原文作度。」〔註445〕《易漢學》，卷一載鄭氏周易爻辰圖，徐芹庭曰：「辰者，日月所會之宮也。爻辰者，以乾六爻，坤六爻共十二爻配十二辰，與十二律者也。此鄭氏易註用之。其法以乾初九為子配黃鐘，九二寅配太簇，九三為辰配姑洗，九四為午配蕤賓，九五為申配夷則，上九為戌配無射；坤初六為未配林鐘，六二為酉配南宮，六三為亥配應鐘，六四為丑配大呂，六五為卯配夾鐘，上六為巳配中宮。此即所謂爻辰也。」〔註446〕然此爻辰所配，與消

〔註445〕見同註8，頁145。

〔註446〕見《兩漢十六家易註闡微》，五洲出版社，頁74。又《中國文化史工具書》，頁175載：「我國古代的律制，古稱稱六律，實則十二律，即古樂的十二個調。律，本來指用來定音的竹管，舊說古人用十二個長度不同的律管，吹出十二個高度不同的標準音，以確定樂音的高低，因此，言十二個標準音也叫做「十二律」。

息卦相異者，乃地支之序也，〔註447〕消息卦乾卦初至上，乃子至巳；坤卦初至上，乃午至亥。而爻辰乾卦初至上，乃子寅辰午申戌；坤卦初至上，乃未酉亥丑卯巳。然子配黃鐘、丑配大呂諸法皆同。《周易參同契》所云：黃鐘建子，丑之大呂、午爲蕤賓。乃以十二律配十二消息也。禮記月令篇載：「孟春之月，律中太簇；仲春之月，律中夾鐘；季春之月，律中姑洗；孟夏之月，律中中呂；仲夏之月，律中蕤賓；季夏之月，律中林鐘；孟秋之月，律中夷則；仲秋之月，律中南呂；季秋之月，律中無射；孟冬之月，律中應鐘；仲冬之月，律中黃鐘；季冬之月，律中大呂。」「朔旦爲復」者，未詳。十二消息條（7）卦以夜半爲朔。「陽氣始通」者，以復卦一陽初生於下。「出入無疾」者，見爻等例註十二。「出入」當指居處或在外而言，虞註云云，殆有附會日。董德寧：「出入無疾者，乃《易》復卦之彖辭也。今魏公引之，謂此時陰陽進退皆微，而其氣之出入，自應無疾速也。」魏公所云乃引申義，非本義也。「表」者，董氏云：「測景推候之物也。」「立表微剛」者，董氏曰：「言立之景侯，其陽氣乃微剛也。」「黃鐘建子」者，董氏曰：「黃鐘者，十一月之律管，乃建子之月，用以候氣也。」「兆乃滋張」者，「張」，《參同契正義》引作「彰」，董氏曰：「言陽氣之兆端，乃始滋益而彰著也。」「播施柔暖，黎蒸得常」者，董氏云：「柔暖，謂微陽也。黎蒸，謂民也。言播施其微陽之氣，而民將得其融和之常候也。」依爻等諸法，復卦初九土位，又值妻財世爻，世月亦爲妻財，又逢六合，故有此象。「臨爐施條」者，「爐」當指納音法之「丁卯爐中火」而言，《卜筮正宗》，卷一六十花甲納音歌載之。以臨陽息至九二，持世丁卯也。「條」，董氏云：「長也。」「開路正光」者，董氏云：「陽道正在。」「光耀漸近，日以益長」者，董氏云：「光耀漸次而進，日景漸益以長。」乃指陽息至二而言也。「丑之大呂，結正低昂」者，董氏云：「其月爲建丑之月，在律爲大呂之管也。然丑爲一歲之終結，而終則又當復起，故十二月者，正在低昂之間也。」「仰以成泰，剛柔並隆」者，乃九二至九三成泰，內乾而外坤，是剛柔相半，並隆之象。「陰陽交接」亦指內乾外坤，陰陽相交也。「小往大來」者，朱熹《本義》曰：「小謂陰，大謂陽。言坤往居外，乾來居內。」虞註同此義也。「輻輳于寅，運而趣時」者，董氏云：「輻者，輪轂之中軸也。輳者，湊也。又借爲正月太簇之律名。言陽氣之至寅月，如輻之湊於轂，而運動疾趨其時也。」泰陽息至三，於時爲寅，乃三陽開泰之

〔註447〕鄭玄爻辰法乾卦地支排與八卦六位之納支相同，坤卦則異。鄭玄爻辰法坤卦初六從未始，以順時鐘方向排列；納支法，則初六從未始，以反時鐘方向排列。

謂也。「漸歷大壯」者，董氏云：「言自復臨泰，而漸歷大壯，乃爲二月之卦也。」
「俠列卯門」者，董氏云：「俠，並也，又借爲二月夾鐘之律名。卯門者，乃二
月也。言大壯之卦，夾鐘之律，而並列於建卯之二月也。」大壯九四，世月及
消息皆在卯，惠註云：卯爲開門。」殆釋形而誤也。「榆莢墮落，還歸本根」者，
董氏云：「榆莢者，榆木之莢也。謂萬物當春發生，惟榆莢至此墮落，而復歸於
本根。」「刑德相負，晝夜始分」者，董氏云：「蓋春陽爲德，秋陰爲刑。今二
月春半，陽中有陰，此刑德相爲乘負，而生中有殺故也。然二月爲春分，乃晝
夜始行平分之候。《禮記・月令》謂仲春之月日夜分，是也。」「夬陰以退，陽
升而前，洗濯羽翮，振索宿塵」者，乃言夬卦從大壯來，陰退而陽進。乾四爻
辭：「或躍在淵」，而董氏云：「洗，滌也。又姑洗，三月之律名。濯，浣也。」
是龍在淵，又值律呂之姑洗，故有洗濯羽翮之謂也。惠註云：「九五飛龍。」乃
夬卦陽息至五，有飛龍在天之象也。振，當指振翮；索，董氏云：「搜也。」謂
陽氣升至天位，猶飛龍之振動羽翮，將爲沖霄之舉也。「乾健盛明，廣被四鄰」
者，即乾象所言「雲行雨施，品物流形」是也。「陽於巳」，《參同契正義》引作
「陽終於巳」，當如是也。董氏曰：「謂陽氣始生於子月，而其終極在於巳月也。」
「中而相干」者，相干者，猶言相接也，或曰相薄也。坤上六云：「龍戰于野。」
朱駿聲云：「窮陰薄陽，所以戰也。又戰之爲言接也，陰陽交接和會。」〔註448〕
董氏云：「今巳月爲陽極，乾卦爲純陽，是陽乃盛極乎中，而陰將來干犯矣。又
中字，借爲四月仲呂之律名。《禮記・月令》所謂律中中呂，是也。」「姤始紀
序」者，董氏曰：「姤者五月之卦也。紀者，記也。言姤始記一陰生之氣序也。」
「履霜最先」者，董氏云：「先者，先兆也。謂姤雖一陰初生之卦，然其勢必至
純而後已，則是姤者，豈非履霜之先兆乎？《易》曰：履霜堅冰，陰始凝也；
馴致其道，至堅冰也。即此之義耳。」「井底寒泉」者，殆取井九五爻辭「井洌，
寒泉食。」而來。今姤卦內爲巽，巽者長也，故亦有井之象。又居於初爻，故
曰「井底」也。依〈京房積算法〉，姤世在初，伏乾本初九子水也，又乾爲寒爲
冰，故曰「寒泉」，惠註云云，其意即此。「午爲蕤賓」者，董氏云：「蕤賓者，
五月之律也。」其律配午，故云。「賓服於陰，陰爲主人」者，即爲姤卦辭：「女
壯，勿用取女。」之義也。賓者，謂五陽也；主人者，謂一陰也。朱熹云：「一
陰而遇五陽，則女德不貞而壯之甚也。取以自配，必害乎陽，故其象占如此。」
〈繫辭傳〉曰：「陰二君而一民，小人之道也。」今姤卦五陽而一陰，是一陰爲

〔註448〕見《六十四卦經解》，漢京文化事業公司，頁18。

主，明矣。董氏云：「此亦兼釋蕤賓之義耳。」是「賓」字兼有二義也。「遯去世位」者，董氏云：「遯者，六月之卦也。六月律謂之林鐘。遯爲二陰浸長，陽當退避，猶君子之遯去世位也。《易》曰：物不可以久居其所，故受之以遯，遯者，退也。是也。」惠註云：「六二遯，乾二世。」謂遯世爻在六二，乃乾宮卦變至二爻也。「收斂其精」者，殆下二陰漸長，陽氣愈斂也。董氏云：「精者，精華也。言時物將收斂其精華，以就其核實也。」「懷德俟時，栖遲昧冥」者，「栖」字爲「棲」本字。段註「棲」字云：「詩：可以棲遲。」參同契正義亦引作「棲遲」。董氏云：「德者，陽德也。棲遲，止息也。昧冥，幽暗也。言懷藏其陽明之德，以俟其時而復用，今乃止息於幽暗之地也。易曰：物不可以終遯。是此義耳。」「否塞不通」者，否卦外乾陽而內坤陰，今陽氣欲升，陰氣欲降，故陰陽不相交通。朱熹《本義》云：「否，閉塞也。」象傳云：「則是天地不交而萬物不通。」故云。「萌者不生」者，即「萬物不通」之義也。「陰伸陽屈」者，否則從遯卦變來，陰長而陽退，故云。「沒陽姓名」者，即象傳曰：「否，君子以儉德避難，不可榮以祿。」之義也。依爻等諸法，否卦世月及消息皆在申，屬兄弟，乃剋財之神也；其卦身在九五申金兄弟，又遭九四午火官鬼所剋。王洪緒云：「兄弟發動，不免費財，多招誹謗。持身臨世皆不吉利。」劉誠意曰：「鬼煞傷身，因見災殃之不免。」〔註449〕故否卦有「儉德避難」之義也。「觀其權量，察仲秋情」者，董氏云：「觀，八月之卦也。八月律謂之南呂。權者，稱錘也。量者，斗斛也。《禮記・月令》，謂仲秋之月，則日夜分，同度量，平權衡。蓋八月爲陰陽均平，當順從其時令，以較定其權衡度量也。故此謂觀示其權量，則察知其仲秋之情也。」〈象傳〉亦云：「觀，先王以省方，觀民設教。」是此亦權衡事宜之謂也。今觀消息在西，爲八月仲秋，故云「察仲秋情」也。「任畜微稚，老枯復榮，薺麥芽蘗，因以冒生」者，董氏云：「任，堪也。畜，養也。言仲秋乃陰陽和平，堪養其微稚之物。而老枯者，亦復得其榮茂也。薺，甘菜也，《淮南子》所謂薺水菜，冬水而生，夏土而死，是也。蘗者，根旁復生芽也。言仲秋之令，而微稚之麥始芽，其老枯之薺復蘗，俱因於此時冒地以生也。蓋八月爲陰陽相半之候，是殺中有生，而刑中有德故也。」依爻等諸法，觀六三上九皆卯木妻財，其世月在西，卯受其剋，本爲凶象，唯救神在亥水子女，子女者，即「微稚」也；而薺麥芽蘗，皆屬妻財也。「剝爛肢體」者，惠註明矣。「消滅其形」者，董氏云：「剝者，九月之卦也。……以剝爲季秋卦，萬物至此

───────────────

〔註449〕見《卜筮正宗》卷八，頁5，宏業書局，民國74年版，頁92。

皆剝爛而落也。然肢體剝爛，則是其形質消滅矣。晉樂志曰：九月之辰謂之戌，戌者，滅也，謂時萬物皆衰滅也。是此之義耳。」「化氣既竭，亡失至神」者，言此時天地生化之氣，而將為竭絕也。亡失至神者，謂剝乃五陰方盛，而一陽將盡之象，是欲亡失其至極之元神也。」「道窮則反，歸乎坤元」者，董氏云：「道窮則反者，謂十二卦分擘於十二月，則自復至乾而陽窮盡，從乾化姤而陰反通焉。自姤至坤而陰窮盡，從坤變復而陽反通焉。故其為道也屢遷，而反復窮通無已也。《易》曰：反復其道。又曰：易窮則變，變則通，通則久，是也。歸乎坤元者，謂陰道之窮盡，則歸於坤元，乃為十月之卦，而十月律謂之應鐘也。」〔註450〕

（10）〈月令・孟春〉曰，是月也，天氣下降，地氣上騰。《正義》曰，天地之氣謂之陰陽，一年之中或升或降，故聖人作象，各分為六爻以象十二月。陽氣之升從十一月為始，至四月六陽皆升，六陰皆伏。至五月一陰初升，至十月六陰盡升，六陽盡伏。今正月云，天氣下降，地氣上騰者，陽氣五月之時，為陰從下起上嚮排陽，至十月之時，六陽退盡，皆伏于下。至十一月陽之一爻始動地中，至十二月陽漸升，陽向微，未能生物之極。正月三既上，成為乾卦，乾體在下；三陰為坤，坤體在上，是陽氣五月初降。至正月為天體，而在坤下也。十一月一陽初生而上排陰，至四月陰爻伏盡，六陽在上。五月一陰生，六月二陰生，陰氣尚微，成物未具。七月三陰生，而成坤體，坤體在下。三陽為乾，而體在上。所以十月云地氣下降，天氣上騰。劉鉊、氾閣、皇侃之徒，既不審知其理，又不能定其旨趣，誼誼撓撓，亦無取焉。

△按：沈竹礽云：「此節從十一月為始句，下脫陽氣漸升，陰氣漸下句。又五月一陰初升，下脫陰氣漸升，陽氣漸伏句。」孟春，消息於卦為泰。「正義曰」以下云云，所言甚詳。唯以形而上言之，是陽氣欲升，陰氣欲降，故泰卦外陰內陽，得以交通。以形而下言之，其卦乃朱熹本義所云：「坤往居外，乾來居內。」，即「小往大來」之義，故云「天氣下降，地氣上騰」也。文末「所以十月云」當作「所以七月云」。然消息卦，不可以升降論也。前消息條（7）已論之，茲不贅述。

〔註450〕此愚按所引董德寧之語，皆見《周易參同契正義》，自由出版社，民國61年8月版，頁81～86。

總案：此「十二消息」例，可與例四七「消息」例合併。

五十、乾升坤降

（1）荀慈論《易》，以陽在二者，當上升坤五，為君。陰在五者，當降居乾
二，為臣。乾升坤為坎，坤降乾為離，既成濟定，則六爻得位。〈繫詞〉
所謂上下常，剛柔相易。乾〈彖〉所謂各正性命，保合太和。利貞之道
也（坎為性，離為命，二者乾坤之遊魂。乾坤變化，坎本不動，各能還
其本體，是各正之義也。此說得之京房）。《左傳》史墨論魯昭公之失民，
季氏之得民，云在《易》卦，雷乘乾，曰大壯，天之道。言九二之大夫，
當升五為君也。慈明之說，合于古之占法，故仲翔註《易》，亦與之同
（王弼泰六四註云，乾樂上復，坤樂下復，此亦升降之義，而弼不言升
降）。

△按：此為惠棟之案語，依「易例」行文通例，當降一格書寫。「升降」之說，
始於荀爽。「成既濟定」，始於虞翻。惠棟乃合二者為說。「成既濟定」例，屈
萬里已指其非。而「利貞」之體義，乃占問則有利之兆，象傳之「正」非為
「貞」之本義也，愚已論之於例五一、五二、五七矣。

　　惠註云：「坎為性、離為命。」然其於《周易述》釋〈彖傳〉乾卦「各正
性命」，註云：「乾為性，巽為命。」顯然矛盾頓現矣。又云：「二者，乾坤之
遊魂也。」乃指坎為坤宮之遊魂卦需卦之外卦，離為乾宮之歸魂卦晉卦之外
卦也。而《周易述》疏云：「乾二五之坤成坎，坤二五之乾成離。」以之釋「各
正性命」之義，復以「升降」法也。一以「遊魂」，一以「升降」，又矛盾矣。

　　《左傳》昭公三二年載史墨曰：「社稷無常奉，君臣無常位，自古以然。……
在《易》卦，雷乘乾，曰大壯，天之道也。」而其意未嘗有惠棟「言九二之
大夫，當升五為加也。」之意。

（2）〈文言〉曰，《易》曰，見龍在田，利見大人，君德也。仲翔曰，陽始觸
陰，當升五為君，時舍於二，直利天下。

△按：李道平曰：「二為陰位，陽息至二，是陽始觸陰也。二與五應陽，主升，
故二當升五為君也。然時舍居于二，已有利天下之德焉。」（《纂疏》卷一，
廣文，頁 28）惠棟於《周易述》註云：「傳別於經，故稱易曰。有天德而後可
居天位，故曰君德。」然觀〈文言傳〉之意，其「君德」乃「利見大人」之

因，此「大人」或指九五之君位，以其有德行令名，故見之有利於己也。例七五條（1）愚按已論之，凡或貴或賤，非特囿於某爻而伸縮也。且發言立場之異，占問卜筮之別，外加各爻之際，形勢所趨，故非定於某爻也。是占用第二爻，亦可以知第五爻也。《朱子語類》載：「『利見大人』與程傳說不同。不是卦自相利見，乃是占者利去見大人。也須看自家占底是何人，方說得那所利見之人。」「此當以所占之人之德觀之。若己是有九二之德，占得此九二大，則為利見九五大德之君；若常人無九二之德者占得之，則為只利見此九二之大人耳。己為九五之君，而有九五之德，占得此九五爻，則為利見九二大德之人；若九二之人占得之，則為利見此九五大德之君。各隨所占之人，以爻與占者相為主賓也。太祖一日問王昭素曰：『「九五，飛龍在天，利見大人」，常人何可占得此卦？』昭素曰：『何害？若臣等占得，則陛下是「飛龍在天」，臣等「利見大人」，是利見陛下也。』此說得最好。」（見卷六八、文津，頁 1673）其言甚是。「升降」之說，屈萬里已指其悖理之處，愚亦論之於例三六「升降」矣。且即使九二為「君德」大人之象，而無其位，猶如孔夫子之倫也，何必為九五之君耶？

（3）又曰，水流濕，火就燥。慈明曰，陽動之坤而為坎，坤者純陰，故曰溼。陰動之乾而成離，乾者純陽，故曰燥。

△按：「水流濕，火就燥」乃自然之理，似不必如荀氏之解。且荀氏所言，混於虞氏「之卦」（見例十四）也，非以「升降」言也。

（4）又曰，本乎天者親上，本乎地者親下。慈明曰，謂乾九二本出於乾，故曰本乎天。而居坤五，故曰親上。坤六五本出於坤，故曰本乎地。降居乾二，故曰親下也。

△按：其言矣。同條（3）愚論，亦自然之理也。

（5）又曰，雲行雨施，天下平也。慈明曰，乾升于坤曰雲行，坤降於乾曰雨施。乾坤二卦成兩既濟，陰陽和均，而得其正，故曰天下平（慈明註時乘六龍以御天云，御者，行也。陽升陰降，天道行也）。

△按：「雲行雨施」乃自然之理，不必做如是解。且其前文云「六爻發揮，旁通情也；時乘六龍，以御天也。」乃以純乾言之，非以升降言也。荀氏所云，乾升于坤成坎，曰雲者，可也；坤降於乾成離，曰雨，則似不可也。且乾二

升至坤五，坤五降至乾二，只得比卦和同人卦，焉得「成兩既濟」耶？李道平曰：「既濟者，泰乾二升居于坤五，則爲坎；上坎爲雲，故乾升于坤曰雲行。」然文言「雲行雨施」乃就純乾言之，何及於泰卦耶？又曰：「坤五降居于乾二，則互坎，下坎爲雨，故坤降于乾曰雨施。」既爲離卦，捨以言互坎（謂二三四爻），不知其故。又曰：「乾坤二卦旁通，則成兩既濟。」〔註451〕前言泰卦，此言乾坤二卦旁通，乃丕可解者甚矣。若言泰卦外坤內乾旁通，成否卦，又庸得既濟耶？其遷強之嫌，昭然洞燭。

（6）又曰，與天地合其德。慈明曰，與天合德謂居五也。與地合德，謂居二也。

△按：〈文言〉此語，乃上連「夫大人者」而言也。似可以義理解，未可以象數釋之也。李鼎祚曰：「案謂撫育無私，同天地之覆載。」其言是也。李道平疏：「言大人撫育萬物，如天無我覆，地無私載。故同天地之覆載。」〔註452〕

（7）與日月合其門。慈明曰，謂坤五之乾二成離，離爲日。乾二之坤五爲坎，坎爲月。

△按：荀解不取。李鼎祚曰：「案：威恩遠被，若日月之照臨也。」李道平疏：「言大人威恩廣被，無遠弗屆，若日月照臨四方也。」〔註453〕是也。

（8）坤〈象〉曰，含宏光大，品物咸亨。慈明曰，乾二居坤五爲含，坤五居乾二爲宏，坤初居乾四爲光，乾四居坤初爲大（乾上居坤三亦爲含，故六三含章可貞。坤三居乾上，亦成兩既濟也）。天地交萬物生，故咸亨。

△按：荀爽創「升降」之例，其說可尋。唯以此解「含宏光大」，顯有不通之處。蓋「含宏光大」，皆坤之德也。惠註未明「坤三居乾上」爲何，而荀氏又未及三上爻互換之名，其紕漏可窺。依爻等之法，坤卦世月在亥，卦身爲六五亥子妻財，上六世爻子女酉金生之，故知凡動植之屬皆碩大肥美也。故有此象。《正義》曰：「包含以厚，光著盛大，故品類之物，皆得亨通。但坤比元，不得大名，若比眾物，其實大也。」其言是也。

〔註451〕李道平所語，俱見于《周易集解纂疏》，卷一，廣文書局，頁48。
〔註452〕見同上，頁52。
〔註453〕見同上，頁52。

（9）師〈彖〉曰，能以眾正，可以王矣。慈明曰，謂二有中和之德，而據群
　　陰，上居五位，可以王也。

△按：朱熹《本義》云：「一陽在下之中，而五陰皆為所以也。能以眾正，則王
者之師也。」，然則九二陽，為師之丈人也。故朱熹本義於「師，貞，丈人，吉，
無咎」下云：「又卦唯九二一陽居下卦之中，為將之象。上下五陰，順而從之，
為眾之象。九二以剛居下而用事，六五以柔居上而任之，為人君命將出師之象。」
若依荀氏「升降」之說，則九二欲升至五，是謀奪王位之象，豈作易者之本義
耶？且九二云：「在師中吉，無咎，王三錫。」可證朱氏之說也。

（10）六四，師左次，无咎。慈明曰左謂二也，陽稱左。次，舍也。二與四
　　同功，四承五，五陽明，故呼二舍於五，四得承之，故咎。上六大君
　　有命，開國承家（承讀如墨子引書承大夫師長之承）。慈明曰，大君謂
　　二，師旅已息，既上居五，當封賞有功，立國命家也。

△按：朱熹《本義》曰：「左次，謂退舍也。」朱駿聲云：「詩：宛然左避，
是左為後也。」〔註454〕高亨云：「其師舍於左則無咎。故曰師左次，無咎。」
〔註455〕或以左為左方，或以為後，皆不稱陽為左。《左傳》莊公三年傳：「凡
師一宿為舍，再宿為信，過信為次。」《廣雅・釋詁》，「次，舍也。」〔註456〕
今如條（9）所按，不取「升降」之義也，而以爻等諸法釋之。王洪緒云：「世
為我，應為彼。世旺剋應則勝，應旺剋世則負。子為我之將，鬼為彼之師。」
〔註457〕今師卦初六為我之將，納寅木子女，受世月申金父母沖剋，父母者，
法律條文著於文書者也。劉誠意云：「父為案卷文書。」〔註458〕是也。初六：
「師出以律，否臧凶。」朱熹《本義》云：「否臧，謂不善也。……在卦之初，
為師之始。出師之道，當謹其始，以律則吉，不臧則凶。」故〈象傳〉亦曰：
「失律凶也。」今師卦初六為我將，有失律之虞，則出師難以剋敵。六四為
丑土官鬼，乃彼之師。宜退避以舍於他處，不欲與之遭遇也。九二辰土官鬼，
於師卦唯此為陽，當全卦以此為用神，而名卦曰「師」。今辰與上六酉金父母
相合而生之，而六五王位不受九二辰土之剋，是上六為六五之救神，故九二

〔註454〕見《六十四卦經解》，卷二，漢京文化事業公司，頁38。
〔註455〕見《周易古經今註》，樂天出版社，頁28。
〔註456〕見同上。
〔註457〕見《卜筮正宗》，卷五，頁10，宏業書局，頁50。
〔註458〕見同上卷十，頁5。

曰「在師中吉，無咎，王三錫命。」反之，上六曰：「大君有命，開國承家，小人勿用。」小人者，鬼爻也。勿用者，殆避禍也。

（11）宋衷曰，陽當之五，處坤之中，故曰開國。陰下之二，在二承五，曰承家。

△按：〈過秦論〉：「秦人開關延敵，九國之師，逡巡不敢進。」此言之「九國」，指韓、魏、燕、楚、齊、趙、宋、衛、中山，亦即周王室之諸候國也。家者，大夫所領之域也。大學所云：「齊家，治國。」明言國之大於家也。說文「家」字段註云：「引伸之，天子諸候曰國，大夫曰家。」而「國家」，即為「城邦」也。〔註459〕依爻等諸法，六四丑土官鬼為諸候之位，九二辰土官鬼為大夫之位。而六三占者主爻世持午火妻財，剋上六酉金父母，《卜筮正宗》，卷三：「凡占牆城宅舍，俱以父母爻為用神。」，上六乃以六四九二為救神，於六四九二爻宜「開國承家」也。程頤曰：「大君以爵命賞有功也。開國封之為諸候也。承家以為卿大夫也。承受也。」高亨云：「亨按程說是也。筮遇此爻，有位者將以功受邦，是為開國。或以功受邑，是為承家。小人則不可有所施行，故曰：大君有命，開國承家，小人勿用。」〔註460〕蓋鬼爻亦為災禍之象，故有「小人勿用」之戒。宋衷之義，今所不取。

（12）泰九二，朋亡，得尚于中行。慈明曰，朋謂坤，朋亡而下，則二得上居五，而行中和矣。

△按：帛書本《周易》「朋亡」作「弗忘」，〔註461〕則荀氏謂「朋謂坤朋」乃誤矣。「中行」即「行中」，其義見貴賤條（6）。荀氏謂「行中和」亦誤。泰九二全文：「包荒，用馮河，石遐遺，朋亡，得尚于中行。」「包荒」，高亨謂匏瓠空虛也，〔註462〕今取其義。「馮河」者，《集解》引虞翻曰：「馮河，涉河。」〔註463〕是也。「包荒，用馮河」即高亨所云：「古人馮河，常抒瓠而空

〔註459〕見《中國文化地理》第二篇第二章，〈城的發展〉，龍田出版社，頁60。其言：「早在夏商周時代，中國人便開始築城，這非但有明確的文獻記載，並且還有地下的實物證據。」
〔註460〕見《周易古經今註》，卷一，樂天出版社，頁29。
〔註461〕見文物雜誌，1984年，第三期，〈馬王堆帛書六十四卦釋文〉，頁5。其「弗忘」二字未曾改定為「朋亡」，可見其現行參考本仍作「弗忘」二字無誤。
〔註462〕參見《周易古經今註》，卷一，樂天出版社，頁41。
〔註463〕見《古經解彙函》，鼎文書局，頁144。

之，以爲腰舟。」也。〔註464〕正義曰：「遺，棄也」〔註465〕「遐」者，說文無此字，而有「叚」字，殆同一字。說文：「叚，至也。」「不遐遺」即「不至棄」，其義即不以渡至彼岸而棄之也，指不棄腰舟也。故其下曰「弗忘，得尙于中行」（採《帛書周易》），即弗忘之須攜於道中也。依爻等諸法釋之，泰爲六合卦，六五亥水妻財與九二寅木官鬼相合。坤〈象傳〉曰：「含弘光大」故坤有大義，今六五亥水值之，有大水之象也。王洪緒云：「凡占器皿，俱以妻財爻爲用神。」〔註466〕妻財臨亥水，是水中之器也。又合九二寅木，今九二爻動，內乾變離，是挖瓠而空之之象。蓋乾爲剛物，〔註467〕離爲中虛之象也。卦爲六合，故有「不遐遺，弗忘」之象也。又三四五互震卦，震爲足，爲大塗；外卦坤爲地，〔註468〕故有「得尙于行中」之象也。

（13）臨九二〈象〉曰，咸臨，吉無不利，未順命也。慈明曰，陽感至二，當升居五，群陰相承，故無不利也。陽當居五，陰當順從，今尚在二，故鉏未順命也。

△按：咸卦〈象傳〉曰：「咸，感也。」臨九二持世卯木官鬼，六五亥水妻財生之，是女有感於男也。九二動變出震六二寅木官鬼，與復六五亥水妻財相合，是婚姻之時也。然六五居王位，九二居大夫位，是女位尙于男也。泰六五：「帝之歸妹，以祉元吉。」《後漢書・荀爽傳》：「爽對策曰：《易》曰：帝乙歸妹，以祉元吉。婦人謂嫁曰歸。言湯以娶禮歸其妹於諸候也。」〔註469〕是六五亥水妻財爻動合九二寅木官鬼也，此則順命也。臨九二未得王命，故曰「未順命」也。

（14）升〈彖〉曰，巽而順，剛中而應，是以大亨，用見大人，勿恤有慶也。慈明曰，謂二以剛居中而來應五，故能大亨，上居尊位也。大人，天子，謂升居五，見為大人，群陰有主，所復憂，而有慶也。

△按：朱熹《本義》云：「九二剛中而五應之。」萃〈象〉曰：「剛中而應」朱氏云「九五剛中而二應之。」二卦適相反卦。若依荀氏之見，升二應五，

〔註464〕見同註十二。
〔註465〕見《周易註疏及補正》、《十三經註疏》、易二，頁14。
〔註466〕見《卜筮正宗》，卷三，宏業書局，頁20。
〔註467〕見《梅花易數》，卷一八卦萬物占，竹林書局，頁22。
〔註468〕俱見〈說卦傳〉。
〔註469〕見楊樹達撰《周易古義》，卷二，頁4，河洛圖書出版社，頁76。

故二得升居五位；則萃五應二，五亦得降居二位耶？故以升降來釋應，此謬於牽強矣。萃卦辭云：「亨，利見大人。」朱駿聲曰：「大人謂五。」朱駿聲又註升象曰：「大人謂二。尊爻無此人，故不曰利見，曰用見。」〔註470〕故知荀氏謂大人爲天子，殆非。「勿恤，有慶也」未詳其義。

（15）九二〈象〉曰，九二之孚，有喜也。仲翔曰，升五得位明，故有喜。

△按：依爻等諸法，九二亥水父母，世月酉金官鬼，九二卦身酉金官鬼生之。父母者，孚信之用神也。生之，是信而有徵，故有喜也。其爻辭曰：「孚乃利用禴。無咎。」《說文》：「礿，夏祭也。」段註：「礿，亦作禴，勺龠同部。」今官鬼生之，是卜祭者有其孚誠，以祭祀祈福於鬼神也。同其例萃六二：「孚乃利用禴。」朱熹《本義》曰：「二中正柔順，虛中以上應。九五剛健中正，誠實而下交。故卜祭者，有其孚誠，則雖薄物，亦可以祭矣。」其言是也。

（16）六五〈象〉曰，貞吉，升階，大得志也。慈明曰，陰正居中，爲陽作階，使居五以下降二，與陽相應，故吉而得志。

△按：《帛書周易》「升」字作「登」。〔註471〕升階者，登階也。荀氏以升降與應混言，殆非也，見條（14）。高亨曰：「貞吉猶占吉也。升階，步步上進，路無坎坷之象也。筮遇此爻則吉，以其象爲升階，故曰，貞吉升階。」〔註472〕其言然也。唯階之象，蓋外坤內巽，說卦：「巽爲長。」荀九家：「坤爲方。」〔註473〕是爲長方形之物體。又內巽外坤，其納支皆爲丑亥酉，是層層相遞之象也。「大得志也」未詳。

（17）〈繫辭上〉曰，天下之理得，而《易》成位乎其中矣。慈明曰陽位成於五，陰位成於二，五爲上中，二爲下中，故曰成位乎其中也。

△按：《集解》本有「易成位乎其中矣」之「易」字。《十三經註疏》本及朱子《本義》並無「易」字。朱熹《本義》曰：「成位，謂成人之位。其中，謂天地之中。至此則體道之極功。聖人之能事，可以與天地參矣。」孔穎達《正義》曰：「成位，況立象。言聖人極易簡之善，則能通天下之理，故能成立卦象於天地之中，言並天地也。」然則「其中」謂「天地之中」，推朱子之意，

〔註470〕見《六十四卦經解》，卷六，漢京文化事業公司，頁194、198。
〔註471〕見《文物雜誌》，1984年，第三期，〈馬王堆帛書六十四卦釋文〉，頁5。
〔註472〕見《周易古經今註》，卷三，樂天書局，頁157。
〔註473〕見《本義》第十一章〈說卦〉坤下註文。

亦指三才之三四爻人位而言。是以知荀爽之言謬矣。

　　總案：升降之說，始於荀爽。其升降法有數種：一：有乾二當升坤五，坤五當降乾二者。二：有初陽當升五者。三：有三陽當升五者。四：有四陽當升五者。五：有因乾在下體，則謂下體當升居上，上體當降居下者。〔註474〕而惠棟「乾升坤降」多取其第一種，顯然未備。再觀荀氏所釋，可謂通少妄多。專取欲合既濟之法，而不論爻等、九六相變，亦有扞格之弊。

　　又此法與虞翻之「之卦」「往來」例之陰陽爻可互易，有陰升陽者，又有不相容之處，惠棟未能指出此點。其條（8）「坤初居乾四、乾四居坤初」，顯然與「乾升坤降」相悖，惠棟失察而列入此例，豈非自相矛盾矣？是此句合「之卦」「往來」例，而不合「陽升陰降」也。

五一、元亨利貞皆言既濟（卦具四德者七，乾坤屯、隨、臨、无妄、革，皆言既濟）

（1）乾元亨利貞。述曰，《易》有太極，是生兩儀，乾坤是也。元始，亨通，利和，貞正也。乾初為道本，故曰元。六爻發揮，旁通于坤，故亨。乾二五之坤，成坎。坤二五之乾，成離。坎上離下，六爻位當，各正性命，保合太和，乃利貞，是利貞之義矣。既濟傳曰，利貞，剛柔正而位當也。此二篇，卦爻辭之通例。

△按：「元亨利貞」愚已論之於例七文中。夫乾二五之坤成坎，坤二五之乾成離，是一卦內外皆坎，一卦內外皆離，何以成坎上離下之卦耶？此不可解如斯矣。

（2）乾〈彖傳〉曰：雲行雨施，品物流形。虞註云，已成既濟，上坎為雲，下坎為雨，故雲行雨施（下坎謂互）。乾以雲雨流坤之形，萬物化成，故曰品物流形。

△按：惠注：「下坎謂互」乃指既濟卦，二至四爻互體為坎也。其說與例五十條（5）引荀爽曰：「乾升于坤曰雲行。坤降於乾曰雨施。」略有差異。然惠棟於此未明其異，為其失也。其既濟之上坎為雲，下坎為雨，是為雲雨之象，著於既濟卦矣。何以曰「乾以雲雨」耶？乾若有雲雨之象，焉須以既濟為說耶？

〔註474〕參見《先秦漢魏易例述評》，卷下，學生書局，頁117～118。

（3）乾〈文言〉曰，時乘六龍，以御天也。雲行雨施，天下平也。荀註云，
　　乾升於坤曰雲行，坤降于乾曰雨施。乾坤二卦，成兩既濟，陰陽和均而
　　得其正，故曰天下平。

△按：愚已論之於例五十條（5）。

（4）坤，元亨，利牝馬之貞，君子有攸往。述曰，乾流坤形，坤凝乾元，終
　　亥出子，品物咸亨，故元亨。坤為牝，乾為馬，陰順于陽，故利牝馬之
　　貞。乾來據坤，故君子有攸往（疏曰，陽來據坤，五三初之位，故君子
　　有攸往也）。

△按：《周易述》疏「乾流至元亨」：「此虞義也。坤爲形，乾之坤成坎，坎水流
坤，是乾流坤形也。坤消乾自初，初爲元。坤初六傳曰，陰始凝也。是坤凝乾
元也。坤終于亥，出乾初子，陰陽氣通，品稅咸亨，故元亨。」〔註475〕惠棟虞
義，「乾之坤成坎」乃以「虞氏之卦大義」例釋之。「坤消乾自初」乃以「消息」
例釋之。」坤終于亥，出乾初子」是陰消至上六成坤，一陽息坤初成復也，此
亦以「消息」例也。前既已爲坎卦，後又曰乾曰坤，一文而以二例釋之，當不
可據也。「元亨」義作「大通」，已見於例七。惠棟《周易述》疏「坤爲至攸往」：
「坤爲牝，九家說卦文。乾爲馬，說卦文。坤，順也，故爲牝。乾，健也，故
爲馬。以陰順陽。〈傳〉曰，柔順利貞，故利牝馬之貞也。凡卦辭爻辭言利貞者，
〈繫下〉云，變動以前言，故乾坤變動皆言利也。君子謂陽，陰順于陽，陽來
據坤初三五之位，故君子有攸往也。」〔註476〕「利貞」之義，愚已論明於例七。
「利牝馬之貞」，高亨云：「猶言利牝馬之占也。筮問有關於牝馬之事，遇此卦
則利，故曰利牝馬之貞。」〔註477〕其言是也。其疏：「陽來據坤初三五之位，
故君子有攸往。」其既濟法與條（1）「乾二五之坤」云云不類矣。

（5）屯元亨利貞。述云，坎二之初，六二乘剛，五為上弇，故名屯。三變之
　　正，故元亨利貞。

△按：其言「坎二之初」，與筮法大衍之數以成卦不合。然此乃合例四「虞氏
之卦大義」：「屯、蒙從土坎、艮來。」例四首載：「之卦之說本諸彖傳，而雜
見于荀慈明、姚元直、范長生、侯果、虞氏諸人之註。惟虞仲翔之說尤備。」

〔註475〕見《惠氏易學》，廣文書局，民國60年1月版，頁9。
〔註476〕見同註475，頁9～10。
〔註477〕見《周易古經今註》，樂天書局，民國63年2月版，頁6。

足見「之卦」之說，非易卦之本旨，以早先有「數卜法」存焉，而演成「七九八六」以成陰陽爻之筮法也。屈萬里曰：「凡爻居爻之上曰乘，柔乘剛多凶。屯六二象傳：『六二之難，乘剛也。』剛謂初九。」〔註478〕說文：「弇，蓋也。」是五爲上所蓋也。其曰「三變之正」者，原文云「三動之正，成既濟定。」然烏止於三而非一二四五上耶？惠棟循虞氏諸人之說，顯誤矣。

（6）屯〈彖傳〉曰，雷雨之動滿形。虞註云，震雷坎雨，坤爲形也。謂三已反正成既濟，坎水流坤，故滿形，謂雷動雨施，品物流形也。

△按：李道平曰：「說卦震爲雷。又雨以潤之，謂坎也。故云震雷坎雨。〈繫上〉曰在地成形，故坤爲形。六爻惟三失位，動而成陽，六爻皆正，成既濟定。坎一陽入坤，爲坎水流坤。滿形者，謂滿坤形也。蓋屯與乾同義，乾坤交，成既濟，故雲行雨施，品物流形。屯三動成既濟，故雷動雨施，品物流形。」〔註479〕〈繫上〉曰：「在天成象，在地成形。」足見其乃泛指天象、地形也。「象者，日月星辰之屬。形者，山川動植之屬。」〔註480〕若直以坤爲形，則依此，乾爲象，於理不通。荀爽注曰：「雷震雨潤，則萬物滿形而生也。」〔註481〕猶未以坤爲形也。其「形」字，本義作「盈」字。《注疏》本亦作「盈」字。惠棟《周易述》疏：「俗訛爲盈，盈滿同義，滿下不合疊盈字。」〔註482〕徐芹庭曰：「此說可備一解。按盈、形疊韻，意者其或通假用之也。」〔註483〕是惠棟亦採「形」字。愚謂爻惟有陰陽之變，未止有「反正」也。若三失位，動而成陽，其不失位之爻，豈未能動而失位耶？又孰令三動耶？又謂「坎一陽而入坤」，李氏之說乃同條（1）惠氏「乾二五之坤成坎」也。然何不曰「屯由復來，五爻失位、動則反正」耶？庸取乾坤參雜以釋之也？李氏又云：「屯與乾同義，乾坤交，成既濟。」然則，屯卦內爲震，又從何出焉？

（7）隨元亨利貞，咎。述曰，否上之初，二係初，三係四，上係五陰，陰隨陽，故名隨。三四易位，成既濟，故元亨利貞，咎。

△按：「否上之初」以成隨卦，乃取例十四「虞氏之卦大義」：「自否來者九卦：

〔註478〕見《先秦漢魏易例述評》，學生書局，頁31。
〔註479〕見《周易集解纂疏》，廣文書局，民國68年6月版，頁97。
〔註480〕見朱子《周易本義》，皇極出版社，民國69年10月版，頁226。
〔註481〕見同註479，頁97。
〔註482〕見同註475，頁226。
〔註483〕見《周易異文考》，五洲出版社，民國64年12月版，頁17。

隨。」惠棟《周易述》疏：「卦自否來，從三陽三陰之例。否上爻之坤初。」
是採虞氏之說。又曰：「爻辭六二係小子。小子謂初，是二係初也。六三係丈
夫，丈夫謂四也。上六拘係之，乃從維之。《乾鑿度》謂上六欲待九五拘繫之，
維持之，是上係五也。三陰係于三陽，虞氏謂隨家，陰隨陽，故名隨。」〔註
484〕朱熹注隨六三云：「丈夫謂九四。小子亦謂初也。三近係四而失於初，其
象與六二正相反。」〔註485〕是惠棟之見與朱熹同也。愚以爲二者皆以丈夫小
子爲陽爻，則丈夫小子之別，在於爻位之貴賤也。夫屈萬里云陽爲丈夫，陰
爲小子，而云：「按經言：『係丈夫，失小子。』傳以『係丈夫，志舍下也。』
釋之。明所係者爲九四之丈夫，所失者爲六二之小子也。」〔註486〕若此，六
二：『係小子，失丈夫。』從何而說耶？矧其「志舍下也」非指初九耶？又王
位在五，上六云「拘係之，乃從維之，王用享于西山」，是上係五也。然則，
惠棟曰「二係初，三係四，四上係五」其言合理也。惟三者皆陰係陽，則知
主爲陰而賓爲陽，此文法之理也。故知爲陽來隨陰。蓋陽被係，猶如手足被
縛而爲俘虜，只得隨奴主所擺佈，焉有奴主隨俘虜耶？惠棟云「否上之初……
三四易位，成既濟，故元亨利貞。」與其於例三六條（3）所云：「案陽升陰
降，陰陽得位相應……猶經言元亨利貞也。」相違。因否上之初、三四易位，
皆陽降陰升也。又惠棟於例五十「乾升坤降」亦同例三六。足見惠棟自相矛
盾之處。又「三四易位」顯非相應之爻易位，與例三六條（3）云：「陰陽得
位相應」者遠矣。

（8）臨元亨利貞。述曰，陽息至二，與旁通。臨者，大也。陽稱大。二陽升
　　　五，臨長群陰，故曰臨。三動成既濟，故元亨利貞。

△按：「旁通」者，即各爻陰陽相對之兩卦也，見例六九、七十。「臨者，大
也」愚已論之於例二一條（5）。臨者大也，語見〈序卦傳〉，然《說文》臨不
作「大」義。屈萬里云：「陽稱大，陰稱小。」〔註487〕是陽有大義。朱熹云：
「臨，進而凌逼於物也。二陽浸長以逼於陰，故爲臨。」〔註488〕比較朱惠二
者所釋，當以朱氏所言爲勝。以消息言之，陽息至二，豈又有升至五之理耶？

〔註484〕見同註475，頁77～78。
〔註485〕見同註480，頁76。
〔註486〕見同註78，頁35。
〔註487〕見同註478，頁34。
〔註488〕見同註480，頁81。

屈萬里云:「升降之說,始於荀爽。……惟是升降之義,既於上下經文無徵,復與〈象傳〉相悖。」〔註489〕又條（7）足見惠棟升降說之矛盾,是升降之說,不足以據也。「三動成既濟」愚已論之於條（6）矣。

（9）无妄,元亨利貞,其匪正有眚,不利有攸往。《述》曰,遯上之初。妄讀為望,言无所望也。四已之正,成益,利用大作。三上易位,成既濟。雲行雨施。品物流形,故元亨利貞。其謂三,三失位,故匪正。上動成坎,故有眚。體屯難,故不利有攸往。災及邑人,天命不右卦之所以為无望也。襍卦曰,无妄災也。

△按:惠棟《周易述》疏:「卦自遯來,遯上九一爻夾反于初,與後世卦變之例不同,此虞義也。」其例十四載:「自遯來者五卦,……妄……也。」愚以為周易成卦法,當從大衍之數之筮法以得之,非由「之卦」也。矧其已與荀爽之「升降」及惠氏例三六「陽升陰降」之旨相違。以「遯上之初」乃陽降續於初下也。惠棟謂與後世卦變之例不同者,焦循云:「此則以上大續於初爻之下,與兩相易者迴別。……謂諸卦各有所自來乎?謂每卦兼有所自來乎?予於此求之最深最久,知其非易義所有,決其必無此說。」〔註490〕嚴靈峰曰:「左傳中所云『某卦之某者』者,乃指其本卦後所附以代表六爻的某一卦的。這裡『之』字絕無任何特殊意義;而後人卻把它穿鑿附會,一變而為『之卦』又演化而為『變卦』等等。」〔註491〕愚以為,無論兩爻相易,成循環遞進,皆後世之創,非易占之本旨。其變勢某卦至某卦,只於曰「可」,非能曰「必」也。繫下曰:「上下無常,剛柔相易,不可為典要,唯變所適。」「上下」者,蓋指尊卑賤,非指「升降」或「之卦」也;剛柔相易」蓋指爻動而陰陽相變,非指兩爻相易也。實則,兩爻相易即兩爻動也。而一卦可變為餘六十三卦,六十三卦亦可變為同一卦,此《焦氏易林》之所載也,驗之占法,其理可通。然則,曰「某卦由某來」者,只曰「可」,非曰「必」。以「遯上之初」為无妄者,為虞易也,其法近於「消息」,而有所異。屈萬里引虞翻「之正」例,即「成既濟」例,或一爻、或二爻,以至於六爻,皆可變之正。其詳曰:「惟是象傳有當位不當位之辭,而無之正之義。……則成既濟定之說,亦似是而

〔註489〕見同註478,頁119。
〔註490〕見同註478,頁145～146,引《易圖略》卷七。
〔註491〕見《易學新論》,正中書局,民國58年7月版,頁133。「之」實有「變」義,
　　　　參見例十五愚按。

實非者矣。」﹝註492﹞愚於條（6）論「三已反正」。「反正」即「之正」也。事
有吉凶，有凶化吉，亦有吉化凶者。同其理，若爻有「之正」，豈無「之不正」
者也？本文「四已之正」，何以確定「已」者也？若未「已」，又如何耶？孰
令「之正」？凡此種種，頓見其失。「三上易位」亦與「乾升坤降」之例背道
而馳，亦見其望文生義，委曲求全也。惠氏謂「『其』謂三，三失位，故匪正」
然則，「其」何不謂四耶？又三四皆「不正」，何以不如條（7）釋隨卦下所云
「三四易位」耶？既言「三上易位」，復言「上動成坎」，是上與三易位耶？
抑爻動耶？一卦而「成益」「成既濟」「成坎」，益見其隨文而變其爻。又焉先
四之正成益，而後三上易位成既濟？何以不先三上易位成革，而後四之正成
既濟？條（7）隨卦下去「三四易位」，則又何不先上之正成隨，而後三四易
位成既濟？或三四易位成家人，而後上之正成既濟耶？其言「上動成坎，故
有眚。體屯難，故不利有攸往。」若妄上動則成隨，未見互體屯也。若從益
卦上爻動，適爲屯卦，而非互體也。若從既濟觀之，依半象之例，則三至上
爻體屯卦，然「半象」之不可據，愚已論之於例六七，因既濟三四兩爻可爲
震之半，亦可爲離之半也。若爲離之半，亦體既濟。然李鼎祚引虞翻釋貢〈象
傳〉：「五上動體既濟。」﹝註493﹞是知「體屯難」之「體」非互體之義。又无
妄卦辭之元亨利貞」乃吉兆也，復云「其匪正有眚，不利攸往。」乃凶兆也。
如此當視爻等諸法，察其生克沖合變化之異而吉凶有所不同也。

（10）革，巳日乃孚，元亨利貞，悔亡。虞註曰，**遯上之初，與蒙旁通，悔
　　　亡，謂四也。四失正，動得位，故悔亡。離爲日，孚謂坎，四動體離，
　　　五在坎中，故巳日乃孚。以成既濟，乾道變化，各正性命，保合太和，
　　　乃利貞，故元亨利貞，悔亡矣。與乾象同義。**

△按：例十四「虞氏之卦大義」，謂革自遯來也，其「遯上之初」乃初上兩爻
互易也。「旁通」例見例六十、七十。其下云云，似是而非。因「巳日」明爲
地支之「巳」也。

（11）〈彖傳〉曰，文明以說，大亨以正，革而當，其悔乃亡。虞註云，文明
　　　謂離。說，兌也。大亨，謂乾四動成既濟定，故大亨以正。革而當位，
　　　故悔乃亡也。

﹝註492﹞見同註478，頁139。
﹝註493﹞見同註479，頁300。

△按：此革象傳及虞註也。九四：「悔亡，有孚，改命吉。」則「革而當」是指九四爻變六四也。故條（10）虞註「四失正，動得位，故悔亡。」合象傳之旨也。革之義即「改」也。此「大亨以正」正是〈彖傳〉釋「元亨利貞」之義也。

　　總案：此例所引諸條，惟最末一條合題旨。然「元亨利貞」本義為「大通而占問則利」，愚已論於例七。則知彖傳「大亨以正」將「貞」釋為「正」義，乃後起之義也。屈萬里云：「則成既濟之說，亦似是而實非者矣。」〔註494〕例五二條（2）愚已論既濟卦辭當作「亨，小利貞。」是濟卦本已不作「元亨利貞」。是既濟卦已不作「元亨利貞」。且其下又云「初吉終亂」，是「小利」之兆也。然則，惠棟之「元亨利貞皆言既濟」一例，其大前題既已不通矣。例五二條（4）愚論既濟取義於「六爻得位定」，而非「利貞」。「利貞」乃諸卦之占兆，又非「六爻得位定」之義，故不專屬於「既濟」，是「元亨利貞皆言既濟」不可成立也。

五二、諸卦既濟

（1）乾〈彖傳〉曰，乾道變化，各正性命，保合太和，乃利貞。

△按：見例五一條（1），及例七。

（2）既濟，小利貞。虞註云，小謂二也。柔得中，故亨小。六爻得位，各正性命，保合太和，故利貞矣（虞註未濟，云濟成也）。

△按：註疏本、集解本、本義本，皆將「亨小」連句。因其皆依〈彖傳〉：「既濟亨，小者亨也。利貞，剛柔正而位當也。」而得之。然「馬王堆帛書六十四卦釋文」一文，乃將「小利貞」連句。察諸本遯卦辭，皆作：「亨，小利貞。」因〈彖傳〉曰：「遯亨，遯而亨也。……小利貞，浸而長也。」高亨著《周易古經今註》亦將「小利貞」連句，云：「又筮遇此卦，舉事小利，吉而終有亂事，故曰小利貞，初吉終亂。」由此益明卦辭言「初吉終亂」是「小利」之兆也。然則「貞」字，不作「正」字解者，顯矣。虞氏之言非矣。諸本亦因象傳之誤讀而重蹈其轍矣。以「利貞」本義非「六爻得位」也。〈彖傳〉云：「利貞，剛柔正而位當也。」句讀既誤，取義亦誤。又按〈彖傳〉及諸家以

「亨小」連句，與「元亨」之「大亨」義適相反也。已與例五一題「元亨利貞皆言既濟」相背，是既濟卦本身已非四德皆俱，則「元亨利貞皆言既濟」，實不可憑也。

（3）〈彖傳〉曰，既濟亨，小者亨也。利貞，剛柔正而位當也。

△按：條（2）已論之矣。

（4）**襍卦曰，既濟，定也。虞註云，濟，成，六爻得位定也。**

△按：此虞義也。惠棟《周易述》疏：「既濟，各正性命，陰陽定位矣。」〔註495〕李道平云：「水上火下，既濟成矣，六爻皆得正位，故定也。」〔註496〕朱熹云：「既濟，事之既成也。爲卦水火相交，各得其用，六爻之位，各得其正，故爲既濟。」〔註497〕虞註是矣。是既濟義取於此，而非「利貞」。「利貞」乃諸卦之占兆，又非「六爻得位」之義，是「元亨利貞皆言既濟」不可成立矣。

（5）**賁〈彖傳〉曰，觀乎人文以化成天下。虞註云，泰，乾爲人，五上動體**
　　　既濟，賁象重明麗正，故以化成天下也。

△按：惠棟《周易述》註：「人謂三，泰乾爲人。」疏：「三於三才爲人道，故人謂三。卦自泰來，故云泰。乾人象乾德而生，故乾爲人。……五上體乾，故云乾爲人。」〔註498〕李道平曰：「泰有乾，人得陽以生，故乾爲人。」〔註499〕賁自泰來，見例十四「虞氏之卦大義」。其「乾爲人」二氏皆語焉不詳。賁、泰兩卦五上皆非乾之半象，則「五上體乾」從何而說？三爻位於人位，則李氏之說似較可取。然賁卦三爻亦爲陽，爲人位，何不從賁卦三爻釋之，而曲取泰卦？矧「虞氏之卦」從泰來者有九卦，豈非每卦皆有「泰乾爲人」之義耶？「五上動體既濟」其說之不可據，愚已於例五一條（5）「无妄」卦例申論之矣。「賁離象重明麗正」者，惠棟疏云：「動成既濟定，則賁互兩離。離〈象傳〉云，重明以麗乎正，乃化成天下。」雖有以既濟初至五體離卦者，然與賁卦何涉？且惠氏言「賁互兩離」亦不確，賁卦不互離。且若諸卦皆動成既濟，豈非皆可爲此說耶？觀虞氏之說，乃以賁內卦體離，而以離〈象傳〉

〔註495〕見《惠氏易學》，廣文書局，民國60年1月版，頁925。
〔註496〕見《周易集解纂疏》，廣文書局，民國68年6月版，頁973。
〔註497〕見《周易本義》，皇極出版社，民國69年10月版，頁218。
〔註498〕見同註495，頁246～247。
〔註499〕見同註496，頁299。

釋賁，此〈彖傳〉之文也。然賁內卦為離之單卦，非重卦也。則虞氏言「重」者，失矣。以一賁卦，而忽取泰卦，忽取既濟卦，二卦又為諸卦之所從變與變來者，則知虞氏之義甚為牽強，惠棟失察，其疏語欲密而實益遠矣。

（6）咸〈彖傳〉曰，聖人感人心而天下和平。虞註云，乾為聖人。初四易位成既濟。坎為心、為平，故聖人感人心而天下和平。此保合太和，品物流形也。

△按：惠棟《周易述》疏云：「乾為聖人，謂否五也。」察例十四「虞氏之卦大義」謂咸自否來。然則，否之外卦為乾，第五爻為聖人之位是惠氏之意也。然何不直指咸九五耶？觀虞氏「乾為聖人」之說，當以卦言，非以爻言。若以爻言，則例七五「諸例」惠棟案語云：「初九、九五，為聖人。」合咸九五也，惠氏於此又為遵虞氏「乾為聖人」之說，而云「謂否五也」？「初四易位」與例三六惠棟案語「陽升陰降、陰陽得位相應。」相背也。惠棟又疏云：「初四易位，六爻皆正，故成既濟。」〔註500〕豈非自相矛盾？取否、取既濟，其失與條（5）所載者同。

（7）恆〈彖傳〉曰，聖人久於其道，而天下化成。虞註云，聖人謂乾，乾為道。初二已正，四五復位，成既濟定。乾道變化，各正性命。有兩離，象重明麗正，故化成天下。

△按：惠棟《周易述》疏：「聖人謂乾，指乾五也。」然則，「虞氏之卦大義」以恆自泰來，非自乾來也。條（6）咸自否來，尚可得說。此則泰上卦為坤，五為陰，何有「乾五」耶？觀虞義，當指泰下卦乾也。其云「初二已正，四五復位」，然何不云「初四、二五易位」耶？又若不正之爻皆得復位以得正，則豈止於此例所載諸卦？豈非六十三卦皆可成既濟耶？取泰、取既濟，其失與條（5）（6）同。

（8）家人上九〈象傳〉曰，威如之吉，反身之謂也。虞註云，謂三動，坤為身。上之三，成既濟定，故反身之謂。此家道正，正家而天下定矣。
損益言既濟。夬九二漸九五言既濟。泰。升（二升五）。歸妹。豐。渙。

△按：此例既然為「既濟」，家人第三爻已正，何以反「之不正」以求互體坤

耶？且依占例，凡稱上九者，是上爻動，而上動已成既濟，又焉取三動而上之三耶？惠棟案語「損益言既濟」未詳其義。夬九二：「惕號，莫夜有戎，勿恤。」象傳：「有戎勿恤，得中道也。」朱熹云：「九二當決之時，剛而居柔，又得中道。」〔註501〕未言既濟也。剛居柔得中道而不正，何得既濟耶？漸九五：「鴻漸于陵，婦三歲不孕，終莫之勝，吉。」〈象〉曰：「終莫之勝，得所願也。」朱熹云：「九五居尊，六二正應在下，而爲三四所隔，然終不能奪其正也。」〔註502〕愚以爲漸卦二至五爻皆得正，初上不正，而朱氏之語，止及于二至五爻，未舉初上也。依「既濟」例，所謂「成既濟定」，乃指不正之爻升降互易而居正也。故漸九五未言既濟也。泰卦辭：「小往大來。」〔註503〕例七三「君子爲陽大義」所引：「陽爲君子，陰爲小人。……君子謂乾陽。」然則，此「大」「小」以卦居內外言也，非以爻之升降互易言也，故非既濟之說也。升，朱熹云：「升，進而上也。卦自解來，柔上居四，內巽外順，九二剛中而五應之。」〔註504〕朱氏言「柔上居四」乃謂「卦變」也，非謂「既濟」法也。鄭玄云：「升，上也。坤地巽木，木生地中，日長而上……故謂之升。」〔註505〕是鄭玄以卦象釋「升」之義也。而鄭義與〈象傳〉：「地中生木。」同，是升卦之義取於「地中生木」也。愚於例五十條（14）引荀爽云二升居五，亦已辯明。然則，「升」之卦名卦義，非取諸「升降」二升五之義也，亦無涉於「既濟」也。歸妹，〈象傳〉：「征凶，位不當也。無攸利，柔乘剛也。」朱熹云：「自二至五，皆不得正。三五又皆以柔乘剛，故其占征凶而無所利也。」又惠棟《周易述》註引虞義，謂歸妹卦從「泰三之四」來，其言云：「三之四不當位，故征凶。四之三失正無應，以柔乘剛，則無攸利也。」其「三之四」「四之三」，指泰之三四爻互易，成歸妹。「三之四」則歸妹第四爻也，「四之三」則歸妹第三爻也。皆失正也。是朱熹及虞翻皆未言「既濟」法也。愚又察豐渙兩卦，其卦辭、〈彖傳〉、〈象傳〉，皆未及「既濟」也。

　　總案：條（1）乾象宜併於例五一。條（2）既濟卦既然「元亨利貞」四德未具全，又卦辭「利貞」與「小」連句，或「亨小」連句皆得知「元亨利

〔註501〕見同註497，頁156。
〔註502〕見同註497，頁190。
〔註503〕見同註497，頁55。
〔註504〕見同註497，頁165。
〔註505〕見《周易集解纂疏》，卷六，廣文書局，民國68年6月版，頁527。

貞怕言既濟」之誤，亦知「既濟」例不可據也。條（3）（4）已辯明於條（2）。其下諸條所引，皆有失誤之處，是「既濟」法，其爻之變動無有原則可言，一至六爻皆可「之正」，屈萬里先生於《先秦漢魏易例述評》一書已指其誤矣。

五三、用九用六

（1）　乾〈彖傳〉曰，元亨利貞。坤彖傳曰，元亨利牝馬之貞。此即用九、用六之義也。〈文言〉曰，知進退存亡而不失其正者，其惟聖人乎。此申用九、用六之義也，所謂中庸也。中庸亦云，惟聖者能之（用九、用六，言用九六不失其正也。中庸謂之用，中庸亦用也）。

（2）　《易》稱乾坤，乾不獨乾，坤不獨坤，故著用九、用六一條。乾用九兼坤，乾為首，坤先迷，故元首吉。坤用六兼乾，坤為終，乾陽大，故以大終。

△按：馬王堆《帛書周易》，用九用六之用皆作「迵」，黃師慶萱以為「通」字也。然則所謂「通九」者，乾六爻盡變為坤；「通六」者，坤六爻盡變為乾。《左傳》昭二十九年載：「周易有之，在乾之姤，曰潛龍勿用。……其坤，曰見群龍無首吉。」嚴靈峰謂：「可見這是占得完全相反的卦的一種變占之例。但這裡並沒說有『用九』……所以我想，『九』『六』二字，在原始的《周易》是沒有；它的插入，當在戰國末，秦、漢間；為的是便于應用，創作的人物，當是《易》〈象傳〉、〈文言傳〉等儒生。」〔註506〕其言是也。條（2）惠棟所謂「乾用九兼坤」「坤用六兼乾」甚合其盡變之義。說卦：「乾為首，為君」「坤為均，為眾」，乾變之坤，是乾卦本為剛強，欲居眾先之象；變坤則是懷柔自謙，退居平等之象，故曰「無首吉」。「元」字當作「无」。坤用六：「利永貞」象曰：「用六永貞，以大終也。」朱熹云：「初陰後陽，故曰大終。」〔註507〕又泰卦辭：「小往大來。」朱熹云：「小謂陰，大謂陽。」則大終之義是初陰後陽也，惠棟云「乾陽大」是也，而謂「坤為終」，非此義也。條（1）惠氏謂乾〈象傳〉、坤〈象傳〉，皆是卦辭。《啓蒙》占法：「六爻變，乾坤占二用，餘卦占之卦象辭。六爻皆不變，則占本卦象辭。」〔註508〕此所謂象辭，亦即

〔註506〕見《易學新論》，民國58年7月版，正中書局，頁124。
〔註507〕見《周易本義》，皇極出版社，民國69年10月版，頁23。
〔註508〕見《易學象數論》，廣文書局，民國63年9月版，頁151。

卦辭也。然則，乾、坤六爻俱變，則占用九、用六之辭，非占卦辭明矣。本師言「用」實從「通」字來，而帛書作「迵」，此「通」字也。然則，「用」字本義作「六爻俱變」，不作「中庸」也。唯吾人可引伸之，乾變之坤，坤變之乾，則是知進退存亡而不失其正者，此不偏不易之精神，乃聖人之道也，此爲中庸之義也。夫惠棟撰《易大誼》，詳論其義矣。

五四、用　九

（1）　史墨舉乾六爻曰：其坤，見群龍首吉，俗儒謂乾變坤，非也。爻有九、有六，凡稱九六者，陰陽之變，用九、用六，六十四卦皆然，皆言變，故乾用九稱其坤，則坤用六亦當云其乾也。其坤、其乾者，言乾坤六爻之變，非乾變坤，坤變乾也。自魏晉以來諸儒皆不得解（六十四卦、三百八十四爻，皆稱九六，而不變者居半，其言不變，則見于卦爻之辭）。

（2）　周以前《易》書名象，皆占七八。至文王始用九六，以變爲占，改名曰《易》也（《乾鑿度》曰：陽以七，陰以八爲象。陽變七之九，陰變八之六。鄭註云：九六，爻之變動者。繫曰：爻效天下之動也。然則，連山、歸藏占象，本其質性也。《周易》占變，效其流動也）。

△按：《左傳》昭公二十九年載：「《周易》有之：在乾之姤，曰潛龍勿用。其同人，曰見龍在田。其大有，曰飛龍在天。其夬，曰亢龍有悔。其坤，曰見群龍無首，吉。坤之剝，曰龍戰于野。」〔註509〕其同人，即乾之同人，乾卦第二爻變也。其大有，即乾之大有，乾卦第五爻變也。其夬，即乾之夬，乾卦第六爻變也。則其坤，即乾之坤，乾卦六爻全變也。惠棟引《乾鑿度》曰「陽變七之九，陰變八之六。」鄭註云「九六，爻之變動者。」故知所謂「初九」者，即初爻「陽變七之九」，不變爲七，變則爲九也。「初六」者，即初爻「陰變八之六」，不變爲八，變則爲六也。乾初九：「潛龍勿用。」乃爻動之占辭也，餘例倣此。

總案：惠棟謂「凡稱九六者，陰陽之變。」是矣。唯「用九、用六」之辭則是乾坤六爻皆變動之占辭。啓蒙占法云：「六爻變，乾坤占二用，餘卦占

〔註509〕見《周易古義》，河洛圖書出版社，民國63年5月版，頁12。

之卦象辭。六爻皆不變，則占本卦象辭。」若是，則今之卦辭者，皆六爻不變之占辭也。六爻變，乾占用九「見群龍無首吉」，「見群龍」者，本卦乾之象也；「無首」，之卦坤之象也。「吉」者，合二卦觀之之占兆也。故象曰：「用九，天德不可爲首也。」〈文言〉曰：「乾元用九，天下治也。」坤爲眾，見於說卦；乾變坤則有此象矣。反之，坤占用六「利永貞」，是坤變乾，其卜問之占兆，利事之長永也。乾〈象〉曰「天行健，君子以自彊不息。」故曰「永」也。坤用六，〈象〉曰：「用六永貞，以大終也。」乃坤始乾終、坤爲本卦、乾爲之卦，又乾陽爲大，故曰「大終」也。所以，「用九」「用六」乃乾坤兼占本卦與之卦之辭也。以乾坤居六十四卦之首，先聖乃發其例也。餘六爻皆變例，亦當遵循此法，兼用本卦與之卦之卦辭也。然則惠棟云其坤其乾，乃專就乾坤六爻之變言，非然也。《左傳》、《國語》載有「之八」「皆八」占例，殆爲古占法。而《左傳》、《國語》猶未有「九」「六」之筮辭。嚴靈峰云：「統觀《左》、《國》的筮辭，全沒有『九』『六』的說法。他不說，並不是他知而不用，實在是他那時候還沒有這種名詞。」〔註510〕雖殷周之際已運用「數卜法」來占卦（參見例三），然「七九八六」之確立而運用於周易，似在戰國《左傳》時代之後。今可見於《易緯・乾鑿度》。《易緯》題「蒼頡註」，殆託辭也。是以惠棟之「至文王始用九六，以變爲占」誤矣。

五五、用九用六之法在乾坤二卦

（1）〈繫下〉曰若夫襍物撰德，辨是與非，則非其中（句），爻不備。虞註云：乾六爻，二、四、上非正。坤六爻，初、三、五非正。故物。因而重之，爻在其中，故非其中則爻辭不備。道有變動，故曰爻也。

△按：《周易本義》「則非其中爻不備」連成一句，《十三經註疏》本亦然。崔憬曰：「上既具論初上二爻，次又以明其四爻也。言中四爻雜合所主之事，撰集所陳之德，能辨其是非，備在卦中四爻也。」〔註511〕崔氏所言其確。又按《易例》，「中」者，或指二五爻，或指三四爻，或指二三四五爻，其義與「正」不同。「正」指陽居一三五、陰居二四六而言。虞氏又將〈繫下〉首章「因而重之，爻在其中」以釋「則非其中爻不備」，誤矣。此條與「用九、

〔註510〕見《易學新論》，正中書局，民國58年7月版，頁124。
〔註511〕見《周易集解纂疏》，卷九，廣文書局，民國68年6月版，頁882。

用六」之法，無涉也。

（2）坤〈象傳〉曰：含弘光大。荀註曰：乾二居坤五，為含。坤五居乾二，
　　　為弘。坤初居乾四，為光。乾四居坤初，為大也。

△按：「用九、用六」指六爻皆變之筮法，非指「升降」或「既濟」例也。惠
棟引此條，顯然多餘。荀註，詳論於例五十條（8）。

（3）乾九二，見龍在田，利見大人。荀註曰：見者，見居其位。田謂坤也。
　　　二當升坤五，故曰見龍在田。大人謂天子。

△按：乾九二，指乾卦第二爻變，即乾之同人也，非用九也。「田」謂三才之
地道，即初二為地，在地之上，故曰「田」，非坤也。朱熹云：「九二剛健中
正，出潛離隱，澤及於物，物所利見，故其象為見龍在田。其占為利見大人。
九二雖未得位，而大人之德已著，常人不足以當之，故值此爻之變者，但為
利見此人而已。蓋亦謂在下之大人也。」〔註512〕然則，九二居中而非正，朱
子曰正，失是。唯其云見龍在田之義甚是，而荀爽以為「二當升坤五」，非
矣。黃師慶萱云：「鄭玄以為九二利見九五大人之說，以及程朱融會鄭王的說
法，都仍有參考的價值。」〔註513〕綜合諸家之說，「大人」謂「九五」或「九
二」皆當，是荀爽曰「大人謂天子」無誤。唯其為一相應，黃師亦云：「乾坤
兩坤，在『位』『應』方面，並不跟其他六十二卦一致。《程傳》就曾指出：『乾
坤純體，不分剛柔，而以同德相應。』」〔註514〕故荀爽以升降言之，今不取也。
特此條為一爻變之例，非用九也。

（4）九四，或躍在淵，无咎。荀註曰：乾者君卦，四者陰位，故上躍居五者，
　　　欲下居坤初，求陽之正，地下稱淵也。

△按：此為荀氏「升降」之法，不可以據。唯此條亦為一爻變之例，非用九
也。

（5）上九，亢龍有悔。《九家易》曰：亢極失位，當下之坤三，屈為諸侯，
　　　故曰有悔者也。

△按：《九家易》以「升降」、「既濟」之法解之，不可憑也。朱熹云：「上者，

〔註512〕見《周易本義》，皇極出版社，民國69年10月版，頁3。
〔註513〕見《孔孟學報》引，期三一，頁108～109。
〔註514〕見同註513，頁109。

最上一爻之名。亢者，過於上而不能下之意也。陽極於上，動必有悔，故其象占如此。」〔註515〕其言是也。唯此條亦爲一爻變之例，非用九也。

（6）**坤初六，履霜堅冰至。《九家易》曰，霜者，乾之命也。堅冰者，陰功成也。謂坤初六之乾四，履乾命令，而成堅冰也。**

△按：惠棟於例四三條（7），引荀爽云「霜者，乾之命令。坤下有伏乾，履霜堅冰，蓋言順也。乾氣加之，性而堅，象臣順君命而成之。」九家與其說小同大異。此條爲一爻變之例，非用六也。

（7）**六三，含章可貞。述曰，三下有伏陽，故含章。三失位，當之三，故可貞。**

△按：「三失位，當之三」未詳其義，顯下「三」字爲誤。唯此條爲一爻變之例，非用六也。

（8）**六五，黃裳元吉。述曰，坤爲裳。黃，中之色。裳，下之飾。五當之乾二，而居下中，故曰黃裳。**

△按：說卦：「坤爲布。」朱熹云：「荀九家，有爲裳，爲黃。」〔註516〕說文：「黃，地之色也。從田。」段註：「土色黃，故從田。」愚以爲，河圖五與十爲土生成之數而居中，土之色爲黃，故黃亦爲中之色也。惠棟於例十七云「陰爻居中稱黃」，然則陰居第五爻亦稱黃也。依爻等諸法，坤六二爲巳火父母，王洪緒云：「凡占衣服，紬布，俱以父母爻爲用神。」〔註517〕當以六二爲用神。唯巳火剋上六世爻酉金，豈其六五亥水妻財爲救神耶？又此爲一爻變之例，非用六也。

　　總案：此例惠棟於條（1）引虞氏註而句讀有誤。綜觀諸條，或以「升降」，或以「既濟」，或以「飛伏」，而釋一爻變動之例，皆與用九、用六之義不合。又例五三「用九」、例五四「用九用六」，實可與此例合併，以皆言占筮之法也。

五六、甲子卦氣起中孚

（1）**《老子道經》曰，窈兮冥兮，其中有精（河上註云，道唯窈冥無形，其中有精，實神明之相薄，陰陽交會也）。其精甚真，其中有信（真，猶**

〔註515〕見同註512，頁4。
〔註516〕見同註512，頁288。
〔註517〕見《卜筮正宗》，卷二，頁10，宏業書局，民國74年3月版，頁20。

誠也。誠猶信也。《淮南》解此經引晉文公伐原以爲失信得原，吾弗爲
也，是精真信者，如《易》卦之中孚也）。

△按：此惠棟引《老子》道德經釋「甲子卦氣起中孚」義。惠棟《易漢學》，
卷一「孟氏卦氣圖說」載「六日七分圖」，圖中消息十二月之子，正值中孚卦。
於卦則爲坤陰盛極，一陽欲生於復卦之初，故惠棟引河上公註《老子》云「陰
陽交會」正合此義。同卷載：「易緯稽覽圖曰：甲子卦氣起，六日八十分日之
七。鄭康成注云：元以候也。八十分爲一日，日之七者，一卦六日七分也。」
〔註518〕愚謂「甲子」者，乃干支之始，即「甲」爲天干之首，「子」爲地支之
首。凡六十之數爲干支相配之數。「六日七分圖」除坎離震兌爲「四正」外，
除六十卦皆羅列在外圈，每卦代表一干支，正合六十甲子之數。今中孚卦位
於消息十二月子之位，故其干支實屬「甲子」，故曰「甲子卦氣起中孚」。同
卷又載：「《易緯‧是類謀》曰：冬至日在坎，春分日在震，夏至日在離，秋
分日在兌。四正之卦，卦有六爻，爻主一氣（惠註：共二十四氣）。餘六十卦，
卦主六日七分八十分日之七。歲有十二月，三百六十五日四分日之一，六十
而一周。」〔註519〕是「六日七分圖」乃以「四正卦」之二十四爻代表二十四
節氣。一年有三百六十五日四分日之一，即三百六十五點二五日也。將之除
以六十卦之得數也，則每卦六點零八七五。其小數七除以八十之得數也。故
《易緯‧稽覽圖》所云「六日八十分之七」即每卦所得一年平均之日數也。
其一日以八十分之而得其七分，即爲零點零八七五之小數也。然所謂「六日
七分」乃省「八十分」之文也。惠棟所引《易緯‧是類謀》云「六日七分八
十分之七」，其文有復重，直作「六日七分」或「六日八十分之七」。《易緯‧
乾元序制記》云：「六十四卦各括精受節以歷紀道，因象著命取佐書，以州土
之運次衡伍。」〔註520〕足以概括「六日七分圖」之用矣。此條惠棟引《道德
經》以解「甲子卦氣起中孚」之內涵意義，可由其得知《老子》與《周易》
相容之處矣。

（2）《淮南‧泰族》曰，天設日月，列星辰，調陰陽，張四時，日以暴之，
　　　夜以息之，風以乾之，雨露以濡之。其生物也，莫見其所養而物長。其
　　　殺物也，莫見其所喪而物亡。此之謂神明（神眇萬物），聖人象之。故

〔註518〕見《惠氏易學》，廣文書局，民國60年1月版，頁1051～1053。
〔註519〕今本《易緯八種》一書《是類謀》中，未見此語。見於《稽覽圖》卷六。
〔註520〕見同註519，新興書局，民國52年3月版，頁248～249。

其起福也，不見其所由而福起。其除禍也，不見其所以而禍除。遠之則邇，延之則，稽之弗得，察之不虛（誠不可揜），日計無算，歲計有餘。夫濕之至也，莫見其形而炭已重矣。風之至也，莫見其象而木已動矣。日之行也，不見其移。騏驥倍日而馳，草木為之靡。縣燧未轉而日在其前，故天之且風，草木未動而鳥已翔矣（鳥巢居知風）。其且雨也，陰曀未集而魚已噞矣（魚潛居知雨）。以陰陽之氣相動也。故寒暑燥濕，以類相從。聲響疾徐，以音相應也。故《易》曰，鳴鶴在陰，其子和之（中孚微陽應卦，故鶴鳴子和）。高宗諒闇，三年不言，四海之內，寂然無聲，一言聲然，大動天下（所謂言行動天地）。是以天心呿唫者也（復見天心）。故一動其本而百枝皆應（本謂初甲子卦氣所起）。若春雨之灌萬物也，渾然而流，沛然而施，無地而不澍，無物而不生，故聖人懷天心，聲然能動化天下者也（參同契曰，故易統天心，復卦建始蒙聖人象之，故懷天心，聲然能動也）。故精神感於內，形氣動於天，則景星見，黃龍下，祥鳳至，醴泉出，嘉穀生，河不滿溢，海不溶波。故詩云，懷柔百神，及河嶠嶽（乾元用九而天下治，既濟之效也）。

△按：此惠棟引《淮南子》，卷二十泰族篇之一段文句，以解「六日七分圖」中孚與復卦之大義。「《易》曰：鳴鶴在陰，其子和之」乃中孚九二爻辭。《淮南子》於此句所闡發之義，實近〈繫傳上〉：「子曰：君子居其室，出其言善，則千里之外應之，況其邇者乎。居其室，出其言之不善，則千里之違之，況其邇者乎。言出乎身，加乎民。行發乎邇，見手遠。言行，君子之樞機。樞機之發，榮辱之主也。言行，君子所以動天地也，可不慎乎。」之義。亦即為應時中節，合乎卦氣是也。復卦〈象傳〉曰：「復，其見天地之心乎。」朱熹曰：「積陰之下，一陽復生。天地生物之心幾於滅息，而至此乃復可見。在人則為靜極而動，惡極而善，本心幾息而復見之端也。程子論之詳矣。而邵子之詩亦曰『冬至至子之半，天心無改移，一陽初動處，萬物未生時，玄酒味方淡，太音聲正希，此言如不信，更請問包羲』至哉言也，學者宜盡心焉。」其言是也。《淮南子》此文，前半乃論「誠」之感通，無疾而速，無形而動，無物而不在，無時而不存，其效之彰，驚天地而泣鬼神也。後半自「高宗」以降，乃兼及「復」之義，其所謂「天心」者，即「誠」，乃至誠不息之道所在者也。呿者，張口而急呼之貌。「以天心呿」即誠心不息，待時而發，當下運用心靈感通天地萬物，雖未張口急呼，而效果更彰。宗教上所講求之修行

打坐之功夫，皆如斯也。然則，由誠心以知道之所在，故言行之發，皆應時中節，是此文之旨也。

　　總案：惠棟引此二條文，皆契合「六日七分圖」中孚與復卦之義。然則，先秦時《老子》所言，即與《周易》有相近之處。漢興，圖書卦氣之說大行其道，《淮南子》亦染其氣息，故有是說。由此知，「甲子卦氣起中孚」爲漢易之通例也。

五七、既　濟

　　莊子，田子方曰，孔子曰，至陰肅肅，至陽赫赫。肅肅出乎天，赫赫發乎地（郭註言其交也）。兩者交通成和而物生焉，或爲之紀而莫見其形。至陰坤也，至陽乾也。肅肅出乎天，坤之乾也。赫赫發乎地，乾通坤也。至陰、至陽，乾坤合于一，元也。兩者交通，亨也（亨）。成和而物生，利也（利）。六爻得正，貞也（貞）。元亨利貞，既濟定也。或爲之紀，而莫見其形，《易》也。故曰《易》无體。

△按：惠棟引莊子語，以證其元亨利貞既濟定之義。然「貞」之本義爲卜問也，「利貞」是卜問則有利，或利於卜問〔註521〕也。「既濟定」例之不可據，以其卦辭非四德具足也，但曰「亨，小利貞」。愚已論於例七「元亨利貞大義」、例八「利貞」、例五一「元亨利貞皆言既濟」、例五二「諸卦既濟」。

五八、剛　柔

　　《易》道剛勝而柔危，故尚剛。道家則不然，乃曰，剛強者，死之徒，此儒與道之別也。夫子曰，吾未見剛者，子路問強，聖門皆尚剛也。

△按：此惠棟案語，論儒道之別，乃剛之與柔。吳康曰：「《老子》之人生觀，有極顯著之二要義，一曰貴柔，二曰不爭，觀物之情，審其利害，知柔弱所以取勝，故欲然退守，不爲物先，則柔弱所以爲不爭之器也。」〔註522〕是《老子》以致勝之道，在柔弱也。《老子》爲道家之祖，是道家講求，亦在柔能勝剛也。《老子》七八章：「天下莫柔弱於水，而攻堅強者莫之能勝。」適與《易》道剛勝而柔危相反。愚觀周易卦爻辭，無「剛」「柔」二字，其

〔註521〕參見嚴靈峰著，《易學新論》，民國58年10月版，正中書局，頁117。
〔註522〕見《老莊哲學》，商務印書館，民國55年1月版，頁29。

字皆在十翼中。察泰卦辭：「小往大來。」否卦辭：「大往小來。」是以「陽」爲大，「陰」爲小，非謂剛柔也。乾〈象傳〉曰：「天行健，君子以自強不息。」最足以代表「易道剛勝」之義。朱熹曰：「天一而已，但言天行，則見其一日一周，而明日又一周，若重複之象，非至健不能也。君子法之，不以人欲害其天德之剛，則自彊而不息矣。」〔註523〕頗能伸其義也。

五九、天道尚剛

《後漢・丁鴻傳》，鴻因日食上卦事曰，臣聞天不可以不剛（見董子《繁露》），不剛則三光不明，王不可以不強，不強則宰牧從橫。註云，三光，日月星也。天道尚剛，《易》曰，乾，健也。天道終日乾乾，是其剛也。

△按：此惠棟引《後漢書・丁鴻傳》之語及其註文，以明「天道尚剛」之義。朱熹云：「乾者，健也，陽之性也……此卦六畫皆奇，上下皆乾，則陽之純而健之至也，故乾之名，天之象，皆不易焉。」〔註524〕又註乾九三「君子終日乾乾」曰：「九，陽爻。三，陽位重剛不中，居下之上，乃危地也。然性體剛健，有能乾乾惕屬之象。」〔註525〕然「乾乾」之取象，以第三爻居內外乾卦之際，而非以陽爻居陽位也。且乾之象爲天，內外卦皆天，故象傳曰：「天行健，君子以自強不息。」（參見例五（8））是乾卦足以代表天道健行不息之義，又乾之性爲剛，故曰「天道尚剛」也。此後漢註，乃章懷太子所書也。

六十、君道尚剛不尚柔（缺）

△按：此例有題無文，故從略。

六一、七八九六

蓍爲陽，故云七。卦爲陰，故云八。爻爲變，故稱九六。

△按：惠棟於例五條（1）云：「大衍之數五十，其用四十有九，所謂蓍之德圓而神也。分二則有陰陽，所謂觀變於陰陽而立卦也。」顯然蓍在陰陽之先，

〔註523〕見《周易本義》，皇極出版社，民國69年10月版，頁7。
〔註524〕見《周易本義》，皇極出版社，民國69年10月版，頁2。
〔註525〕見同上，頁4。

由蓍分陰陽而後立卦。惠棟又於此言「蓍爲陽，卦爲陰」，則二例之語矛盾立見矣。

六二、天地之數止七八九六

（1）　天地之數，五十有五，而天五爲虛者，土生數五，成數五，二五爲十，故有地十，則五爲虛也。虛者爲用，故一二三四得五爲六七八九，而水火木金具，土居其中，故易止有七八九六而天地之數已備矣。

△按：朱熹云：「五變生土而十化成之。」〔註526〕屈萬里云：「而五行之數字，於一至五，謂之生數；六至十，謂之成數。」〔註527〕故知土生數爲五，成數爲十也。惠棟謂成數五，非矣。其論詳見例六條（1）。朱熹又云：「一變生水而六化成之，二化生火而七變成之，三變生木而八化成之，四化生金而九變成之。」〔註528〕故惠氏云「虛者爲用……土居其中」云云，其言是也。唯以天地之數五十有五，而虛其五，殆不然。愚以爲「大衍之數五十」，非「天地之數五十有五」之虛「五」也。「天地之數只與揲蓍成卦之數「六七八九」有字面上之淵源關係，亦即〈說卦傳〉所云「參天兩地而倚數」也（見例五條（1）愚按），而與蓍策之根數「大衍之數五十」無關也。

（2）　七八九六合之爲三十，而天地之數畢矣。

△按：〈繫上〉云：「天數五，地數五，五位相得而各有合。天數二十有五，地數三十，凡天地之數五十有五，此所以成變化而行鬼神也。」〈繫辭〉止言天地之數五十五，及地數三十，未言七八九六合之爲三十也。蓋惠棟欲合策數於天地之數也。按例四及例六條（1）已論及〈大衍章〉不見於《帛書周易》，其六七八九之策數，殆從「數卜法」紀錄之數「一、五、六、七、八」衍生而得之，〔註529〕而後附之天地之數也。朱熹於〈繫辭〉「天一地二……地十」下註云：「就此章而言，則中五爲母，次十爲衍子。次一二三四五，爲四象之位。次六七八九，爲四象之數。」又於「乾之策……坤之策……」下註云：「凡此策數生於四象。蓋河圖四面，太陽居一而連九，少陰居二而連八，少陽居三

〔註526〕見《周易本義》，皇極出版社，民國69年10月版，頁242。
〔註527〕見《先秦漢魏易例述評》，卷上，學生書局，頁57。
〔註528〕見同註526，頁243。
〔註529〕參見張政烺著〈試釋周初青銅器銘文中的易卦〉，《考古學報》1980年，第四期，頁405。

而連七，太陰居四而連六。」〔註530〕愚於例一條（1）已論及四象、七八九六、與金木水火，三者於諸家之說有扞格不不通之處者，以七八九六本爲著策之數，各爲少陽、少陰、老陽、老陰，胡清以此即四象也。與郡子、朱熹所傳「伏犧八卦次序圖」之四象：太陽、太陰、少陰、少陽，本有所不同。又屈萬里云：「按此天志配十數，謂陽數奇，陰數偶耳，未嘗以之配五行也。以五行配數，見於《墨子・迎敵祠》，及《呂氏春秋・十二紀》（《禮紀・月令》同）等書，而以《漢書》五行志之說爲詳。五行志以一六配水，二七配火，三八配木，四九配金，五十配土，與〈繫辭傳〉相近而實不同。」〔註531〕惠棟云：「春夏爲陽，秋冬爲陰，則陰陽即四時也。」〔註532〕以朱氏及屈氏，知少陽爲火七、少陰爲木八矣。而例二七條（1）引《白虎通》云：「木者少陽，金者少陰。」與惠氏言「春夏爲陽，秋冬爲陰」合，是木爲少陽耶？爲少陰耶？又少陰爲木？或爲金耶？綜上所述，七八九六爲著策畫掛所用之數，與河圖之數、天地之數、及四時之名稱次序，其出現時代即異，而內容之旨即不相同也。

（3）　水火木金得土而土成，故一二三四，得五爲六七八九。

△按：見上說。

　　總案：殷周時期數字卦筮法（即「數卜法」），乃簡化一至八（即二四併入六、三併入一）」用「一，五、六、七、八」此五個數字，其後再合併爲「六七八九」。其後有所謂「天地之數」附上一至十個數字，經「參天兩地而倚數」，即屈萬里云：「一、三、五合爲九，二、四合爲六，九六，《易》之數也。」〔註533〕將奇數（天數）一、三、五合併爲九，偶數（地數）合併爲六，而沿用「數卜法」之「七、八」兩數。從此語，吾人隱約可尋得古代數字成卦之遺跡也。愚已論之於例一條（1）矣。

　　朱熹引蔡元定曰：「圖書之象（按：指河圖洛書），自漢孔安國、劉歆、魏關朗子明、有宋康節先生邵雍堯夫，皆謂如此。至劉牧始兩易其名，而諸家因之，故今復之，悉從其舊。」〔註534〕是朱氏亦謂河圖洛書自漢已有之矣。朱熹又云：「天數五，地數五，五位相得而各有合。⋯⋯此河圖之數也。」朱氏

〔註530〕見同註526，頁242～244。

〔註531〕見先秦魏《易例》述評，學生書局。

〔註532〕見例一條（4）。

〔註533〕見同註531，頁57～58。

〔註534〕見同註526，頁19。

之意，是河圖不晚於繫辭傳也。而惠棟引鄭玄註大衍之數云：「一生水于北……與天五并。」〔註535〕又引虞翻註云：「一六合水……五十合土。」〔註536〕惠棟云：「其說皆與河圖合，然康成、仲翔未嘗指此爲河圖，則造此圖以爲伏犧時所出者，妄也。……乃知漢以來並未有圖書之象。」〔註537〕由此知惠棟未信世傳之河圖也。而其採虞翻以五行方位釋「五位相得而各有合」〔註538〕之說，其意竟以世傳河圖爲後人按其說而造也。

　　愚察〈繫辭上〉傳第十一章云：「河出圖、洛出書，聖人則之。」是漢以前當有此一圖一書，特未知此一圖是否即爲世傳之河圖也。唯世傳之河圖，其黑白點數及方位，與鄭玄、虞翻、孔穎達、朱熹所提之天地生成之數、五行生成之數、五行方位，皆相吻合，則爲事實也。故知，世傳河圖之成數「六七八九」，可分別配以「水火木金」也。而揲蓍成卦之數、六七八九」分別爲「老陰、少陽、少陰、老陽」。若將二組串連，成「六水爲老陰」、「七火爲少陽」、「八木爲少陰」、「九金爲老陽」也。竟與惠棟於例二七引白虎通之語「木者少陽、金者少陰」相去遠矣。如此矛盾，惠棟失察也。

　　夫揲蓍成卦之數「六七八九」之數字，蓋由早先「數卜法」之用數再合併而得之，由後起「天地之數」之思想，經「參天兩地而倚數」定成爲「大衍筮法」之用數也，其與「天地之數」止存有字面上之關係也。

　　世傳河圖之成數「六七八九」，雖亦由「天地之數」得之，或「天地之數」由世傳河圖得之。總之，其數配五行及方位之後，本質上即與揲蓍成卦之數不同，不可相類比也。

　　惠棟例目「天地之數止七八九六」，驗之〈繫辭傳〉「天一地二……天九地十」，是其例目已失確。推其意，乃欲合揲蓍成卦之數於五行生成之數，失矣。

六三、九六義（七八附）

　　古文《易上下》本無初九、初六，及用九、用六之文，故《左傳》昭二十九年，蔡墨述《周易》于乾初九則曰乾之姤，于用九則曰其坤（劉

〔註535〕見《易漢學》，卷八，《惠氏易學》，廣文書局，民國60年1月版，頁1224。又鄭玄以大衍之數，即爲天地之數，非也。韓康伯註〈繫辭〉，即謂大衍之數，非天地之數也。（見周易王韓註，第一書局，民國62年12月版）

〔註536〕見同上註535。

〔註537〕見同註535，頁1225。

〔註538〕見同註535，卷三，頁1121。

炫規過曰，蔡墨此意取易文取，非揲蓍求卦，此本當言初九、九二，但以爻變成卦即以彼卦名爻，其意不取于之適，所言其同人、其大有，猶引詩言其二章、其三章）。說者謂初九、初六，皆漢人所加，然夫子十翼于坤〈傳〉曰六二之動，大有〈傳〉曰大有初九，〈文言〉曰乾元用九，坤〈傳〉曰用六永貞，則初九、初六、用九、用六之名，夫子時已有之，當不始于漢也。其九六之義，〈繫辭〉天地之數五十有五，有天九、地六（九家易謂九天數、六地數）。乾之筴二百一十有六，坤之筴百四十有四，皆以四九、四六積算，則為乾九、坤六。又二十律本于《易》，十一月黃鍾，乾初九也。黃鍾為天統律，長九寸六分。林鍾，坤初六也。林鍾為地統律，長六寸。亦乾九、坤六，此九六之義也。其七為少陽、八為少陰、九為老陽、六為老陰之義，見于孔穎達之《易乾卦正義》，及賈公彥之《周禮‧太卜疏》，崔憬之《周易新義》。孔賈崔之說，本之陳諮議參軍張譏《易乾卦正義》所稱。張氏即譏也。譏之說，又本之鄭康成之《易》註。鄭易已亡，散見于《五經正義》，及《周禮》、《公羊》諸疏，與王厚齊之《集註》（集〈鄭氏易〉為一卷附《玉海》後）。鄭註《易》有四象云，布六于北方以象水，布八于東方以象木，布九于西方以象金，布七于南方以象火。又註精氣為物、游魂為變云，精氣謂七八，游魂謂九六。七八木火之數，九六金水之數。木火用事而物生，故曰精氣為物。金水用事而物變，故曰游魂為變。言木火之神生物東南，金水之鬼終物西北（此上鄭註）。若然生物，故謂之少；終物，故謂之老，是老少之義也。合鄭張孔賈崔之說。考之七八九六，實天地之全數耳。〈繫辭〉曰，天一、地二、天三、地四、天五地六、天七、地八、天九、地十。子曰，夫易何為者也（據古《易》次第）。虞仲翔註云，問《易》何為取天地之數也。〈下傳〉云，是故蓍之德圓而神，卦之德方以知，六爻之義易以貢。蓍圓而神，七也（七七四十九）。卦方以知，八也（八八六十四。《周禮‧太卜》曰，其經卦皆八，其別六十有四）。六爻《易》以貢，九六也（〈繫辭〉曰，爻者，言乎變者也。又曰，爻也者，效天下之動者也。又曰，道有變動，故曰爻。故易三百八十四爻，皆稱九六）。是天地之數，《易》之所取，止有七八九六，以為蓍卦之德，六爻之義。至其用以筮，而遇卦之不變者，則不曰七而曰八，蓋蓍圓

而神，神以知來，卦方以知，知以藏往。知來為卦之未成者，藏往為卦之巳成者，故不曰七而曰八。《左傳》襄九年，穆姜始往東宮而筮之，遇艮之八；〈晉語〉重耳歸國，董因筮之，得泰之八。八者，卦之數，故春秋內外兩傳從無遇某卦之七者，以七者，筮之數，卦之未成者也（據揲蓍之時，七八九六皆卦之未成者，既成之後，則七八為象，九六為變，及舉卦名則止稱八不稱七，此古法也）。必知七八九六為天地之全數者，天地之數一曰水，二曰火，三曰木，四曰金，五曰土，一二三四得五為六七八九，水火木金行于四時，五五為土（見太玄，二五為十，是謂地十），居中央，王四方，故天地之數止有七八九六。七八十五，九六亦十五，二者合為一月之數。七八為春夏，九六為秋冬，四者合為一歲之周。天六，地五，日有六甲，辰有五子，五六三十，而天地之數畢（三統歷曰，十一而天地之道畢，言終而復始。十一即五六也。漢志五六天地之中合，亦謂天六地五。楊傑賦謂天五地六非漢法也）。故知七八九六為天地之全數，而《易》之所用也。

△按：此惠棟案語論九六七八之義。

古有所謂「貞悔」者，以六爻重卦之內外單卦言之，內卦為貞，外卦為悔；筮二次重卦者，以前卦為貞，後卦為悔（詳見例四六）。此皆一事二筮之法也。殷周時期數字卦有之矣，皆重陰陽而不論爻動也。

其後有爻之符號產生，而有變動矣。《左傳》昭二九年所載蔡墨（史墨）述周易乾卦，夫「乾之姤」即乾之初爻動也。「其同人」即「之同人」、「其大有」即「之大有」、「其夬」即「之夬」，是第二、第五、及上爻動也。「其坤」即「之坤」，乃乾六爻皆動變成坤卦也。

其「九」「六」今所見者，最早為《禮記・深衣篇》所載坤六二〈象傳〉：「六二之動，直以方也。」是〈象傳〉早於《禮記》，而「九」「六」之辭，又早於〈象傳〉，或始於〈象傳〉也。愚察《周易古義》及《先秦諸子易說通考》，其引先秦古書載《周易》卦爻辭之文句，皆無「初九」「初六」「九二」「六二」之辭，然並不可證明原卦爻辭之《古本周易》無「九」「六」之辭也。其《左傳》所載止有「之八」「皆八」之例，而於爻動之占例，則以某卦之某卦來表示，但不可證明《古本周易》無「九」「六」之辭。其惠註引劉炫所云之意，即在明《左傳》時已有「九」「六」之辭也。若是，則「九」「六」之

辭早於〈象傳〉所載也。亦有可能,「九」「六」始於〈象傳〉,而後人遂加之於卦爻辭之上,故至漢文帝時《帛書周易》,已有之矣。惠棟云:「當不始於漢也。」乃可肯定焉。

「九」指陽爻動變陰爻,「六」指陰爻動變陽爻。坤〈象傳〉曰:「六二之動。」可見其動。左傳「乾之姤」云云,可知其變。「六七八九」四個揲蓍成卦之用數,愚以爲乃爲殷周「數字成卦法」所用「一五六七八」再合併歸納而得之也。其後天地之數之觀念興,大衍之筮法起,乃有所謂「參天兩地而倚數」(詳見例五條一愚按)也。故「九、六」之本義於「數卜法」之用數合併後,當仍維持其重陰陽而不論變動也,至周易陰陽符號成立後,乃有固定之陽爻動數「九」,與陰爻動數「六」也。今傳繫辭傳之大衍筮法用數「六七八九」,其本質與「數卜法」之用數已不同矣。

「二十律」者誤,當作「十二律」。上古之時,將十二律配十二月,禮記月令篇載「孟春之月,律中太簇」,云云即是。鄭玄爻辰易法,益以乾坤十二爻配十二辰,與十二律。其法以乾初九爲子配黃鐘,坤初六爲未配林鐘。〔註539〕《中國文化史工具書》「樂律律管」下載曰:「蔡邕《月令章句》:『黃鐘之管長九寸,孔徑三分,圍九分。其餘皆稍短,唯大小無增減。』以黃鐘爲準,黃鐘管長三分減一,爲六寸,是林鐘管長。」皆與惠氏所述合。唯其謂十二律本于易而鄭玄爻辰法乃以之配乾坤十二爻,是惠棟此言,非鄭玄本義也。《參同契》曰:「消息應鐘律。」〔註540〕未以十二律本於易也。「四象」者,愚謂乃揲蓍成卦之數「六七八九」,然與五行方位無涉,愚已論之於例一條(1)所按矣。而鄭註所云「布六、布八、布七、布九」之數,乃五行之成數,與揲蓍成卦之用數無直接關係。鄭氏註「精氣爲物,游魂爲變」亦採天地之成數,非揲蓍成卦之用數也。而惠棟混二者爲一,其曰:「若然生物,故謂之少。終物,故謂之老。是老少之義也。」非也。且其此言,亦與例二七「中和」引《白虎通》曰:「木者少陽,金者少陰。」相悖。是五行與老少陰陽不可混談。惠棟又曰:「考之七八九六,實天地之全數耳。」此言終不可憑。

惠棟註「蓍圓而神,七也。」云:「七七四十九。」註「卦方以知,八也」。云:「八八六十四。」實二數,「七七四十九」未嘗不可爲方,「八八六十四」未嘗不可爲圓。惠氏此說乃應例六一其案語:「蓍爲陽,故云七。卦爲陰,故

〔註539〕參見《兩漢十六家易註闡微》,五洲出版社,民國64年12月版,頁74。
〔註540〕見《周易參同契正義》,自由出版社,頁20。

云八。」而與例五條（1）所云復有矛盾也，愚已論之矣。然其註語以「九六」
爲變則是也。惠棟曰：「至其用以筮，而遇卦之不變者，則不曰七而曰八……」
云云，又與其於《松崖文鈔》，卷二，頁七所云：「京氏占法一爻變爲九六，
二爻以上變爲七八。故晉語重耳得貞屯悔豫皆八，乃屯之豫。《左傳》穆姜遇
艮之八，乃艮之隨。」有矛盾之處。前者以「八」爲卦之不變者，後者乃以
卦之二爻以上變者爲「七八」。此不合理也。所謂「七八」當指不變之爻言，
而非指不變之卦也。依左傳占例，其筮得不變之卦：如僖公十五年之「遇蠱」，
成公十六年之「遇復」，昭公七年之「遇屯」，皆如是也。故知惠棟以卦之不
變曰「八」，非左傳之例也。惠棟於例十五復引《易林補遺》載〈京房占法〉
「一爻動則變，亂動則不變。」惠棟曰：「愚謂左傳所占卦，如云：其卦遇蠱，
其卦遇復，穆天子傳其卦遇訟，皆六爻不動也。其云：遇艮之八，及晉語遇
泰之八，皆二爻以上變，仍爲七八，而不變也。」乃欲合「卦之不變者」與
「二爻以上變者」爲一也。然《國語・周語》載：「吾聞晉之筮之也，遇乾之
否，曰：『配而不終，君三出焉。』嚴靈峰曰：「按：《易》否卦的大象：『天
地不交，否。』這裡，『配而不終』也許就是這個意思；『配』爲『交』字的
異文。」〔註541〕其占得乾之初二三爻變爲否卦，且以否卦來觀吉凶，是國語
中之占例也。故知惠棟以「二爻以上變，仍爲七八，而不變也。」以釋《易
林補遺》引〈京房占法〉之「亂動而不變」，《補遺》之說非《左》《國》之例，
惠棟因之以誤也。詳見例十五愚按。

　　惠棟曰：「蓍圓而神，七也。卦方以知，八也。……蓍圓而神，神以知來；
卦方以知，知以藏往。知來爲卦之未成者，藏往爲卦之已成者，故不曰七而
曰八。……八者，卦之數，故春秋內外傳從無遇某卦之七者，以七者，筮之
數，卦之未成者也。」然而，例五四惠棟案語云：「周以前《易》書名象，皆
占七八。至文五始用九六，以變爲占，改名曰易也。」附註云：「《乾鑿度》
曰：陽以七陰以八爲象。陽變七之九，陰變八之六。鄭註云：九六，爻之變
動者。繫曰：爻，效天下之動也。」由《乾鑿度》所云及鄭註，知「七八九
六」皆指爻而言。而《左傳》、《國語》「之八」「皆八」之占例，亦指不動之
爻也，非以卦言也。愚已論之於例十五矣。其《左傳》襄公九年「艮之八」
占例，史曰：「是謂艮之隨。」乃指艮第二爻不動，餘爻皆動也。史繼之曰：
「隨，其出也。君必速出。」是史之古占法，仍以變卦爲占，與本例惠棟案

〔註541〕見《易學新論》，正中書局，頁136。

語所云「遇卦之不變者，則不日七而日八。」及例十五案語所云：「皆二爻以上變，仍爲七八，而不變也。」頗有出入。惠棟於例十六所云：「穆姜筮往東宮，遇艮之隨，則云艮之八，是亂動不變。」乃與左傳所載事實不符，其倒果爲因，以適己說，不足爲憑也。愚疑《左》《國》無「之七」占例，乃史書未及，非時無此法也。故惠棟云；「蓍圓而神……。」云云，不可從也。右論所云「七八九六「皆揲蓍成卦之用數，其與天地之數止有字面上之關係，而與五行生成之數無關也，愚已論之於例一條（1）及例五條（1）、例六二總案。且其與「四時」「四正」「五行」「十二消息」皆無涉，愚亦論之於例一條（1）矣。故惠棟云：「必知七八九六爲天地之合數者，天地之數一曰水……而《易》之所用也。」咸有附會之嫌也。

此例可與例六一合併也。

六四、兩象《易》

≡≡ 大壯　≡≡ 无妄

（1）繫上曰，上古穴居而野處，後世聖人易之以宮室，上棟下宇，以待風雨，蓋取諸大壯。虞註云，无妄，兩象《易》也，无妄乾在上，故稱上古。艮爲穴居，乾爲野，巽爲處。妄乾人在路，故穴居野處。震爲後世，爲聖人。後世聖人，謂黃帝也。艮爲宮室，變成大壯。乾人入宮，故易以宮室。艮爲待，巽爲風，兌爲雨。乾爲高，巽爲長木，反在上爲棟，震陽動起，故上棟。下宇，謂屋邊也。兌澤動下爲下宇。妄之大壯，巽風不見，兌雨隔震，與乾體絕，故上棟下宇，以待風雨，蓋取諸大壯也。

△按：惠氏引虞註以兩象《易》法釋〈繫上〉古人取象大壯之義。

屈萬里曰：「易者，更易也。卦有上下二體，故曰兩象。兩象《易》者，上下二體相更易也。其說亦肇自虞翻。」又曰：「按大壯下乾上震，无妄上震下乾，故无妄兩象易成大壯也。无妄二至四體艮，易成大壯後，則大壯之乾，居无妄之艮下，故曰乾人入宮。」〔註542〕愚又謂虞氏釋「以待風雨」，以无妄卦之三四五爻互體爲巽風，復以大壯之三四五爻互體爲兌雨。釋「上棟」以无妄之互體巽爲長木，復以大壯之外卦震爲陽動起。又復以大壯之互體釋「下

〔註542〕見《先秦漢魏易例述評》，學生書局，頁131。

宇」。反復曲取如是，不可盡信。又曰：「无妄之大壯，巽風不見，兌雨隔震，與乾體絕，故上棟下宇，以待風雨，蓋取諸大壯也。」其說殊失原義。以文中「以待風雨」顯然指風雨未至，故趁晴時造舍以避之也。且「風雨」並提，未曾有風不見而雨獨存之義。

　　然則，其繫上之文取象於大壯者，唯「上棟下宇」「宮室」二文。其大壯外卦震木爲棟；內卦乾爲天，宇者，上下四方之空間，天之象也，故謂之宇。說文：「宇，屋邊也。」段註：「宇者言其邊，故引伸之義又爲大。文子及三蒼云：上下四方謂之宇，往古來今謂之宙。上下四方者，大之所際也。莊子云：有實而無乎處者，宇也；有長而本剽者，宙也。有實而無乎處，謂四方上下實有所際，而所際之處不可得到。」故「大」「天」「宇」，皆乾卦之象也。而除此二文之外，皆敘述之詞，不必字字皆取象大壯卦也。

䷛大過　䷼中孚

（2）又曰，古之葬者，厚衣之以薪，藏之中野，不封不樹，喪期无數，後世聖人易之以棺椁，蓋取諸大過。虞註云，中孚上下兩象《易》也。本乾象，故不言上古。大過乾在中，故但言古者。巽爲薪，艮爲厚，乾爲衣、爲野。乾象在中，故厚衣之以薪，藏之中野。穿上稱封，封古窆字也。聚土爲樹。中孚坤坎象，故不封不樹。坤爲喪。期謂從斬衰至緦麻，日月之期數。離坎日月坤象，故喪期數。巽爲木、爲入處。兌爲口，乾爲人。木而有口，乾人入處，棺斂之象。中孚艮爲山丘，巽木在裡，棺藏山陵椁之象也，故取諸大過。

△按：此惠氏引虞註以兩象《易》法，釋繫傳上古人取象大過之義。「中孚上下兩象易也」集解本作「中孚上下易象也」。〔註543〕屈萬里曰：「按大過下巽上兌，中孚下兌上巽，故中孚兩象易則成大過也。大過二至四體乾，當巽木兌口之中，故曰乾人入處，棺斂之象。中孚三至五體艮，大過巽當中孚艮之下，故曰棺藏山陵，之象也。」〔註544〕愚謂「巽當中孚艮之下」其「下」字當作「上」也。虞氏於條（1）取大壯之兩象《易》无妄，云「乾在上，故稱上古。」於本條卻不取大過之兩象易中孚，云「本無乾象，故不言上古」，而直取大過，云「乾在中，故但言古者。」似漫無標準也。虞氏釋「厚衣之以

〔註543〕見《古經解彙函》一，鼎文書局，頁332。
〔註544〕見同註542，頁132。

薪，藏之中野」忽以中孚，忽以大過，取象委曲，不可盡信。「穿上稱封」，《集解》本「上」字作「土」。〔註545〕說文：「垰，籀文封從丰土。丰，古文封省。」「封，爵諸侯之土也。」又：「窆，葬下棺也。」段註：「今文窆為封。……凡戴記皆作封，戴記從今文也……。按坶窆封三字分蒸侵東三韻，而一聲之轉。」是說文「封」字本義非葬下棺，且其古文不作「窆」。後人乃引伸「封」字之義，而代之「窆」字為葬下棺之義也。虞氏云「中孚無坤坎象」，其「坎」字未指明何義也。又「喪期無數」，指喪期或長或短，無有定數也。然依虞氏所云「坤為喪……無離坎日月坤象」，是「無喪期」，非「喪期無數」也。且古人未必有「斬衰、緦麻」之喪制，若依虞氏「無離坎日月坤象」而言無此喪制，是合理也，然按之「喪期無數」則不合理也。此文取象於大過者，唯「棺椁」一詞，餘皆敘詞也。

䷪ 夬 ䷉ 履

（3）又曰，上結繩而治，後世聖人易之以書契，百官以治，萬民以察，蓋取諸夬。虞註云，履上下象易也。乾象在上，故復言上古。巽為繩，離為罔罟，乾為治，故結繩以治。後世聖人，謂黃帝堯舜也。夬旁通剝，剝坤為書，兌為契，故易之以書契。乾為百，剝艮為官，坤為眾臣、為萬民、為迷暗，乾為治。夬反剝以乾照坤，故百官以治，萬民以察。故取諸夬。大壯、大過、夬，此三蓋取直兩象上下相易，故俱言易之。大壯本无妄，夬本履卦，乾象俱在上故言上古。中孚本乾象，大過乾不在上，故但言古者。大過亦言後世聖人易之，明上古時也。

△按：此惠棟引虞註以兩象《易》法，釋繫上古人取象夬卦之義。

屈萬里曰：「按夬下乾上兌，履下兌上乾，故夬為履兩象《易》也。履二至四互離，故曰離為罟。剝下坤上艮，與夬旁通，故曰剝坤為書也。」〔註546〕虞氏取兩象易不盡義，遂又取夬之旁通卦，不可盡信。此文取象於夬卦，唯「書契」一詞，餘皆敘詞也。虞氏云：「大壯、大過、夬，此三蓋取直兩象上下相易，故俱言易之。」若如此，於「易之以」下之文應皆以兩象易卦釋之，而不可以本卦釋之矣。然虞翻又非如是。故知「易之以」之「易」，本無關於「兩象易」也。又曰「大過乾不在上，故但言古者。大過亦言後世聖人易之，

〔註545〕見同註542，頁132。
〔註546〕見同註542，頁132。

明上古時也。」語亦矛盾矣。

　　☷☷ 萃　　☷☷ 臨

（4）大畜，利貞。虞註云，與萃旁通，此萃五之復二成臨，臨者，大也。至
　　　上有頤養之象，故名大畜。

　　　　案：萃者，臨兩象《易》也。故萃五之復二成臨。虞註〈襍卦〉，大
　　　　畜時也。大畜五之復二成臨，時舍坤二，故時也（兩象易故不言四之
　　　　初）。

△按：既取旁通卦，復取旁通卦之兩象《易》。若如此，可先取大畜之兩象《易》
成遯卦，再取遯之旁通成臨矣。然條（3）又非如是，其既取本卦夬之兩象《易》
履卦，又取夬之旁通卦。如是，有何標準可言耶？萃成臨，實兩象《易》，而
虞氏言五之復二，誤矣。惠註不指其誤，但言「兩象《易》，故不言四之初」，
若是，又庸言五之復二，何不言四之初耶？

　　☷☷ 豫　　☷☷ 復

（5）小畜，亨。虞註云，與豫旁通，豫四之坤初，為復。復小陽潛，所畜者
　　　小，故曰小畜。初九，復自道，何其咎，吉。虞註云，謂從豫四之初成
　　　復卦，故復自道，出入无疾，朋來无咎，何其咎，吉。乾稱道也。

　　　　案豫者，復兩象《易》也。故豫四之坤初，為復。小畜與豫旁通，而
　　　　兼及兩象《易》者，漢法也。其本諸繫下无妄、中孚，履與大畜，倣
　　　　此。

△按：此文虞翻明以「之卦」法，言「豫四之坤初」也，而非兩象易法。例
十四惠棟案語云：「豫自復來，乃兩象《易》，非乾坤往來之謂也。」亦差強
人意。同條（4），小畜亦可先取兩象《易》，或曰四之乾初，成姤卦，再取姤
之旁通卦成復卦矣。其失與條（4）同。又豫四之坤初，乃九四至初六。豫自
復來，乃初九至六四，所謂「之卦」「往來」也。然又與荀爽「乾升陰陽」例
有衝突之處也。詳見例五十總案。

　　總案：屈萬里曰：「然則兩象《易》之說，又顯與己例矛盾矣。於《易傳》
則不合、與己例矛盾，說《易》者尚何取焉？」〔註547〕且例文中，其取兩象

〔註547〕見同註542，頁133。

《易》不足釋，復取本卦之旁通卦或兩象《易》卦之旁通卦，可謂漫無準則。其〈繫傳〉文中取象於卦者止於一二詞，而非字字皆著卦中之象也。虞翻反是。又「聖人易之」之「易」本非「兩象《易》」之義。若是，又何以此字下文復以本卦釋之，而非盡以兩象《易》釋之？條（1）（3）皆取兩象《易》卦之乾在外，而曰「上古」，而條（2）兩象《易》卦外卦無乾，而謂本卦之中四爻互體乾，因之曰「古」。又於條（3）復釋條（2）之文曰「亦言後世聖人易之，明上古時也。」既曰「古」，又曰「上古」，是自相矛盾矣。條（4）（5）虞義非兩象《易》也，而惠棟納入此例，殆不可得說。條（1）（2）（3）屈萬里皆載入其《先秦漢魏易例述評》一書中，云：「虞氏以兩象易說易者，凡此三見，然皆無當。」〔註548〕是也。

六五、反卦（有卦之反，有爻之反。卦之反，反卦也。爻之反，旁通也。王氏〈略例〉曰，卦有反對）

（1）〈襍卦〉曰，否泰反其類也。虞註云，否反成泰，泰反成否，故反其類。終日乾乾，反復之道（否反泰，泰反否）。

△按：此惠棟引虞註釋雜卦否泰反其類之文義。

泰否二卦，實具倒反與旁通二義。屈萬里曰：「反卦者，六爻反轉也。經卦以此爲序，象傳等亦以此義爲說。虞氏用以解《易》，於經傳爲有徵矣。」〔註549〕屈氏所言之「反卦」，乃卦之倒反者也。《周易略例》云：「故卦以反對而爻亦皆變。」〔註550〕是王弼略例「反對」之義，乃「旁通」也。

（2）復〈彖傳〉曰，復，亨，剛反動而以順行。虞註云，剛從艮入，坤從反震，故曰反動（艮反震）。

△按：此惠棟引虞註以倒反卦持釋復彖傳之文。

《周易本義》以復〈彖傳〉此文斷句作「剛反，動而以順行。」註云：「剛反則亨。」故知此「反」字乃「返」之本字也，此「反」作「返」義。故朱熹又註云：「積陰之下，一陽復生。」〔註551〕即一陽返於坤初，爲「剛反」也。

〔註548〕見同註542，頁132。
〔註549〕見《先秦漢魏易例述評》，學生書局，頁135。
〔註550〕世界書局，頁7。
〔註551〕見《周易本義》，皇極出版社，民國69年10月版，頁96。

又依〈象傳〉之例，「動」乃釋內卦震，「順」乃釋外卦坤。然則，此「反」字非作「例反」之義也明矣。惠註云「艮反震」，亦差失矣。

（3）觀卦曰，觀，盥而不觀薦。虞註云，觀，反臨也（觀反臨）。

△按：此惠棟舉虞註觀爲臨之反卦也。

（4）觀六二曰，闚觀，利女貞。虞註云，臨兌爲女，兌女反成巽（兌反巽）。

△按：此惠棟引虞註以倒反卦釋法釋觀六二爻辭。

原文虞註下接：「四五得正，故利女貞。」〔註552〕然而，其先既以反卦臨之內卦兌爲說，後又反其倒反卦臨成本卦觀而以觀四五爻爲說，是倒果爲因。且觀之四五得正，終非就六二爲說也。

（5）明夷。虞註云，夷，傷也。臨二之三而反晉也。

△按：此惠棟引虞註以「之卦」及「倒反」釋明夷也。例十四「虞氏之卦大義」，惠棟謂明夷乃自臨來者，故此「臨二之三」即指明夷自臨來。「反晉」者，謂明夷亦從晉卦倒反而來。一卦而有二自，終不可得說。

（6）漸，女歸吉。虞註云，女謂四。歸，嫁也。坤三之四，承五，進得位，
　　往有功，反成歸妹，兌女歸吉。

△按：此惠棟引虞註以「之卦」及「倒反」釋漸卦辭義。

例十四「虞氏之卦大義」惠棟謂漸自否來。李道平亦曰：「三陰三陽之卦自否來，故云否三之四。」是集解本於「女謂四」之上有「否三之四」四字也。〔註553〕「坤三之四」者，即否內卦坤第三爻與外卦乾初爻互易，亦即「否三之四」也。承者，徐芹庭曰：「凡某爻在某爻之下，多指陰爻在陽爻之下而言」〔註554〕故「承五」即李道平所云「上承五陽」也。「進得位」者，即李道平所云「進得陰位」也。「往有功」者，李道平曰：「自內曰往，故往有功也。」〔註555〕「反成歸妹，兌女歸吉」者，謂倒反漸卦成歸妹卦也。李道平曰：「雜卦曰：漸，女歸待男行也。虞往註云：兌爲女（愚按：兌字宜作巽），艮爲男，反成歸妹。巽成兌，故女歸。待艮成震乃行，故待男行也。」

〔註552〕見《古經解彙函》一，鼎文書局，頁169。
〔註553〕見《周易集解纂疏》，廣文書局，頁594。
〔註554〕見《兩漢十六家易註闡微》，五洲出版社，民國64年12月版，頁60。
〔註555〕見同註553，頁594。

〔註556〕此言甚得經傳之義。

（7）〈繫上〉曰，鼓之、舞之，以盡神。荀註云，鼓者，動也。舞者，行也。
謂三百八十四爻動行，相反其卦（反卦之明文），所以盡易之蘊（六十
四反卦）。

案：古反卦之說，唯虞註觀復、明夷、漸五條，乃真反卦也。其卦一
條，及虞註同人、荀註繫辭，二條，仍可通之於旁通耳（乾、坤、否、
泰，旁通而兼及卦者也。同人九五曰，同人，先號咷而後笑，大師克
相遇。虞註云，同人反師。此旁通，而云反者，亦乾坤否泰之例也）。

△按：此惠棟引荀註繫上之語，並加案語、附註，以明荀虞二氏反卦或旁通
之說。〔註557〕今本六十四卦排列次序，除坎離乾坤中孚小過頤大過八卦為陰
陽相反之旁通外，餘皆兩兩互為反卦。然觀《帛書周易》，非如是之排法，乃
所謂「父母六子」之排法也。〔註558〕故易書《周易》，或為另一傳本，或為人
所改易而成者。

張政烺曰：「漢唐石經和通行本《周易》六十四卦次序一樣，從十翼和一
些古書的引文看，知是原本如此。帛書《六十四卦》大不相同，乃經人改動。」
〔註559〕由張氏之言，吾人可知，《帛書周易》雖不見世傳〈彖〉〈象〉二傳之
文，然由古書所引，如《禮記·深衣》：「故《易》曰：坤六二之動，直以方
也。」及《荀子·大略篇》節引咸〈彖傳〉云：「《易》之咸，見夫婦。……
咸，感也。以高下下，以男下女，柔上而剛下。」〔註560〕足見〈彖傳〉〈象傳〉
皆作於先秦。高亨、李漢三諸人亦論證為戰國時之作〔註561〕《周易本義》亦
將〈彖〉〈象〉二傳各為完篇，而非分書於卦爻辭之下。觀其次序，亦與世傳
本卦序同。《淮南子·繆稱訓》云：「動而有益，則損隨之，故《易》曰，剝
之不可遂盡也，故受之以復。」〔註562〕李漢三曰：「《序卦》云：『剝者，剝也。
物不可以終盡，剝窮上反下，故受之以復。』淮南王書所稱引，既謂為『易

〔註556〕見同註553，頁595。
〔註557〕「五條」宜作「四條」。
〔註558〕參見張政烺《帛書六十四卦跋》，1984年文物第三期，頁13～14。
〔註559〕見同註558，頁13。
〔註560〕見《先秦諸子易說通考》，文史哲出版社，民國63年10月版，頁10～13。
〔註561〕參見《續偽書通考》，頁30～65。
〔註562〕見中華書局，民國60年9月版，卷十，頁5。

日』，當即此《序卦》之《易》說無疑。」似此西漢初年已傳布。」〔註563〕
其《淮南子》一書敘目載作者淮南王安，乃高祖之子，則知其人其書在漢文
帝之前。而馬王堆帛書乃漢文帝時物，故序卦傳極可能在《帛書周易》前已
成書矣。由此知，世傳本六十四卦排法，於《帛書周易》之前已如是矣。張
政烺謂《帛書周易》乃經人改動，有其可信度。然亦可能為另一系統之本子。
于豪亮云：「漢石經、《周易集解》和通行本，六十四卦排列次序相同，帛書
卻與之全然不同，因此，帛書本顯然是另一系統的本子。」〔註564〕其言然也。
由若知，六十四卦排法在漢高祖已有之，而兼「倒反」及「旁通」二類。雜
卦傳曰：「否泰反其類。」是此「反」義，亦兼「倒反」及「旁通」也。李漢
三謂：「屈先生既明確考定史遷於《孔子世家》未舉之《雜卦》，為宣帝時河
內所獻，原非西漢中葉以前所有，則是書的著成，自在宣帝之時，或稍前。」
〔註565〕是雜卦傳乃漢時之作也。荀註云；「謂三百八十四爻動行，相反其卦。」
此「反」亦兼「倒反」「旁通」義也。惠註引虞註云「同人反師」之「反」，
則指「旁通」也。故知漢人所云之「反」義，乃兼有「倒反」、「旁通」義也。
惠棟於例題「反卦」下註云：「有卦之反，有爻之反。卦之反，反卦也。爻之
反，旁通也。」乃就漢《易》為說。

（8）朱震《周易叢說》曰，荀爽解中孚曰，兩巽對合，外實中虛，則古人取
　　象有用反卦為象者，於此可見。

△按：此惠棟引朱震語，以明古人取象有用倒反之卦為象者。

中孚卦取兩倒反卦，其象外實中虛、正如豚魚之象，故其卦辭曰：「豚魚吉。」
與中孚卦旁通者為小過卦，適為內實外虛，如鳥飛之狀，朱熹云：「卦體內實
外虛，如鳥之飛。」〔註566〕是也。故卦辭云：「飛鳥遺之者。」以上二例，是
以重卦內外相反者為之。另有內外俱同，而於經傳可考者之象。如〈繫傳下〉
「作結繩而為罔罟，以佃以漁，蓋取諸離。」朱熹云：「兩目相承。」〔註567〕
即為網眼相連結之象也。其單卦之象，可考者如說卦傳「離為甲冑。其於人
也為大腹。為鱉、為蟹、為蠃、為蚌、為龜。」或取外剛護內柔，虞翻曰：「外

〔註563〕　見同註561，頁46。
〔註564〕　見《帛書周易》，1984年文物第三期（總三三四期），頁17。
〔註565〕　見同註561，頁49。
〔註566〕　見《周易本義》，皇極出版社，民國69年10月版，頁214。
〔註567〕　見同註566，頁260。

剛故爲甲。」是也。或取其形，虞李鼎祚曰：「象曰常滿，如妊身婦，故爲大腹。」兼取質形者，虞翻曰：「此五者，皆取外剛內柔。」五者，指鼈蟹蠃蚌龜也。

愚又疑豐卦名，亦從卦象中得之。《說文》：「豐，從豆，象形。」段註：「凵象豆大也。」而也傳「八卦象例」訣，有「震仰盂、離中虛」之詞〔註568〕是豐之外卦正如凵之形，象豆之大口也。內卦則象豆之腹，外實內虛之形也。

（9）〈繫下〉曰，重門擊柝，以待暴客，蓋取諸豫。《九家易》曰，下有艮象，從外示之（示與視同），震復爲艮。兩艮對合，重門之象也。

△按：「柝」字他本作「柝」，《說文》：「柝，夜行所擊者，從木橐聲。《易》曰：重門擊柝。」集解本及所引九家易皆作「柝」。徐芹庭先生云「柝、柝」二字音義皆同，故可通用也。〔註569〕「暴」他本作「暴」，徐氏亦謂二字音義悉同，古可通用也。〔註570〕《集解》本及所引干寶、《九家易》皆作「暴」。是惠棟多取漢《易》古字也。

〈說卦傳〉：「艮爲門闕」，是艮有門之象也。李道平曰：「豫互體艮，外體震，震反艮也，故云從外示之，震復爲艮。示，古視字也。艮爲門闕，故云兩艮對合，重門之象也。」〔註571〕故知豫卦確有重門之象也。

（10）又曰，君子安其身而後動。虞註云，謂反損成益。

△按：此惠棟引虞註釋繫傳下之辭。

「反損成益」者，是倒反損卦成益卦也。上文「君子安其身而後動」，於〈繫傳〉中乃釋益上九爻辭之義也，非釋卦象也。且虞註又續云：「君子，益初也。坤爲安身，震爲後動。」若此繁瑣，實不足憑。

（11）虞註序卦云，否反成泰，咸反成恆。

△按：傳行本《周易》除坎離等八卦外，皆如是排也。

（12）《序卦正義》曰，今驗六十四卦，二二相耦，非覆即變。覆者，表裡視之，遂成兩卦。屯、蒙、需、訟、師、比之類是也。變者，反覆唯成一

〔註568〕見《卜筮正宗》卷一頁1，宏業書局，民國74年3月版，頁2。
〔註569〕見《周易異文考》，五洲出版社，民國64年12月版，頁142。
〔註570〕見同註569。
〔註571〕見《周易集解纂疏》卷七，廣文書局，民國68年6月版，頁823～824。

卦，則變以對之，乾、坤、坎、離、大過、頤、中、孚、小過之類是也（此條是宋人反對之說，非漢人反卦之謂）。

△按：此惠棟引正義釋序卦之語。

徐芹庭曰：「反卦，先儒或謂之覆卦，來知德則謂之綜卦，即反覆之法也。」〔註572〕又曰：「凡一卦六爻皆變而成他卦者謂之旁通。……明儒來矣鮮即謂之錯卦。」〔註573〕然則，正義所云「覆」者，即倒反卦也；「變」者，即旁通卦也。惠註云「宋人」者誤，應作「唐人」，以正義為唐孔穎達所撰也。條（7）愚論及漢人尚未將「反」明言獨歸之「倒反」義，亦有混於「旁通」者。王弼略例「反對」之說，實「旁通」也。至正義乃將「反」歸入「倒反、反覆」之義，與「旁通」有別也。明來知德以反卦稱作「綜卦」，徐芹庭曰：「反卦先儒或謂之覆卦，來知德謂謂之綜卦，即反覆之法也。」〔註574〕此亦止於「倒反」義，乃與「旁通」（來氏謂之錯卦）有別矣。

總案：世傳《周易》六十四卦，除乾、坤、坎、離、大過、頤、中孚、小過八卦為陰陽爻俱變，為兩兩旁通卦外，餘五十六卦皆兩兩成倒反排法（見條（12））。《帛書周易》非如是，乃按天地六子之排法。想見世傳本之排法，當為另一家傳版本，或為稍後有「倒反，旁通」思想者所整理（見條（7））。至雜卦乃言「否泰反其類」，當距其時不遠，此「反」乃兼「倒反、旁通」而言（見條（1））。漢代虞荀二氏所言之「反」，乃兼「旁通」以言（見條（7））。而王弼《周易略例》所云「卦以反對」者，實「旁通」也（見條（1））。凡此，皆未明言「反」獨歸入於「倒反」義也。至孔氏《正義》已將「反」歸之「倒反、反覆」之義，與「旁通」有別也（見條（12））。條（2）復象之「剛反」，為一陽返於坤初之義，「反」非「倒反」義也，虞惠二氏皆誤。條（4）虞註倒果為因，而非就觀六二為說也。條（5）虞註一明夷卦而由臨「之卦」及晉「倒反」而來，終不可得說。條（6）漸卦由否「三之四」來，虞氏此說似不可憑。然云「反成歸妹，兌女歸言」則甚可取。條（8）引朱震載荀爽之語，其中孚卦乃內外成倒反之象，正如豚魚之象。愚又增論小過卦亦類是也。條（9）引《九家易》註〈繫下〉豫卦重門之象，頗有理可得。條（10）引虞註

〔註572〕見《兩漢十六家易註闡微》，五洲出版社，民國64年12月版，頁67。
〔註573〕同註572，頁65。
〔註574〕同註572，頁67。

〈繫下〉之辭，以象數解義理之文，實不足憑。

六六、反復不衰卦

（1）乾〈象傳〉曰，終日乾乾，反復也。述云，反復合於乾道。

△按：此惠棟引《周易述》釋乾象傳之語。

《周易述》於乾〈象傳〉「終日乾乾，反復道也」之註文原作：「反復天道，原始及終。」疏曰：「此干寶義也。卦有反復。如反泰爲否，反否爲泰之類是也。唯乾、坤、坎離反復不衰，故云反復天道。經曰：終日乾乾，夕惕若厲。〈文言〉曰：知至至之，知終終之。是通乎晝夜之道而知者，故云原始及終。」〔註575〕

夫乾卦內外皆乾，即乾單卦之相重也，故有重復之意。朱熹云：「反復，重複踐行之意。」〔註576〕其言是也。以卦之倒反而言，乾、坤、坎、離、大過、小過、中孚、頤八卦，其正反皆同，故有「反復不衰」之象。屈萬里曰：「三四爻義每相通，以反對後，則三爲四，四即爲三也。經文多疑而不定之辭，故象傳間申其義。乾九三象傳：『反復道也。』賁六四〈象傳〉：『當位疑也。』……。」〔註577〕乾九三爲不定之位，居內外卦之際也，經倒反後仍在乾卦，故曰「乾乾」。此經文倒轉之義可見。屈萬里曰：「知經文固有反對之義，然以之說全經，則泥矣。」〔註578〕咀嚼其言，誠可信也。

（2）頤卦曰，頤貞吉。虞註云，晉四之初，反復不衰，與乾、坤、坎、離、大過、小過、中孚同義，故不從臨觀四陰二陽之例。

〔註575〕註疏本〈繫傳上〉第三章「原始反終」句，集解本「反」字作「及」。徐芹庭曰：「釋文云：『反終，鄭虞作及終。』集解本亦作及終。是反漢易有作及者……是宜從鄭玄虞翻作及爲是，且以義揆，亦以作及爲洽。」（見《周易異文考》，頁119~120）是「反」「及」二字形體相似而易混淆也。「原」字配「及」字，《說文》：「原，水本也。」又曰：「及，逮也。」，則「原始及終」之義，即「自始至終」也。乾九三爻辭：「夕惕若厲」者，乃與《說文》所引者同。集解本「厲」字作「屬」，註疏本、《周易本義》亦然。《周易》述於九三爻辭下謂宜作「夕惕若厲、屬、無咎。」，云；厲，敬；屬，危也。俗本脫厲，今從古。」然而，愚察帛書《周易》，無「厲」字，而「若屬」連句，故惠氏之見猶待考。

〔註576〕見《周易本義》，皇極出版社，民國69年10月版，頁7。

〔註577〕見《先秦漢魏易例述評》，學生書局，頁19。

〔註578〕見同註577，頁3。

△按：此惠棟引虞註，釋頤卦反復不衰義，與臨、觀有別，故「之卦」不籤此二卦之例。

例十四「虞氏之卦大義」惠棟案曰：「頤、小過，晉四之初、上之三也；大過、中孚，訟上之三、四之初也。此四卦與乾坤坎離反復不衰，故不從臨觀之例。」乃謂頤由晉四之初而來，小過由上之三而來，大過由訟上之三而來，中孚由訟四之初而來。因此四卦正反相同，所以不從臨由坤來、觀由乾來之例也。

（3）〈繫上〉曰，古之聰明睿知，神武而不殺（殺讀為衰）者夫。虞註云，謂大人也。庖犧在乾五，動而之坤，與天地合聰明。在坎為聰，在離為明。神武謂乾，睿知謂坤。乾坤坎離，反復不衰，故而不衰者夫。

△按：此惠棟引虞註釋繫辭上文義。「故而不衰者夫」之「衰」字，集解本引作「殺」，至惠東，乃直易作「衰」字矣。徐芹庭徵引諸書而云：「是二字古者亦相近也，其引申義亦相近也，故古時二字可以通假。……疑《易》此文作殺，其義即為衰也，而虞氏曰：『反復不衰。』即解神武不衰也。」〔註579〕

屈萬里解虞氏「乾坤二五互之，以成坎離」義云：「乾五之坤五，乾二之坎二，則坤成坎；坤五之乾五，坤二之乾二，則乾成離。義與荀氏升降不同。……然因其變化，遂得繁衍卦體，而便於求其欲得之象，則用意固致一也。……象數之穿鑿，大都如斯也。」〔註580〕是「之卦」之說，實不足據。虞氏謂「庖犧在乾五，動而之坤」只得水地比卦，與集解所引虞註坎卦辭云「乾二五之坤」成坎之重卦者，又自不同。又即使繫辭之「不殺」為「不衰」義，止以義理上言，何有其如斯繁瑣之卦象耶？得比卦矣，又焉能「反復不衰耶」？則屈氏言其象數之穿鑿大都如斯，愚亦同感。

（4）《朱子語類》曰，三十六宮都是春《易》，中二十八卦翻覆成五十六卦，惟有乾、坤、坎、離、大過、頤、小過、中孚八卦，反覆只是本卦，以二十八卦湊此八卦，故言三十六也。

△按：此惠棟案語引《朱子語類》三十六宮卦數之由。《朱子語類》載：問：「乾坤大過頤坎離中孚小過八卦，番覆不成兩卦，是如何？」曰：「八卦便只

〔註579〕見《周易異文考》，五洲出版社，民國64年12月版，頁131。
〔註580〕見同註579，頁136～137。

是六卦。乾坤坎離是四正卦，兌便是番轉底巽，震便是番轉底艮。六十四卦只八卦是正卦，餘便只二十八卦，翻轉為五十六卦（黎德清註：《學蒙錄》云：「自此八卦外，只二十八卦番轉為五十六卦。就此八卦中，又只是四正卦；乾坤坎離是也。」）。中孚便是大底離，小過是箇大底坎。」又曰：「中孚是箇雙夾底離，小過是箇雙夾底坎。大過是箇厚畫底坎，頤是箇厚畫底離。」（黎註：按：三畫之卦，只是六卦。即六畫之卦，以正卦八，加反卦二十有八，為三十有六，六六三十六也。邵子謂之「暗卦」。小成之卦八，即大成之卦，即大成之卦六十四，八八六十四也。三十六與六十四同）。

　　愚按朱子所語前舉八卦便是六卦，乃是以乾坤坎離兌巽震艮為例，因兌巽相反，震艮相反，故可為二卦耳，加四正卦便是六卦也。朱氏又云「六十四卦只八卦是正卦」，此八卦及正卦當指正反俱同之卦，即乾坤大過頤坎離中孚小過八箇卦也。而當非前者之八卦也。若以八「正卦」為乾坤坎離兌巽震艮，非特於理不通，且答非所問矣。

　　其八卦便只是六卦，乃就乾坤坎離兌巽震艮而言。黎註云「就此八卦中，又只是四正卦：乾坤坎離」合於乾坤坎離大過頤中孚小過八卦，而不合右之八卦，故其下朱氏又言「中孚便是大底離……」云云，乃謂中孚、小過為單卦坎離之陰陽爻各增倍而得之（如大壯卦由單卦兌之陰陽爻增倍而得之，故爻辭中屢有「羊」之象也）。又大過、頤乃由單卦之坎離，中間之陰陽爻各增為四倍而得之。故此四卦當可謂由乾坤坎離而來。

　　黎註：「三畫之卦，只是六卦。」是矣。而又云：「即六畫之卦，以正卦八，加反卦二十有八，為三十有六，六六三十六也」。其「正卦八」當亦為乾坤坎離大過頤中孚小過也。此三十六卦正反皆同。乾坤坎離四卦及兌巽相反之一卦、震艮相反之一卦合為六卦，其互相排列組合，即成三十六箇重畫，故云「六六三十六」也，而此三十六箇重卦，包括八箇正反相同之重卦及二十八箇兩兩相反之卦也。

　　邵康節曰：「體者八體，用者六變。是以八卦之象，不易者四，反易者二，以六卦變而成八也。重卦之象，不易者八，反易者二十八，以三十六變而成六十四也。」黃粵洲先生註曰：「八變而成八卦，是為體者，無反易、不反易之分。六變而成八卦，是為用者，則有反易、不反易之分。是以八卦之象，反復以觀：乾坤離坎，不易者四，兌反為巽，艮反為震，反者二。以反易之二，合不易之四，是為六變而成八卦，其言畫小成之卦乎？因而重之，重卦

之象，反復以觀：乾坤離坎頤中孚大小過，不易者八。兌巽艮震復剝夬姤之類，反易者二十八。以不易之八，合反易之二十八，是爲三十六變。而又合二十八於三十六，乃成六十四卦，其言六畫大成之卦乎？」〔註581〕黃氏所云「而又合二十八於三十六」，即朱熹所云「二十八卦番轉爲五十六卦」中復增二十八卦之數也。

邵康節曰：「天有二正，地有二正，而共用二變，以成八卦也。天有四正，地有四正，而共用二十八變，以成六十四卦也。是以小成之卦，正者四，變者二，共六卦也。大成之卦，正者八，變者二十八，共三十六卦也。乾坤坎離爲三十六卦之祖也，兌震巽艮爲二十八卦之祖也。」黃粵洲註曰：「乾兌離震，天之四象，而乾離爲正。坤艮坎巽，地之四象，而坤坎爲正。正者各二。其變，天用兌，地用巽，本一變。地用艮，天用震，又一變。凡二變，天地共用之。合四正與二變，乃以成八卦。乾離，天之二正，而肖乾則中孚，肖離則頤，合爲天，有四正。坤坎，地之二正，而肖坤則小過，肖坎則大過，合爲地，有四正。皆反覆視之，而不可易也。正也。其變則二十有八，如天用夬，地用姤，夬反爲姤。地用剝，天用復，剝反爲復之類。合八正與二十八變，乃以成六十四卦。故小成之卦六，前正者四、變者二是也。大成之卦三十六，後正者八、變者二十八是也。其三十六卦，祖乾坤坎離，不變者生變。其二十八卦，祖兌震巽艮，變者又互生變也。」〔註582〕

黃粵洲云：「肖乾則中孚，肖離則頤……肖坤則小過，肖坎則大過。」與朱熹所云：「中孚便是大底離，小過是箇大底坎……中孚是箇雙夾底離，小過是箇雙夾底坎。大過是箇厚畫底坎，頤是箇厚畫底離。」稍異。黃氏以中孚肖乾、小過肖坤，似不如朱子之說。由黃氏註邵氏之語，吾人可知此所謂「四正」非孟氏六日七分圖之「四正」也，乃正反相同卦，乾坤坎離是也。「八正」亦指正反相同卦也，朱熹云「六十四卦只八卦是正卦」，黃氏所云「以正卦八」，皆指乾坤坎離大過頤中孚小過是也。

屈萬里曰：「六十四卦，以反對爲序（乾、坤、頤、大過、坎、離、中孚、小過八卦，不能反對，則以陰陽交爲序）。〈象傳〉即以反對之義說之。……右舉各卦，〈象傳〉皆以反對爲義。……之外曰往，反內曰來。一倒轉而往來之義見，非有他義也。……按泰否反對，泰卦辭曰：『小往大來。』否卦辭曰：

〔註581〕見《皇極經世書緒言》卷七上，中華書局，頁29～30。
〔註582〕見同註581，頁30～31。

『大往小來。』……知經文固有反對之義，然以之說全經，則泥矣。」〔註583〕
《帛書周易》未見象傳，且其六十四卦以「父母六子」爲序而排列。愚以爲經
文固有反對之義，如泰否卦辭之「往來」是也。其另一傳本，或後生將帛書六
十四卦排法改易，而有今世傳本之排法。故象傳以反對爲義者，乃因之而生焉。
邵康節所云六十四卦生成之義，頗得其旨，雖有所闡發，離本義不遠矣。

　　總案：此例始於虞翻註《易》之文（見條（2）），而其義則取於乾〈象傳〉
「終日乾乾，反復道也」（見條（1））。條（2）載頤乃「晉四之初」而來。例十
四又謂小過乃晉上之三而來，大過由訟上之三，中孚由訟四之初而來。云「此
四卦與乾坤坎離反復不衰，故不從臨觀之例。」與《朱子語類》所載「中孚便
是大底離……」云云者異（見條（4）愚按所引）。夫「之卦」之不可取，愚論
之於例十四矣。然則，觀世傳周易六十四卦之排法，較切近於邵子所云生成之
義矣（見條（4）愚按）。故條（2）虞註以「之卦」言卦之所由，愚不取焉。條
（3）虞註顯有穿鑿之弊，愚亦不居。條（4）惠棟案語，言六十四卦之所由，
與條（3）「晉四之初」不相容矣，惠棟未能察焉，則一身而二首，不知所適矣。

六七、半　象

（1）虞註需卦曰：大壯四之五。九二，需于沙，小有言。虞註云：大壯，震
　　爲言，四之五，震象半見，故小有言。

△按：虞氏變卦；謂需自大壯來，故以大壯爲說。大壯上震下乾，四變之五，
則四成陰，五成陽；「震象半見」乃指需卦三四爻也。然惠棟所引虞註，「震
爲言」下本有「兌爲口」〔註584〕三字。豈惠氏刪節之？抑遺漏耶？屈萬里先
生於此條解說亦有誤。〔註585〕

（2）又註需〈大象〉曰，二失信，變體噬嗑，爲食，故以飲食（二變初爲半
　　震）。

△按：「信」字，集解本作「位」，宜從之。李道平曰：「二失位，變之正，初
至五，體象噬嗑。雜卦曰：噬嗑，食也，故曰食。」〔註586〕然則，李氏以爲

〔註583〕見同註577，頁2。
〔註584〕見《周易集解纂疏》，廣文書局，民國68年6月版，頁122。
〔註585〕參見《先秦漢魏易例述評》，學生書局，頁130。
〔註586〕見同註584，頁121。

初二爲震半象，初至五互體噬嗑也。

（3）又註訟六三曰，乾爲舊德，食謂初、四、二已變之正，三動得位，體噬嗑食，四變食乾，故食舊德。

△按：虞氏以爲初、四、二變之正，而三動得位，然則初至四皆失位不正也。依筮法，爻動即所謂變也。依《易例》，「之正」即「得位」也。又李道平曰：「謂初四者，初與四易位。……變食乾者，四變則乾體壞，如日有食之，月有食之，故云食乾也。」象例同（2）。

（4）註豫卦辭曰，三至上體師象，故行師。

△按：此謂豫六五、上六爲坤之半象也，故三至上體師象。

（5）註訟初六云，初四易位，成震言，三食舊德，三象半見。

△按：李道平曰：「初與四應，易位成震，震聲爲言，三合二，震象半見。」〔註587〕然初四易位成中孚，二至四即體震也，何以李氏謂「三合二，震象半見」耶？又此曰「三食舊德」，條（3）曰「四變食乾，故曰食舊德」似有矛盾也。

（6）註小畜卦辭云，需上變爲巽，上變爲陽，坎象半見，故密雲不雨。

（7）註晉上九曰，動體師象。

△按：條（6）云小畜乃由需上六變上九得之，坎變巽，故坎象半見，是其意也。條（7）謂晉上九爻動成豫，上六、六五爲坤之半象，三至五爲坎，是三至上體師象。

（8）註益六二曰，三乾（當作變）折坤牛，體噬嗑食，故王用享于帝（亦謂震半象）。

△按：集解本「乾」作「變」是也。「三變折坤牛」者，二至四爲坤，三動成坎，是折坤牛也。初九、六二爲震之半象，三至五爲離，是體噬嗑食也。

（9）　《說文》谷字下云，泉出通川爲谷，水半見，出於口。又片字下云，判木也，半木。俎字下云，半肉，布且上。大畜九三曰，二已變，三體坎，二至五體師象（謂坤半象）。

△按：集解本「三體坎」作「三在坎中」當是。六四、六五，虞謂坤之半象，一如惠註所云。惠棟引說文谷、片、爼字之釋，以合半象之說。然卦象與字形本已不同。字形省略猶可辨識，卦象取其半則難識。

　　總案：屈萬里云：「推其用意，不過爲繁衍卦體，以便廣牽象數耳。然纖巧支離，殊無當於經旨。焦循已辭而闢之：焦循《易圖略》論半象曰：『虞翻解小有言爲震象半見，又有半坎之說。余以爲不然。蓋乾之半亦巽兌之半，坤之半亦艮震之半。震之下半，何異於坎離之半？坎之半，又何異於兌巽艮之半？……半象之說興，則履姤之下，均堪半坎；師困之下，皆可半震。究何從乎？』學者其勿惑焉！」〔註588〕其言甚是。又條（1）虞氏云「四之五」。條（2）云「二失位變體噬嗑」。條（3）云初四互位，二變之正，三動得位，四變食乾。條（5）同條（3）云初四易位。條（6）云上變。條（8）云三變。則依此，每爻皆可變。豈吾人可隨意變之，以曲就合意耶？惠氏引半字爲說，誤矣。

六八、爻變受成法

（1）家人上九曰，有孚威如，終吉。虞註云，謂三已變，與上易位成坎，坎爲孚，故有孚。乾爲威如，自上之坤，故威如。易則得位，故終吉也。象曰，威如之吉，反身之謂也。虞註云，謂三動（三得正而動，與上易位，此受成法也）。坤爲身，上之三，成既濟定，故反身之謂。此家道正，正家而天下定矣。

△按：此惠棟引虞註家人上九爻辭及象傳，以明此「爻變受成法」之例。屈萬里曰：「按家人上巽下離，三陽爻變爲陰爻，而三仍爲陽爻。上成陰爻，則上體爲坎。三已變而上未之三時，則二至四爻體坤。上已之三，則上坎下離，成既濟矣。」〔註589〕其言甚詳矣。

（2）漸初六曰，鴻漸于干，小子厲，有言，无咎。虞註云，艮爲小子，初失位，故厲。變得正，三動受上成震，震爲言，故小子厲，有言，无咎也。上九鴻漸于陸。虞註云，陸謂三也，三坎爲平，變而成坤，故稱陸也。

△按：此惠棟引虞註用「爻變受成法」以釋漸初六、上九之義。屈萬里曰：「按

〔註588〕見同註585，頁131。
〔註589〕見《先秦漢魏易例述評》，學生書局，頁148。

－260－

漸上巽下艮，三變則下體成坤。初變後三再變，則下體成震。」〔註590〕其言甚詳。「三坎為平」者，乃二至四互體坎，三值其間也。依爻等五行納支諸法。九三世爻值子女，王洪緒云凡占禽鳥以子女爻為用神，又值互體坎中，坎為水，故取「鴻」之象。說文：「鴻，鵠也。從鳥江聲。」由聲義同源之例觀之，此「江」之聲符亦兼義也，且合「漸」之部首「水」之義也。段註：「鴻之言鴻也，言其大也，故又單呼鴻。雁之大者曰鴻，字當作鴻而假借也。」《帛書周易》作「鴻」，則段氏之言是矣。是鴻字本作「鴻」也。而其為雁之大者，雁為水鳥，人稱「候鳥」是也。初六曰「鴻漸于干」者，乃以爻位視之。朱熹云：「干，水涯也，始進於下。」〔註591〕是也。「小子厲」者，「小子」蓋取陰爻居初也；「厲」者，以其初六辰土兄弟受世月寅木剋，故曰「厲」。其救神為九五父母巳火，父母者，長輩之用爻也。高亨云：「鴻為水鳥，進於水岸，固無不可，其在成人，進於水岸，亦無不可，若在小子，進於水岸，則有落水之虞，危矣。若有大人訶譴之，則不及於險，可無咎，故曰：鴻漸於干，小子厲，有言，無咎。」愚以為高亨之解可矣，然本當分作二事物。因所占事物之異，而得卦爻相同，故得列入同爻之下。如《詩·關雎》云：「關關雎鳩，在河之洲；窈窕淑女，君小好逑。」前二句為起興筆法，而主題在後二句，前後可無關聯也。而漸初至上爻皆有「鴻」之辭，固有其象矣，而整理此漸卦經文者，當亦運用二種不同事物，而行韻文焉。

　　然高亨云小子危，而有大中訶責，則不及於險，可無咎，頗合愚以納支爻等之解也。上九「陸」字，朱熹云：「胡氏程氏皆云；陸當作逵，謂雲路也。今以韻讀之良是。」〔註592〕《帛書周易》仍作「陸」，則當漢時已誤矣。

（3）又曰，其羽可用為儀，吉。虞註云，謂三變受成既濟，與家人〈象〉同
　　義。上之三得正，離為鳥，故其羽可用為儀，吉。三動失位，坤為亂，
　　乾四止坤，〈象〉曰不可亂，〈彖〉曰進以正邦，為此又發也。三已得位，
　　又變受上，權也。孔子曰，可與適道未可與權，宜性焉。

△按：此惠棟引虞註漸上九爻辭，以明「爻變受成」之法。「性」字誤，集解本作「怪」。「羽」者，殆取象於巽卦也。巽者，柔物之屬也。屈萬里曰：「二

〔註590〕見同註589。
〔註591〕見《周易本義》，皇極出版社，民國69年10月版，頁188。
〔註592〕見同註591，頁190。

－261－

既變則三至五體艮，而初至三爲坤，故曰止坤（『乾四止坤』乾疑艮字之）。初已變，三再變而受上，斯成既濟矣。」〔註593〕其言已詳。依爻等納支諸法，漸上九値卯木官鬼，官鬼乃祭祀之用爻也。高亨云：「《周禮》舞師：『掌教兵舞，帥而舞山川之祭祀；教帗舞，帥而舞社稷之祭祀；教羽舞，帥而舞四方之祭祀。教皇舞，帥而舞旱暵之事。』……儀者文舞所執，以羽爲之。其羽可用爲儀，言鴻羽可用作舞具也。」〔註594〕故此爻辭乃言以羽爲祭舞之飾物也。

（4）漸〈象傳〉曰，進以正，可以正邦也。其位剛得中也。虞註云，謂初已變爲家人，四進已正，而上不正。三動成坤，爲邦。上來反三，故進以正可以正邦。其位剛得中，與家人道正同義。三在外體之中，故稱得中。乾文言曰，中不在人，謂三也。此可謂上變既濟定者也。

△按：此惠棟引虞註漸〈象傳〉之文。漸卦第四爻已爲「正」矣，不當曰「進」。象傳云「進已正」者，朱熹云：「九進居五，皆爲得位之正。」〔註595〕屈萬里曰：「所謂『進得位』『進以正』者……就其倒轉爲說也。」〔註596〕然則，漸由歸妹之倒轉得來，九五進以正位。漸卦辭曰「女歸吉」亦與「歸妹」同義，是屈氏之言頗得《易》旨。「其位剛得中」者，指九五非九三也，朱熹云：「以卦體言，謂九五也。」〔註597〕是也。虞氏也「三在外體之中」亦不確也，三四爻稱中，乃以重卦整體視之。

總案：屈萬里曰：「按虞氏《易例》，凡六爻不正者，皆當變而之正，謂之成既濟定。凡爻之已正者，則不變。乃三變受上者，三本當位，又必使變爲不當，而與上易位，不亦自亂其例乎？乃以『權』解嘲，所謂遁辭知其所窮矣。況虞氏此說，將謂凡三上爲陽爻之卦，皆當三變受上乎？抑獨用於家人及漸二卦乎？若謂獨用於此家人漸二卦，則應詳其獨異之故；若謂凡三上爲陽爻之卦，三皆當變而受上，則乾、小畜、同人、大有、蠱、賁、大畜、離、遯、姤、井、鼎、艮、旅、巽等卦，何不準此例而爲說乎？」甚言甚詳矣。

〔註593〕見同註589，頁148。
〔註594〕見《周易古經今註》，樂天出版社，民國63年2月版，頁186。
〔註595〕見同註591，頁188。
〔註596〕見同註589，頁139。
〔註597〕見同註591，頁188。

六九、諸卦旁通

乾〈文言〉曰，六爻發揮，旁通情也。陸績注云，乾六爻發揮，變動旁通於坤，坤來入乾，以成六十四卦，故曰旁通情也（旁通如乾與坤，之與鼎，蒙與革之類）。

△按：此條惠棟引陸績語以釋文言傳「六爻發揮，旁通情也」之義。屈萬里曰：「旁通者，謂兩卦相比，爻體互異；此陽則彼陰，此陰則彼陽，兩兩相通也。說亦創自虞翻。」〔註598〕然觀陸績註語，止不過為乾陽爻變動與坤陰爻互換，以成六十四卦者，一如李銳所云：「乾二五之坤成坎，坤二五之乾成離。坎離者，旁通之本也。」〔註599〕是與「之卦」或「變卦」之例相混淆矣。愚察《周易虞氏略例》所載及《先秦漢魏易例述評》所載虞翻註文，皆類惠棟所云：「旁通如乾與坤，屯（之字誤）與鼎，蒙與革之類。」其小畜與豫旁通，謙與履旁通，即明儒來之德所謂「錯卦」，〔註600〕合屈萬里先生所言之語也。屈萬里先生又云：「今按旁通之名，蓋取於乾文言傳：『六爻發揮，旁通情也』之語。實則揮者動也。六爻發揮，即『變動不居，周流六虛』之義。旁通情者。即『以類萬物之情』。蓋旁猶普也。『爻象以情言』，故六爻發動，可以普通萬物之情也。』，故六爻發動，可以普通萬物之情也。虞氏取其名而變其義，已違文言傳之旨。」〔註601〕惠棟失察，又引陸績混「之卦」之語以釋文言傳，已失虞翻「旁通」例原旨矣。

七十、旁通卦變

（1）小畜，亨。虞註云，與豫旁通，豫四之坤，初為復，復小陽潛，所畜者小，故曰小畜。初九，復自道，何其咎，吉。虞註云，謂從豫四之初成復卦，故復自道。出入无疾，朋來咎，何其咎吉。乾稱道也。九二，牽復，吉。象曰，牽復在中，亦不自失也。虞註云，變應五，故不自失。九三，車說輹。虞註云，豫坤為車、為輹。至三成乾，坤象不見，故車說輹。六四，有孚，血去惕出，无咎。虞註云，豫坎為血、為惕。惕，憂也。震為出，變成小畜，坎象不見，故血去惕出。得位承五，故无咎

〔註598〕見《先秦漢魏易例述評》，學生書局，頁133。
〔註599〕見周易虞氏略例，頁12，廣文書局，頁24。
〔註600〕見《兩漢十六家易註闡微》，五洲出版社，民國64年12月版，頁65。
〔註601〕見同註598，頁134～135。

也。

△按：此條惠棟引虞註，以「旁通」及「卦變」諸例合釋小畜卦也。甲、虞註「小畜亨」云云，既以旁通豫卦釋之，又引「升降」例，謂豫九四之坤初成復卦，復初九陽氣尙未盛，又有潛象，曰「小畜」，此其義也。而例五十「乾升坤降」及例三六「升降」，愚已論其缺失，於爻之互置之法，不合理也。且此文虞義，已與泰否二卦辭所載「陽大陰小」之義相背也。依朱熹云：「小，陰也。畜，止之之義也。上巽下乾，以陰畜陽。又卦唯六四一陰，上下五陽皆爲所畜，故爲小畜，又以陰畜陽，能係而不能固，亦爲所畜者小之象。」〔註602〕愚以納甲納支六親諸法，得小畜亡四值未土妻財。〈高堂隆議臘用日〉云：「土始於未。盛於戌，終於辰。」〔註603〕是土之財氣未盛之象，故曰「小畜」。由此內因外緣，則虞說當不可據也。乙、虞註小畜初九云云。屈萬里先生評之云：「又況本小畜卦也，而乃以豫說之；豫又不足，更及於復。……，展轉牽引，將無窮極；甲乙株連，有同冤獄。」〔註604〕不謂無理。依五行、爻等諸法，小畜初九動，其世爻小子父母變成巽卦初九丑土妻財，子與丑合，故有「復」之象也。「復自道」者，即「自道而返」之義也。巽卦世在上，從小畜世爻在初而變爲巽之上，亦有「復」之象也。丙、虞註小畜九二云云。「變應五」者，即小畜九二變爲陰爻，成家人卦，六二與九五相應也·爻辭曰「牽」者，《說文》：「牽，引而前也。從牛，冂象引牛之縻也。」依五行、爻等諸法，小畜九二值寅木兄弟，動變爲家人六二值丑土妻財，王洪緒云：「十一地支所屬，丑土牛。」〔註605〕且丑與小畜九四未土應爻相沖，而與初九世爻子水相合，〔註606〕是從彼處，牽牛返於此處也。其象有失而復得之象，故〈象傳〉曰「亦不自失也」。虞註「變應五」者，亦合〈象傳〉相應之例矣。丁、虞註九三云云。爻辭「車」字，註疏本及《周易本義》作「輿」。說文：「車，輿輪之總名也。」又：「輿，車底也。」徐芹庭曰：「是以車爲正字。」〔註607〕《帛書周易》亦作「車」是也。爻辭「輹」字，註疏本及《周易本義》作「輻」，徐芹庭曰：「輹、輻二字蓋通用字也。《說文》解輹爲『車軸縛』，解輻爲『輪轑也』，是二字義別。車軸縛則可脫（即經

〔註602〕見《周易本義》，皇極出版社，民國69年10月版，頁48。
〔註603〕見《易漢學》，卷五，《惠氏易學》，廣文書局，民國60年1月版，頁1168。
〔註604〕見《先秦漢魏易例述評》，學生書局，頁135。
〔註605〕見《卜筮正宗》，卷一，頁1，宏業書局，民國74年3月版，頁2。
〔註606〕見同註605。
〔註607〕見《周易異文考》，五洲出版社，民國64年12月版，頁29。

文之說），輪轑在轂與牙之間，所貫牙轂者，乃不可脫之物，故作輹為正字，作輻為通假字也。」〔註608〕高亨云：「焦循曰：『輻當作輹』亨按焦說是也。」〔註609〕是文作「車說輹」為正。〔註610〕惠棟於此，亦採《集解》本虞翻之辭也。虞註以小畜之旁通豫卦內卦坤象為車為輹。說卦傳第十一章云：「坤為大輿。」是其象可得而說也。然其曲取旁通內卦坤，又謂至三初二三皆變成乾，而謂之坤象不見。「九三」者乃陽爻動變陰爻也，烏干於坤之陰爻變陽爻耶？若此，何不於豫六三以為此辭？且依《左傳》占筮之例，小畜九三，謂小畜之中孚也，即止於第三爻動，陽爻變陰爻也。戊、虞註六四云云。說卦傳云：「坎其於人也，為加憂，為心病。為血卦。」是豫之三至五互體坎卦，故「豫坎為血、為惕」可得而說也。〔註611〕然「震為出，變成小畜，坎象不見。」是取旁通卦則已，何又復變回小畜以為說耶？且小畜六四者，依左傳占例，為小畜之乾，即止於第四爻動，陰爻變陽爻也。而豫為小畜之旁通卦不曰變，反以豫之小畜曰變耶？其意竟以旁通豫卦變回小畜之第四爻曰六四矣。其虞註九二曰：「變應五，故不自失。」止一爻變是也，而註九三、九四卻曲取旁通豫卦，豈非厚此薄彼？且九二既然失位當變，而六四得位卻不變，直以承五，是與《易》占法相違矣。

（2）履虎尾，不咥人，亨。虞註云，與謙旁通，以坤履乾，以柔履剛，謙
　　坤為虎，艮為尾，乾為人，乾兌乘謙，震足蹈艮，故履虎尾。兌悅而
　　應虎口，與上絕，故不咥人。〈彖傳〉曰，剛中正，履帝位而不疚，光

〔註608〕見同註605。
〔註609〕見《周易古經今註》，樂天出版社，民國63年2月版，頁34。
〔註610〕見同上。高亨云：「說，說文引作脫，並借為挩。說文：『挩，解挩也。』脫
　　　　說挩同聲系，古通用。」愚謂其字根「兌」原含眾義，後遂增加形符以分別
　　　　義。又以音近，可以通假也。說卦傳：「兌以說之。」又曰：「說言乎兌。」
　　　　朱熹本義於二文皆註曰：「說，音悅。」說卦傳又云：「說萬物者，莫說乎澤。」
　　　　此「說」字疑作「脫」解。則知「兌說悅脫挩」五字取象相同，皆源於兌卦
　　　　也。是卦象有歸納文字形體之作用也。
〔註611〕依文法「血去惕出」之「血」與「惕」對，皆做動詞，徐芹庭亦謂此「血」
　　　　字為「恤」之古文也（見周易異文考，頁29）。又需六四爻辭：「需于血。」此
　　　　「血」字作名詞。說卦傳曰：「坎為加憂，為血卦。」是「恤」義為「憂」也，
　　　　其本字為「血」，則此二字取象，本當歸諸坎卦。然審周易爻辭，除上爻有血
　　　　之例，不見於坎卦之中也。此小畜六四、需六四皆有「血」字，而皆在互體
　　　　離卦中，愚謂坎離互為旁通卦也，既然坎中滿為血卦，則離中虛為血管矣；
　　　　又「血」為「恤」之本字，故二卦皆有「血」之象犬。其理猶虞翻所舉「震
　　　　巽特變」之例，說卦傳：「巽，其究為躁卦；震，其究為蕃鮮。」是也。

明也。虞注云,剛中正,謂五。謙震為帝,五帝位,坎為疾病(謙坎),乾為大明。五履帝位,坎象不見,故履帝位而不疚,光明也。〈象〉曰,上天下澤,履,君子以辯上下,定民志。虞注云,乾天為上,兌澤為下,謙坤為民,坎為志・謙時坤在乾上,變而為履,故辯上下,定民志也。

△按:此惠棟引虞註履卦辭、〈彖傳〉、〈象傳〉,以明旁通卦變之義。甲、依〈彖傳〉通例,履〈彖傳〉曰:「履,柔履剛也,說而應乎乾。是以履虎尾,不咥人,亨。」說即兌也。兌柔而乾剛,是「柔」指履內卦兌也,「剛」指外卦乾也。朱子曰:「以兌遇乾,和說以躡剛強之後。」〔註612〕是以知朱子乃以內外卦分言其卦德及剛柔也。愚竊謂「柔履剛」者,亦可以爻觀之。即六三之柔,履五剛爻也。又六三爻辭復言「履虎尾」,然則虎尾指六三之象,明矣。故虞註履卦辭,有附會之嫌,愚不取焉。乙「、履帝位而不疚,光明也」之「疚」,當不作「疾病」解,應作「慚愧」義,因所謂「光明」者,乃心地光明,故無所愧疚也。孔疏:「不有疾病。」爲中和二者之說之變通辦法。而虞翻直以作「疾病」義,非也。其云「五履帝位,坎象不見」,乃以履之旁通謙卦,二至四爻互坎卦,又變回履卦,九五剛中正而履帝位,坎復變離,故坎象不見。然觀〈象傳〉,未曾有如是之繁瑣。王弼曰:「言五之德。」〔註613〕朱熹云:「又以卦體明之,指九五也。」〔註614〕今從之。丙、〈象傳〉曰:「上天下澤,履,君子以辯上下,定民志。」朱熹說得好,其言曰:「天在上,澤在下,上下之正理也。人之所履當如是,故取其象而爲履。君子觀履之象,以辯別上下之分,以定其民志。夫上下之分明,然後民志有定。民志定,然後可以言志。民志不定,天下不可得而治也。」〔註615〕而君子如何推己及人?必如中庸第十四章所載:「君子素其位而行,不願乎其外。素富貴,行乎富貴。素貧賤,行乎貧賤。素夷狄,行乎素狄。素患難,行乎患難。君子無入而不自得焉。在上位,不陵下,在下位,不援上,正己而不求於人,則無怨。」夫治人與被治者若皆各守其份,各值其位,則紛亂將息,始可言治。此履〈象傳〉之義也如是。虞註「謙坤爲民」云云,愚不取也。

〔註612〕見同註602,頁52。
〔註613〕見《周易王韓註》,第一書店,民國63年12月版,頁11。
〔註614〕見同註602,頁52。
〔註615〕見同註602,頁52~53

（3）大有元亨：虞註云，與此旁通。〈彖傳〉曰，其德剛健而文明，應乎天而時行，是以元亨。虞註云，大有通比，初動成震為春，至二兌為秋，至三離為夏，坎為冬，故曰時行，以乾亨坤，是以元亨。初九无交害，匪咎，艱則无咎。虞註云，初動震為交，比坤為害，艱難謂陽動比初成屯，屯，難也，變得位，難則咎。九二，大輿以載，有攸性，无咎。虞註云，比坤為大車，乾來積上，故大輿以載（比變成大有，故乾來積上）。

△按：甲、〈彖傳〉言「時行」者，非止於大有卦。其損、益皆言「與時偕行」，遯、小過皆言「與時行也」。言「四時」者，有豫、觀、恆、革、節。另言時中、時義之卦亦不少，足以見非專於某一卦也。又虞註以爻動之序，言四時之變化，然其以秋在夏之先，已違四時之序，餘不必觀矣。乙、虞註大有初九云「初動震為交」，當指比卦而言：「變得位」亦然。實則，不必如斯之曲求。夫大有初九既已得位，動變成陰，與四相應，當從此義。且高亨云：「交害猶言相賊也。」〔註616〕其言甚是。若依虞翻字字皆有卦象，豈非又以震為「相」，坤為「賊」耶？丙、〈說卦傳〉曰：「坤為大輿」。然則，虞註大有九二曰：「比坤為大車」，猶可得說。而惠註云：「比變成大有，故乾來積上。」乃畫蛇添足之言。按爻等五行諸法，大有卦身為寅木妻財，今值九二，有載財貨之象也。又九三世爻值父母。王洪緒云凡占舟車，以父母爻為神。〔註617〕今世為卜問者之用爻也，值父母，是坐於車輿中有所往也。愚疑爻辭所指，非專就一爻之象而說，當於他爻有所所牽涉也。虞翻曰「乾來積上」釋「以載」，然〈彖傳〉但曰「積中」，而不言「積上」。

總案：徐芹庭曰：「凡此卦與彼卦旁通，則此卦之義互見於彼。如師與同人旁通，而同人言大師克相遇。渙與豐旁通，豐言遇夷主，而渙言匪夷所思。」〔註618〕愚謂「用九、用六」即乾坤旁通也。乾六爻俱變，旁通於坤，故曰「見群龍無首」。坤六爻俱變，旁通於乾，故曰「利永貞」。又坎為血卦，而需六四爻辭曰：「需于血。」是需三至五體離，旁通成晉之體坎也。小畜六四爻辭曰：「血去惕出。」同其理。愚又謂離中虛，是為向血之象，坎中滿，是為血液之象。此合《老子》以無為用之道理。《老子》第十一章曰：「有之以為利，無之以為用。」離之無，即坎之有；離之虛，即坎之實；故二者相得而益彰。

〔註616〕見《周易古經今註》，樂天出版社，民國63年2月版，頁53。
〔註617〕見《卜筮正宗》，卷三，頁10，宏業書局，民國74年3月版，頁20。
〔註618〕見《兩漢十六家易註闡微》，五洲出版社，民國64年12月版，頁65。

是《易》固有旁通之理也,然虞翻註小畜六四云豫變成小畜,坎象不見者,已離本義遠矣。其泰初九爻辭云:「拔茅茹以其彙。」否初六亦然。是又爲旁通之例證矣。

七一、旁通相應

(1)睽〈彖傳〉曰,說而麗乎明,柔進而上行,得中而應乎剛。虞註云,剛謂應乾五伏陽,非應二也。與鼎五同義。

△按:此惠棟引虞註釋睽〈彖傳〉文,以陰五之飛應陽五之伏,謂之「旁通相應」。詳見例四三條(5)愚按。

(2)鼎元吉,虞註云,柔進上行,得中應乾五剛,故元吉亨也。

(3)又〈彖傳〉曰,柔進而上行,得中而應乎剛,是以元亨。虞註云,柔謂五得上中,應乾五剛。巽爲進,震爲行,非謂應二剛,與睽五同義也。

△按:條(2)虞註引鼎〈彖傳〉文而稍變其義以釋鼎卦辭。條(3)惠棟引虞註釋鼎〈彖傳〉文義。參見例四二條(6)。

　　總案:此例所引皆不合〈彖傳〉通例,故不可取。而條(1)所舉,與「飛伏」實不相二,惠棟未指明其雷同也。

七二、震巽特變

(1)〈說卦〉曰,震爲雷,其究爲健,爲蕃鮮。虞註云,震巽相薄,變而至三則下象究,與四成乾(變至三則成巽,故下象究。二至四體乾,故與四成乾),故其究爲健,爲蕃鮮(鮮,白也。巽爲白。虞註巽九五云,蕃鮮,白,謂巽也)。巽究爲躁卦。躁卦則震,震雷、巽風无形,故卦特變耳。

△按:此惠棟引虞註〈說卦傳〉之文,以明「震巽特變」之因由。屈萬里曰:「虞氏以爲八卦中乾天、坤地、坎水、離火、艮山、兌澤,皆有形質,惟震雷巽風無形,故其卦特變。特變者,謂震變成巽,巽變成震;三爻俱變,與其他卦變之例不同也。」〔註619〕說文:「究,窮也。」是「其究爲健」之「究」

〔註619〕見《先秦漢魏易例述評》,學生書局,頁146。

乃狀態之詞，而非物質也。虞氏云「則下象究，與四成乾」分做二物觀之，非也。愚疑乾震二卦納支相同，且俱有龍馬之象，又震與乾皆爲陽卦，是震之卦德同乾，俱爲健也。故曰「其究爲健」。〈說卦傳〉云：「震其究爲鮮蕃。巽其究爲躁卦。」是知震巽互爲旁通卦，此卦與彼卦互爲根源也。以納甲、納支言之，震納庚、巽納辛，是庚辛相合得金。虞翻曰：「庚震辛巽，相得合金。」〔註620〕是也。又震初至上納子寅辰午申戌，巽初至上納丑亥酉未巳卯，二卦各爻，子丑、寅亥、辰酉、午未、申巳、戌卯各相合也。〔註621〕然則，說卦傳以震其究爲巽，巽其究爲震者，因二卦旁通且相合也。

（2）又曰，巽爲水，爲水，爲風，其究爲躁卦。虞註云，變至五成噬嗑，爲市，動上成震，故其究爲躁卦。明震內體爲專，外體爲躁。

△按：此惠棟引虞註，以釋說卦傳「巽其究爲躁卦」之義。〈說卦傳〉曰：「震爲決躁。」則，震本爲躁卦。而虞氏取巽變至五成噬嗑爲市，以解「躁」之由，蓋其以口吞食之聲狀及市場紛嚷之聲狀爲躁動也。此已失巽震旁通，以震爲巽之根源之義也。李道平：「自巽初變至上成震，故其究爲躁。」此言甚確。又曰：「震一陽靜于內，故內體爲專。四陽動于外，故外體爲躁。」〔註622〕然而何不言四陽靜而初陽動耶？

（3）《下經》恆六五云，恆其德，婦人吉，夫子凶。虞註云，動正成乾，故恆其德。婦人謂初，巽爲婦，終變成益，震四復初，婦得歸陽，從一而終，故貞婦人吉也。震，乾之子，而爲巽夫，故曰夫子。終變成益，震四從巽，死於坤中，故夫子凶也（恆與益旁通。諸卦旁通，則從旁通卦變，恆內震外巽之卦，故終變成益）。

△按：此惠棟引虞註，以釋恆六五爻辭之義。〔註623〕恆卦二至四已體乾，何必復言「動正成乾」以三至五爲乾耶？屈萬里曰：「按恆上震下巽，六爻俱變，則下體巽成震，上體震成巽，故爲益也。」〔註624〕李道平曰：「婦人謂初者，巽初陰也。巽，長女，故稱婦。恆變爲益，初四得正，震四復歸于初，是巽婦得歸震陽。震初爲一，巽四從初，故從一而終。襄三十年《穀梁傳》，婦人以貞爲

〔註620〕見《易漢學》，卷三，《惠氏易學》，廣文書局，民國60年1月版，頁1121。
〔註621〕見《增刪卜易》「六合章第十九」，《卜筮正宗》，卷一，頁1。
〔註622〕見《周易集解纂疏》，廣文書局，民國68年6月版，頁939。
〔註623〕引六五爻辭「德」「婦」之門缺「貞」字，宜補之。
〔註624〕見同註619，頁146。

行者也，故曰貞婦人吉也。震爲乾之長子，又爲元夫，故曰夫子。終變成益，反震爲巽，互乾爲坤，坤乙爲死魄，震四從巽婦，死于坤中，故曰夫子凶也。」〔註625〕「貞」字義當作「卜問」也，愚已論之於例七。按恆六五爻辭字面之義爲：以常久之道之事來卜問，則婦人吉而夫子凶。朱熹云：「以柔中而應剛中，常久不易，正而固矣。然乃婦人之道，非夫子之宜也，故其象占如此。」〔註626〕朱子曰「象占如此」是矣，但云「正而固矣」以釋「貞」字義，非本義也。愚謂恆內巽外震，本爲女主內男主外之象，若從虞氏「震巽特變」之法，則變成外巽內震之益卦，已違反女主內男主外之道也，是婦人與夫子皆凶也。上不合六五爻辭之義。愚謂當從六五爻動觀之。六五若不動，則恆外卦爲震，本爲吉兆；今動變成大過九五，其外卦爲兌陰卦。是震變爲兌，男從女之象，故恆六五〈象傳〉曰：「夫子制義，從婦凶也。」依爻等納支諸法，恆世月爲寅木兄弟，九五申金官鬼絕於寅，又被寅沖。申金之救神爲土財。凡占丈夫以官鬼爲用神，凡占妻妾以妻財爲用神。故曰「貞，婦人吉，夫子凶。」

（4）恆卦〈象傳〉云，利有攸往，終則有始也。虞註云，初利往之四，終變成益，終則有始，故利有攸往也。

△按：上惠棟引虞註恆〈象傳〉之義。虞氏之意，以恆內卦巽變爲震，復於外卦震變爲巽，是三之終爲四之始也。諸如此類益變成恆，及咸損二卦相變，否泰二卦相變，既濟、未濟二卦相變，皆可做如是說，且又與兩象易有相似之處也。

（5）又云，日月得天而能久照。虞註云，動初成乾爲天，至二離爲日，至三坎爲月，故日月得天而能久照也。

△按：此惠棟引虞註恆象傳。「動初成乾爲天」者，乃謂內卦巽變乾也。「至二離爲日」者，謂初既變，至二陽變陰，則內卦爲離也。「至三坎爲月」者，謂初二既變，至三陽變陰，則三至五體坎也。若此，則晉卦亦有成天日月之象也。又虞氏所言乃依次遞變至三，而四以上不變，顯非「震巽特變」。矧爻動無所謂依次遞變者。然則，虞氏所言，多附會己意耳。

（6）又云，四時變化而能久成。虞註云，春夏爲變，秋冬爲化。變至二離夏，至三兌秋，至四震春，至五坎冬至，故四時變化而能久成。

〔註625〕見同註622，頁404。
〔註626〕見《周易本義》，皇極出版社，民國69年10月版，頁123。

△按：此惠棟引虞註恆〈象傳〉。「坎冬至」之「至」衍，宜刪。其所變出之四時次序顛倒，餘不足論矣。又變至三無兌之象，依其意，竟以變至三，初已陰變陽，而二遇原成陽，此自亂其例，乖謬甚矣。

（7）上經小畜〈象〉云，小畜，亨。虞註云，與豫旁通，豫四之坤初為復，復小陽潛，所畜者小，故曰小畜。

△按：此惠棟引虞註小畜〈象傳〉，愚已論之於例七十條（1）甲矣。既為「震巽特變」，內卦乾不當變成坤，然其又浸於「諸卦旁通」「升降」也。

（8）又初九復自道。虞註云，謂從豫四之初，成復卦，故復自道。

（9）又九三車說輹。虞註云，豫坤為車、為輹，至三成乾，坤象不見，故車說輹。

△按：此二條虞註小畜爻辭，愚已論之於例七十條（1）。

（10）豫〈象傳〉曰，天地以順動，故日月不過，而四時不忒。虞註云，豫變小畜，坤為地，動初至三成乾，故天地以順動，過謂失度貳差迭也。謂變初至需，離為日，坎為月，皆得其正，故日月不過。動初時震為春，至四兌為秋，至五坎為冬，離為夏，四時為正，故四時不貳。通變之謂事蓋此之類。小畜，猶恆終變成益也。

　　案小畜內象巽，豫內象震，震巽特變，小畜從旁通之例，豫例變成。

△按：此惠棟引虞註豫〈象傳〉，並附以案語。此與條（5）（6）誤同，又此乃諸卦旁通卦變，非「震巽特變」也。

（11）蠱象云，先甲三日，後甲三日。虞註云，謂初變成乾（大畜）乾為甲。至三成離（賁），離為日。謂乾三爻在前，故先甲三日，賁時也。變三至四體離（噬嗑），至五成乾（无妄），乾三爻在後，故後甲三日、无妄時也（蠱體巽五震）。

△按：此惠棟引虞註蠱〈象傳〉。屈萬里曰：「按蠱上艮下巽，初變成大畜，則下體為乾；變至二成賁，下體為離；變三至四成噬嗑，則下體為震。」〔註627〕然則，虞註之文「至三成離」，「三」字訛，宜作「二」。由噬嗑之五變成无妄，則上體成乾。故曰「先甲三日，後甲三日」。甲者，乾納天干為甲。此

虞氏之意也。然而，乾卦內三爻納甲，而外三爻納壬，〔註628〕故「先甲三日，後甲三日」之文，非爲虞氏所云。

（12）下經巽九五云，初有終，先庚三日，吉。後庚三日。虞註云，震巽相薄，雷風形，當變之震矣。巽究為躁卦，故初有終。震，庚也。謂變初至二，成離（家人）。至三，成震（益）。震主庚，離為日，震三爻在前，故先庚三日，謂益時也。動四至五，成離（噬嗑）。終上，成震。震爻在後，故後庚三日也。巽初失正，終變成震得位，故吉。震究為蕃鮮白，謂巽也。巽究為躁卦，躁卦謂震也。與蠱先甲三日，後甲三日同義。

△按：此惠棟引虞註巽九五之文。〔註629〕愚謂巽九五爻動變蠱，而蠱〈彖〉言「先甲三日，後甲三日，終則有始，天行也」，巽九五亦曰「先庚三日，後庚三日」。是二者之關係甚密切。察《易漢學》，卷二，頁一載虞仲翔易「八卦納甲之圖」，〔註630〕除中宮戊己外，餘皆依次排列成圓圈。然則「先甲三日」謂辛、壬、癸；「後甲三日」謂乙、丙，丁；「先庚三日」謂乙、丙、丁；「後庚三日」謂辛、壬、癸。疑「三日」非天數為三，乃謂三箇天干之日也。而蠱彖曰「終則有始，天行也」亦合此圖所指，謂癸水氣之終為甲木氣之始，乃日月運行變化之象，故云。虞註所云，非也。

總案：集解引虞註云：「八卦諸爻，唯震巽耳。」〔註631〕然此例惠棟所引諸條，或濅於諸卦旁通卦變，或與「既濟定」「升降」相淆。是虞氏有矛盾之處，而惠棟有誤引之虞也。屈萬里曰：「按特變之說，不過謂震巽三爻俱變，與之正而或既濟定之義不同耳。然謂震雷巽風無形（按：見條（1）所引），姑無論說卦傳所列，震巽多有形之物；即以象象傳而論，巽亦為木，木豈無形者哉？況縱或震巽無形，又何為特變乎？更退一步言之，即使震巽果為無形，無形者果應特變，則凡有震巽之卦，應皆以特變言之。然屯下體震也，應變為巽；乃於六二註云：『三失位變，復體離。』震上下皆震，亦應變為巽也；乃六二亦註云：『三動離為羸蚌。』斯仍之正之義，何不用等變之例也？此類甚多，茲不遍舉。即此已足證其說之難通矣。」〔註632〕其言然也。「震巽

〔註628〕見《易漢學》，卷四，同註618，頁1137。
〔註629〕引巽九五爻辭，「吉」字置於文末。
〔註630〕見同註620，頁1107。
〔註631〕見同註622，頁939。
〔註632〕見同註619，頁147。

特變」按之條（1）引說卦傳之義，實爲震巽旁通相合也。而惠棟所引虞註諸條，如條（1）（2）（3）（6）（9）（10）（11）（12），乃取從下漸變而上；條（3）（4）（7）（8），又取「之正」「升降」「諸卦旁通」等例，實與說卦傳之旨相違也。

七三、君子爲陽大義

> 泰，小往大來。〈傳〉曰，君子道長，小人道消。否，大往小來。〈傳〉曰，小人道長，君子道消。則陽爲君子，陰爲小人明矣。故坤卦辭，君子有攸往，君子謂乾陽。

△按：此文各行上宜降一格，以其爲惠棟之案語行文之例也。惠棟引泰否兩卦之卦辭〈象傳〉，以釋「君子爲陽」之義。繫下第四章：「陽卦多陰，陰卦多陽，其故何也，陽卦奇，陰卦耦。其德行何也，陽一君而一民，君子之道也。陰二君而一民，小人之道也。」然則「君子道、小人道」者，乃指德行而言也。此就義理上解，乃陰陽二者比較以得之也，若直謂「陽爲君子，陰爲小人」則與例七五、七七所載相違，亦與坤卦辭「君子有攸往」之義不合。若此例成立，則一卦之爻，凡爲陽者皆君子也。然例七五條（8）云云，卻有君子、惡人、庸人之別，此不合理也。又例七五條（9）以陰爲君子，豈非與本例矛盾耶？又若例七五條（10）「陽失正爲庸人，陰失位爲小人」爲無誤，則本例當不可成立。至於坤卦辭言「君子有攸往」象傳云「柔順利貞，君子攸行。」〔註633〕朱熹云：「君子攸行，人之所行如坤之德也。」然則，依文法「君子有攸往」之目的格爲「柔順利貞」，即坤之德也。愚謂，君子者，指具有德行之人也。若依惠棟之見，以君子謂乾陽，則與坤象傳「先迷失道，後順得常。」之坤順從乾之義相悖矣。故知坤卦象之「君子」，乃泛稱耳，非乾陽或坤陰之謂也。

七四、說卦方位即明堂方位（缺）

△按：此例缺微引或案語。愚已論之於例四矣。此惠棟發明之例也。

七五、諸　例

（1）　自內曰往，自外曰來。內卦爲主。外卦爲賓，爲客。陽謂君子，陰爲

〔註633〕依押韻「柔順利貞，君子攸行」當爲連句。或曰「君子攸行」與「先迷失道」連句，非然也。

小人。初為隱（乾初九龍德而隱。又曰隱而未見），為潛（乾初九潛龍），為微（繫下曰，幾者動之微。虞註云，陽見初成震，故動之微。《易·乾鑿度》曰，天道三微而成著，謂一爻），為幾（虞註〈繫辭〉曰，幾謂初），為噴（〈繫辭〉探噴索隱。虞註云，噴謂初），為始、為深、為足、為趾、為履、為拇。二為大夫（《乾鑿度》），為家，為中和。四為三公（《乾鑿度》），為心，為疑。五為中和（《太玄》），為天子，為大君，為大人。上為宗廟（《乾鑿度》），為首，為角，為終。

△按：甲、「自內曰往，自外曰來」者，徐芹庭曰：「凡爻在內或由外而之內稱來，凡爻在外或由內而之外稱往。放虞翻註屯卦云：『之外稱往。』註履初九云：『在外稱往。』註復卦云：『在內曰來。』註咸九四云：『之內為來，之外為往。』此皆往來之例也。」〔註634〕合此說者，較明確者，有泰、否二卦。泰卦辭：「小往大來。」朱熹云：「小謂陰，大謂陽。言坤往居外，乾來居內。」〔註635〕否卦辭：「小往大來。」朱熹云：「蓋乾往居外，坤來居內。」〔註636〕愚謂泰否之辭，乃由卦象而明人事，然非卦卦皆如斯也。其爻辭有「往」字者，例如屯六三：「往吝。」咸九三：「往吝。」蒙初六：「以往吝。」履初九：「素履往。」泰九三：「往不復。」凡類是者，皆在內卦也。屯六四，「往吉。」晉六五：「往吉。」蠱六四：「往見吝。」睽上九：「往遇雨則吉。」凡類是者，皆在外卦也。其爻辭有「來」字者，例如：需上六：「有不速之客三人來。」蹇九五：「大蹇朋來。」困九四：「來徐徐。」豐六二：「來章。」坎六四：「突如其來如。」凡此皆在外卦也。坎六三：「來之坎坎。」困九二：「朱紱方來。」震初九：「震來虩虩。」六二：「震來厲。」兌六三：「來兌凶。」凡此皆在內卦也。「往來」二字在同一爻，有蹇初六：「往蹇來譽。」九三：「往蹇來反。」乃居內卦也。蹇六四：「往蹇來連。」上六：「往蹇來碩。」震六五：「震往來厲。」由以上諸爻辭，如知一卦內外皆有「往」字者，如屯卦。內外皆有「來」字者如困卦，故知，作爻辭或整理爻辭者，未有確定之「自內曰往，自外曰來」之例。而其或往或來，皆由占問者之立場而言也。卦辭之言「往」、「來」，或「往來」者，亦多由占問之立場而言也。〈彖辭〉之例，如渙〈彖〉：「剛來而不窮，柔得位乎外而上同。」朱熹：「甚變則本自漸卦。九來居二而得中。

〔註634〕見《兩漢十六家易註闡微》，五洲出版社，民國 64 年 12 月版，頁 60。
〔註635〕見《周易本義》，皇極出版社，民國 69 年 10 月版，頁 55。
〔註636〕見同註634，頁 59。

六往居三得九之位，而上同於四。」〔註637〕卦變之說，已辯明之例十四「虞氏之卦大義」及屈萬里之「《先秦漢魏易例述評》」一書之「荀氏卦變」、「虞氏卦變」二節。屈氏謂此漢《易》卦變之說，其例於經文及十翼，無可徵也。故愚不取焉。朱氏云：「九來居二而得中」尚通，而「六往居二得九之位，而上同於四。」乃與〈象傳〉「當位、得位」之例相背矣。然則渙〈象〉云「剛來而不窮」指九二，「柔得位乎外」指六四得位於外卦。「上同」者，李鼎祚引盧氏曰：「上承貴王，與上同也。」〔註638〕當取是意。故屈萬里於其「《先秦漢魏易例述評》」一書中〈象傳〉傳例」一節，曰「之外曰往」舉泰〈象〉、否〈象〉、蹇〈象〉（謂九五）、大壯九四象、晉六五象。又曰「反內曰來」，舉訟〈象〉（謂九五）、隨〈象〉（謂初九）、賁〈象〉（謂六二）、无妄〈象〉（謂初九）、解〈象〉（謂九二）、渙〈象〉（謂九二）、益六二〈象〉（謂損六五反為益六二），皆合其說。而屈氏之「之外曰往」即惠氏之「自內曰往」，「反內曰來」即惠氏之「自外曰來」也。屈萬里曰又云：「〈象傳〉皆以反對為義。……之外曰往，反內曰來。一倒轉而往來之義見，非有他義也。後世見有往來上下之文，遂創為升降、卦變之說。穿鑿紛紜，莫可紀極。詎知〈象傳〉說經，其平庸固如是哉？按泰否反對，泰卦辭曰：『小往大來。』否卦辭曰：『大往小來。』損益反對，損六五即益六二，其爻皆曰：『或益之十朋之龜。』夬姤反對，夬九四姤九三皆曰：『臀無膚，其行次且。』既濟未濟反對，既濟九二曰：『高宗伐鬼方。』未濟九四：『震用伐鬼方。』知經文固有反對之義，然以之說經文，則泥矣。又按明來知德，有錯綜之例，所謂綜者，即反對也。」又於「虞氏卦變」一節「成既濟定」條下云：「惟是〈象傳〉有當位不當位之辭，而無之正之義。所謂『進得位』『進以正』者，皆承上卦，就其倒轉為說，非謂本爻不正，當變之正，則成既濟，亦似是而實非者矣。」〔註639〕故知，依屈氏之意，渙〈象傳〉，「剛來而不窮，柔得位乎外而上同。」即節卦倒轉而為說也。屈氏以後句指六四，〔註640〕同愚之說也。又无妄〈象傳〉。「剛自外來，而為主於內。」朱熹。「為卦自訟而變，九自二來而居於初。」〔註641〕當不可從：「外」即指外卦，何以曰「自二」耶？依屈氏倒轉之說，適合象

〔註637〕見同註634，頁206。
〔註638〕見《周易集解纂疏》，廣文書局，民國68年6月版，頁651。
〔註639〕參見《先秦漢魏易例述評》，頁2～3、37～39、139。
〔註640〕見同註639，頁26。
〔註641〕見同註635，頁99。

文矣，是无妄從大畜倒轉以得之，是大畜上九，成爲无妄初九，故云。唯渙自節來，无妄自大畜來，於經文中，節在渙後，大畜在无妄前。而漸〈彖〉云「進得位」「進以正」，依屈氏倒轉之意，當從歸妹來，而歸妹來漸後。故屈氏云「所謂『進得位』『進以正』者，皆承上卦。」〔註642〕其「皆承上卦」當改作「皆承倒轉之卦」也。然倒轉爲說，於〈彖傳〉合，而不盡合經文也：屈氏云：「知經文固有反對之意，然以之說經文，則泥矣。」〔註643〕故「往來」之例，則始成〈彖〉〈象〉。經文之「往來」者，除泰否二卦外，多不可以倒轉反對爲說也。乙、「內卦爲主，外卦爲賓，爲客。」者，觀六四：「利用賓于五。」姤九二：「不利賓。」明夷初九：「主人有言。」睽九二：「遇主于巷。」豐初九：「遇其配主。「九四：「遇其夷主。」愚謂作爻辭或整理之者，未確立「內卦爲主，外卦爲賓爲客」也，其爲主或爲賓客，皆由占問者之立場而言。漢《易》有「世應」法，晁說之曰：「其進退以幾，而爲一卦之主者，謂之世。奇耦相與，據一起二，而爲主之相者，謂之應。」〔註644〕其言乃引論京房《易》學也。然則，漢《易》之視主客，或以「世應」矣。王洪緒云：「凡卦中世應二爻，世爲自己，應作他人。世應相生相合，是云賓主相投。」〔註645〕益以明世爲主，應爲賓也。无妄〈彖傳〉：「剛自外來，而爲主於內。」朱子曰：「貞爲事之主，悔爲事之客。」〔註646〕知惠棟言亦有自矣。丙、「陽爲君子，陰爲小人」者，其義與例七三「君子爲陽大義」同，宜合併之。丁、子、「初爲隱」者，惠註「乾初九龍德而隱」語出〈文言傳〉。「隱而未見」亦然。丑、「爲潛」者取自乾初九爻辭。寅、「爲微」者，惠註明取自〈繫下〉，虞註，及《乾鑿度》。卯、「爲幾」者，取虞註〈繫辭〉。辰、「爲嘖」亦然。巳、「爲始」者，合其例有：坤初六〈象傳〉：「陰始凝也。」恆初六〈象傳〉：「始求深也。」成蓉鏡曰：「按《爾雅·釋詁》，初，始也。故坤恆初皆稱始。《九家易》說坤曰初六始姤。虞仲翔說恆初六曰失位變之正，乾爲始。皆非也。」〔註647〕午、「爲深」者，惠棟蓋取自恆初六〈象傳〉：「始求深也。」未、「爲足」者，合其例有：剝初六：「剝床以足。」鼎九四：「鼎折足。」申、「爲趾」者，合其例者

〔註642〕見同註635，頁134～135。
〔註643〕見同註639，頁2。
〔註644〕見《中國學術年刊》第二期，民國67年6月版，頁11。
〔註645〕見《卜筮正宗》，卷三，頁11，宏業書局，民國74年3月版，頁21。
〔註646〕見《朱子語類》，文津出版社，民國75年12月版，頁1637。
〔註647〕見《周易釋文例》，廣文書局，民國63年9月版，頁25。

有：噬嗑初九：「屨校滅趾。」賁初九：「賁其趾。」大壯初九：「壯于趾。」
夬初九：「壯于前趾。」鼎初六：「鼎顛趾。」艮初六：「艮其趾。」酉、「爲履」
者，合其例者有：坤初六：「履霜。」離初九：「履錯然。」歸妹初九：「跛能履。」
或蓉鏡曰：「〈繫辭傳〉曰：近取諸身，足於身爲最下，故剝初六曰：『剝牀以足』
牀之足猶人之足也。《說文》：『止，下基也。象草出有阯，故以止爲足。』止，
古趾字也。噬嗑、賁、大壯、夬、鼎、艮初皆稱趾，猶剝初之稱足也。在足謂
之履，履亦曰屨。而履之所踐，亦曰履。荀慈明、虞仲翔輩不知此例，而於離
初九曰火性炎上，故初欲履錯於三。於歸妹初九曰，初無應，變成二坎爲曳，
故跛而履。鑿矣。」戌、「爲拇」者，合其例有：咸初六：「咸其拇。」唯解九
四：「解而拇，朋至斯孚。」未值初爻。《說文》：「解，判也。從刀判牛角。」
「而」，段註：「或可釋爲汝。」〔註648〕然則，「解而拇」即「割汝之拇」之義
也。是占者將遇此險象矣，而其下曰「朋至斯孚」，乃朋友來到，誤會冰釋也。
拇，朱熹於咸初六註云：「足大指也。咸以人身取象，感於最下，咸拇之象也。」
徐芹庭曰：「拇可解爲手大指，可解爲足大指也。初六位於卦下，當從馬、鄭、
虞、薛解爲足大指。」〔註649〕由朱徐二氏之言，咸初六：「咸其拇。」乃合「初
爲拇」之例。而解九四：「解而拇。」則未知其自。愚又惑焉，咸卦下體爲艮，
艮爲手，則咸初爻當爲手大指。解上卦爲震，震爲足，則解九四當爲足大指也。
豈其取反對之象耶？戊、子、「二爲大夫」者，見例四四「貴賤」例。丑、「爲
家」者，未詳，惠註始於虞翻也。寅、「爲中和」者，例二一「中和」例條（1），
惠棟云：「《易》二五爲中和」。故云。己、子、「四爲三公」者，與例四四條（1）
「三爲三公」之乾鑿度所載者異矣。丑、「爲心」者，爻辭合其例有：明夷六四：
「獲明夷之心。」旅九四：「我心不快。」不合例者有：益上九：「立心勿恆，
凶。」九五：「有孚惠心。」井九三：「爲我心惻。」艮六二：「其心不快。」九
三：「厲熏心。」依艮咸二卦以人身取象，則艮六四：「艮其身。」在艮九三：「艮
其限，列其夤。」之上，朱熹云：「限，身上下之際，即腰胯也。夤，膂也」〔註
650〕然則，「身」在腰臀之上明矣。咸九四：「朋從爾思。」朱熹云：「九四居股
之上，脢之下。又當三陽之中，心之象，咸之主也。」〔註651〕由以上得知，四

〔註648〕《帛書周易》大陸校本，《文物》，1984 年，第三期，〈馬王堆帛書六十四卦
　　　　釋文〉」，「而」字作「其」。
〔註649〕見《周易異文考》，五洲出版社，民國 64 年 10 月版，頁 65。
〔註650〕見同註 635，頁 187。
〔註651〕見同註 635，頁 119。

爻之位即心之部位也，其他各爻言「心」者，或指第四爻也。寅、「為疑」者，
成蓉鏡曰：「凡三四爻稱疑。」其著「疑」字者，有乾〈文言傳〉九四、豫九四
爻辭、賁六四〈象傳〉、損六三〈象傳〉、升九三〈象傳〉、既濟六四〈象傳〉。
〔註652〕故知第三爻亦有「疑」之象也。成氏曰：「疑於內外兩者之間，而或之
誼起焉，此易之通例也。」〔註653〕其言然也。庚、子、「五為中和」者，見例
二一「中和」例。惠註明此例始於《太玄經》也。丑、「為天子」者，見例四
四「貴賤」例。寅、「為大君」者，合其例者有臨六五爻辭及〈象傳〉。不合
者有師上六爻辭及〈象傳〉、履六三爻辭及〈象傳〉。愚竊以為，凡或貴或賤，
非特囿於《乾鑿度》所載之位，其容有伸縮也。且發言立場之異，占問卜筮
之別，外加各爻之際，形勢所趨，故非定於某爻也。卯、「為大人」者，此例
與條（11）「陰失位為小人」及例七七條（1）以六五為小人者，有所衝突之處
也。彼六五失位為小人，而此皆以五爻之位為大人，惠棟失察矣。辛、子、「上
為宗廟」者，見例四四「貴賤」例。丑、「為首」者，爻辭合其例而著「首」
字者有：比上六、離上九、既濟上六、未濟上九。寅、「為角」者，爻辭合其
例而著「角」字者有：晉上九、姤上九。卯、「為終」者，爻辭有：復上六、
家人上九、夬上六、需上六。象傳有：比上六、否上六、剝上九，夬上六。

（2）　六不居五（皆指乾五）。

△按：「升降」「既濟」例不可取，已明之於例三六、五一、五二、五七。是
陰爻實可居五也。

（3）　下為先、上為後。下為內上為外。

△按：依例四二條（3）《易》始於一」云云，是卦爻以下一爻為初爻也。驗
之乾漸咸艮諸卦之爻辭亦可知「下為先上為後」矣。屈萬里云：「凡卦上體謂
之外，下體謂之內。」其舉泰〈象傳〉：「內陽而外陰。」否〈象傳〉：「內陰
而外陽。」及妄、家人、旅、渙諸卦之〈象傳〉，皆載「內外」之文。〔註654〕
此正例也。又有變例，屈氏云：「三爻亦間曰外者，就其一體言。兌〈象傳〉：
『剛中而柔外。』謂三上兩爻皆柔，一在上體之外，一在下體之外也。」又
曰：「三四爻或又曰內者，則就通體之形勢言。中孚〈象傳〉：『柔在內而剛得

〔註652〕見同註647，頁18。
〔註653〕見同註647，頁20。
〔註654〕見同註639，頁36～37。

中。』內謂六三、六四。」〔註655〕屈氏又曰：「又按〈象傳〉或間以在本爻之上者爲外，在下者爲內，舉〈象傳〉意近而實不同，是應分別觀之也。」〔註656〕然則，「下爲先上爲後之例」始於爻辭「初二三四五上」也。「下爲內上爲外」始於彖象二傳。

（4）　陽爲存、陰爲亡。陽爲吉、陰爲凶。

（5）　陽爲吉、爲慶、爲喜、爲生、爲德、爲始、爲存。

（6）　陰爲凶、爲惡、爲殺、爲刑、爲終、爲亡。

△按：例三條（9）愚已論及「陰陽」之源流。「陰陽」觀念至於《易·繫辭》發展完成。經文止有中孚九二著有「陰」字，然非「陰陽」之義也。高懷民著「大《易》哲學之對立而統一義」一文，其言對立之義有二：一爲反對，一爲相對。「何謂反對？即《易》道之流行作用而現其正反二性之謂。有流行即有『往來』，由此觀之爲『往』，自彼觀之則爲『來』……宇宙任一事任一物，無不具有反對之兩面性，大《易》哲學爲明此義，特於六十四卦排列次序上表現出來。……何謂相對？指乾陽與坤陰之相對立而言，又稱相錯。陰陽原是一太極之流轉，以其流轉中有來，故分陰分陽，是以陰陽之相對，非太極自性之差別，乃流轉作用之移位而生。……文王六十四卦排列爲了表示此一義，便是將八個無反對義之卦，依相錯排列一起，乾之後次坤，頤之後次大過，坎與離，中孚與小過，均相連接。《易》學家本此義發爲『旁通』之說，如蒙卦六五象曰：『童蒙之吉，順以巽也。』謂五爻變則上卦成巽義。又如訟卦六爻辭：『小有言。』，謂變初爻則下卦成兌，兌爲口舌故。漢《易》中虞翻最重要旁通。……大《易》表現此一體兩面之關係，便是反對卦，如三，此看爲泰，彼看爲否，一卦象上具反對與統一二義。相對間的統一，表現在『感應』之道上。陰陽二性，相異而相感。以相異故，有相對。以相感故，雖相對而趨合爲一。」〔註657〕由以上高氏所言，得知《易》卦現行本，其排列次序或經戰國以降陰思想成熟期，另加以整理所形成者也。因馬王堆出土《帛書周易》，與今本於排列次序不同故也。或早先已有並存而排列次序相異之版本也。條（1）愚引屈萬里之言：「知經文固有反對之意，然以之說

〔註655〕見同註649，頁37。
〔註656〕見同註639，頁37。
〔註657〕見《哲學與文化月刊》，卷四，期六，頁39～40。

經文，則泥矣。故「往來」之例，則始成立於〈彖〉〈象〉二傳。經文之「往來」者，除泰否二卦外，多不可以倒轉反對為說也。然而，《易經》反對之觀念，始見於今本六十四卦（除頤、大過、坎、離、中孚、小過、乾、坤等八卦）之排列次序；文字者，則始見於泰否二卦辭之「往來」也。《易經》相對之觀念，始見於一陰一陽之符號，即陰爻陽爻也；以卦言之，始於今本六十四卦之卦辭之「大小」「吉凶」諸辭。愚以為，泰否兩卦之卦辭有「大小」字，諸家皆釋為「陽為大、陰為小」，則易經陰陽思想形諸文字者，乃濫觴於此也，而非「吉凶」諸辭。因察爻，在陰爻下亦有「吉」字，於陽爻下亦有「凶」字，諸如此例甚多，不待枚舉也。惠棟案語無徵引或註明，未詳其所自。將陽為吉為存、陰為凶為亡之二分法，不見於《易經傳》，當在鄒衍陰陽行學說盛行之後始有其說矣。

（7）　初九、九五為聖人。初六、六四、上六，為小人。

（8）　九三為君子。九二為庸人。九四為惡人，為庸人。

（9）　上九為庸人。

（10）　六二、六四為君子。

（11）　陽失位為庸人。陰失位為小人。

（12）　陰陽失正為邪。

△按：條（11）既然言「陰失位為小人」，而條（7）卻云「六四、上六為小人」，此矛盾立現，豈惠棟失察耶？且條（7）以六四為小人，條（10）以六四為君子，使令五吾人莫知所適。察爻辭：師上六：「大君有命，開國承家，小人勿用。」否六二：「小人吉，大人否。」大有九三：「公用享于天子，小人弗克。」觀初六：「小人無咎，君子吝。」剝上六：「君子得輿，小人剝廬。」遯九四：「君子吉，小人否。」大壯九三：「小人用壯，君子用罔。」解六五：「君子維有解，吉，有孚于小人。」革上六：「君子豹變，小人革面。」由上得知，爻辭皆於一爻中，多以「君子，小人」相提並論；即使單舉君子或小人，亦非直指其人，乃兼論其事。且益有不合諸例。如屯六三之言「君子」，小畜上九之言「君子」，履六三云「武人為于大君」，是「武人、大君」並舉。謙初六之言「君子」、臨六五之言「大君」、觀上九之言「君子」，凡諸爻辭皆與條（11）「陽失位為庸人，陰失位為小人」相背矣。雖偶有合例者，亦

不足為憑也。

（13）　二五為中和

△按：此例宜併入例二一「中和」例。

　　總案：甲、「自內曰往，自外曰來」之例，肇於泰否二卦辭，而始成於〈彖〉象二傳也。乙、「內卦為主，外卦為賓為客」，語源于无妄象傳。丙、「陽謂君子，陰謂小人」宜併入例七三「君子為陽大義」。而此例與條（7）至（12）及例七七之義有衝突。條（12）下愚已論經文多一爻小人與君子相比，是經文未有此「君子為陽，小人為陰」之例也。泰否卦辭以「大小」來比「陽陰」。至〈象傳〉始以比做小人，陽比做君子。條（7）至（12）及例七七，又非固于「陽謂君子，陰謂小人」矣。丁、子、「初為隱」丑、「為潛」寅、「為微」卯、「為幾」辰、「為嘖」諸例，惠註皆有所言其出處也。巳、「為始」例，始於〈象傳〉。午、「為深」例，惠棟取自恆初六象也。未、「為足」例，始於爻辭。申、「為趾」例，出於爻辭也。酉、「為履」例，始於爻辭也。戌、「為悔」例，惠棟取自咸初六爻辭。此例不合解九四之位，待考。戊、子、「二為大夫」重出於例四四「貴賤」，此例始於《乾鑿度》也。丑、「為家」例，未詳其義。由惠註可知取自虞義也。寅、「為中和」，見例二一「中和」例條（1），蓋惠棟引諸書而得之例也。己、子、「四為三公」與例四四條（1）《乾鑿度》所載之「三為三公」異，惠棟失察矣。丑、「心」例，始於爻辭也。寅、「為疑」例，始於〈文言傳〉、〈象傳〉。庚、子、「為中和」，見於例二一「中和」例，惠註明此例始於《太玄經》也。丑、「為天子」，見例四四「貴賤」例。此例始於《乾鑿度》也。寅、「為大君」，惠棟取自臨六五爻辭及〈象傳〉。卯、「為大人」例，與條（11）及例七七條（1）所載不合，惠棟失察也。辛、子、「上為宗廟」例，見例四四「貴賤」例，始於《乾鑿度》也。丑、「為首」例，始於爻辭。寅、「為角」例，卯、「為終」例，皆始於爻辭也。條（4）至（6），其二分歸類法，不見於經傳，當在鄒衍陰陽五行學說盛之後始有其說矣。條（7）至（11）驗諸爻辭，多無徵矣。其取材，乃引例七七。「九四為惡人」取自例七八。條（7）「六四上六為小人」有誤，當作「六三六五為小人」，不知為版面之誤，或惠棟書寫之誤。條（13）驗之爻辭，得徵矣。又條（1）惠棟漏列第三爻之象，亦為其失。以其行文格式，當非印刷之誤也。條（12）之義與條（11）同。

七六、性命之理（缺）

△按：此例缺徵引或案語。

七七、君子小人

（1）《乾鑿度》曰，一聖（復初九），二庸（臨九二），三君子（泰九三），四庸（大壯九四），五聖（夬九五），六庸（乾上九），七小人（姤初六），八君子（遯六二），九小人（否六三），十君子（觀六四），十一小人（剝六五），十二君子（坤上六），十三聖人（初九），十四庸人（九二），十五君子（九三），十六庸人（九四），十七聖人（九五），十八庸人（上九），十九小人（初六），二十君子（六二），二十一小人（六三），二十二君子（六四），二十三小人（六五），二十四君子（上六），二十五聖人（初九），二十六庸人（九二），二十七君子（九三），二十八庸人（九四），二十九聖人（九五），三十庸人（上九），三十一小人（初六），三十二君子（六二），三十三小人（六三），三十四君子（六四），三十五小人（六五），三十六君子（上六），三十七聖人（初九），三十八庸人（九二），三十九君子（九三），四十小人（當作庸人謂九四），四十一聖人（九五），四十二庸人（上九），孔子曰，極至德之世，不過此乾三十二世消，坤三十六世消。鄭註云，三十二君之率，陽得正為聖人，失正為庸人。陰失正為小人，得正為君子。

陰得正為君子，失正為小人。九三亦為君子。

△按：此文上云：「孔子曰，推即位之術乾坤三上中下。坤變初六復曰正，陽在下為聖人。……。」〔註658〕所謂「乾坤三上中下」者，即六爻中初三五為陽位，二四上為陰位也。其法即鄭註所云，而惠棟案語修正鄭註，增之「九三亦為君子」也。此條於經傳多無徵，《乾鑿度》乃以乾坤十二消息循環，即所謂「推即位之術」也。依鄭註「陽得正為聖人，失正為庸人。陰失正為小人，得正為君子。」乃惠棟案語「九三亦為君子」之例，則否六二陰得正當為君子，而爻辭曰「小人吉，大人否。」遯九四陽失正當為庸人，而爻辭曰「君子吉，小人否。」解六五陰失位當為小人，而爻辭曰「君子維有解，吉，有孚于小人。」猶以君子與小人並論。大壯九三，陽得正當為君子，而爻辭

〔註658〕見《易緯八種》，新興書局，民國52年3月版，頁92。

曰「小人用壯，君子用罔，貞厲。」朱熹云：「罔，無也。視有如無，君子之過於勇者也。如此，則雖正亦危矣。」〔註659〕「貞」字不作「爻得正」之義，如大壯九四即言「貞吉」，明矣。朱熹以「貞」作「正」，象傳之義也。然則，爻辭不合本條之旨也。張立文曰：「是說，小人以壯大，君子以憂愁。」以罔釋爲憂，與朱氏所釋異。而其合經文之旨，不合本條「陽得正爲君子」也。

（2）泰〈彖傳〉曰，內君而外小人，君子道長，小人道消也。

　　　　陽爲君子，陰爲小人。又一說，陰，小人，變之正則爲君子。解六五，君子維有解是也。又蒙六五失正爲童蒙，變之正爲聖人。蒙彖傳，蒙以養正，聖功是也。

△按：此條乃惠棟案語引《易經傳》，以釋君子小人之象。「陽爲君子，陰爲小人」例始於泰否之〈彖傳〉。惠棟乃取自泰否而爲一例。其又另立一說，曰「陰，小人，變之正則爲君子」。然則，惠棟未言何時變之正，何時不變之正？又若已得位，是否將變之不正耶？抑維持不變耶？愚於例六三「九六義」論及，凡爻辭曰「九」曰「六」者，皆言爻動而變也。是爻經筮得數九，曰老陽變少陰；得六，曰老陰變少陽也。則爻無所謂「之正」或「之不正」也。惠棟此說，驗之爻辭，多無所徵。如師上六，依其說，本爲小人，而爻辭曰「大君有命，小人勿用」。觀初六，依其說，「陰爲小人，變之正爲君子。」而爻辭曰：「小人無咎，君子吝。」剝上九，依其說，君子是也，而爻辭曰：「君子得輿，子人剝廬。」皆君子、小人並舉，而非單言其一。然則泰否象傳之「君子、小人」乃以卦言，非以爻也。〈繫下〉曰「陽一君而二民，君子之道也。陰二君而一民，小人之道也。」其以陽爻爲君而陰爻爲民，是比較舉其義也。而陽卦之義爲君子之道，陰卦之義爲小人之道，是重於「道」字義也。總之，非特以陽爻爲君子，而陰爻爲小人也。而惠棟不舉解六五爻辭：「有孚于小人。」依其文法，「維有解」乃「有解維」之倒裝，其義蓋君子解開某人事物之繫綁，而對小人有所信用。另孚字之義作俘，張立文云：「孚疑爲俘，甲骨文作俘，俘象道路，孚象用手抓人，即用手抓來的俘虜。」〔註660〕不無道理，則其義當作君子解開繫繩，用之綑綁小人。而此爻辭非分爲二事，若分爲二事，其句型當爲對比。〔註661〕而此文主格在「君子」，下句「有孚于

〔註659〕見《周易本義》，皇極出版社，民國69年10月版，頁128。
〔註660〕見《周易思想研究》，1980年8月版，湖北人民出版社，頁176。
〔註661〕如遯九四、觀初六、大壯九三、否六二、剝上六、革上六。

「小人」之主格即此「君子」也。然則，一爻兼有君子、小人之義明矣，莫必以某爻爲君子，某爻爲小人也。蒙象傳云云，朱熹云：「蒙以養正，乃作聖之功，所以釋利貞之義也。」〔註662〕例七「元亨利貞大義」愚已論之「利貞」例，本義乃「占問則有利之兆」之義也。至象傳則貞字作「正」解，然其非「變之正」之法，乃就義理以言之也。

　　總案：依爻辭之時代背景，尙未脫離封建及奴隸制度。故張立文云：「《易經》作者將奴隸主階級通稱爲『大人』或『君子』，把奴隸稱爲『小人』。『大人』『君子』和『小人』完全處于對立之中。」張氏舉遯九四、觀初六、大壯九三、否六二諸爻辭。又曰：「在這裡，『大人』『君子』和『小人』的利益是不相容的：不是『君子吉，小人否』；就是『小人吉，君子否』，兩者截然相反，不可相同。」〔註663〕愚察經文，師上六、大有九三、剝上六、革上六，亦然。雖或分爲二事，而爻辭作者，皆並舉「君子、小人」或「大君、小人」，乃以相對之觀念也。一如泰否卦辭之「大、小」也，至〈象傳〉因之，直將「大」作君子，「小」作小人矣。亦有單舉君子者，多與本條不合。且例四四條（1）《乾鑿度》載：「初爲元士，二爲大夫，三爲三公，四爲諸侯，五爲天子，上爲宗廟。」而本例條（1）卻有聖、庸、小人、君子之別，推其意，前者爲爵位之尊卑也，後者乃指德行之高下也。然則，依張立文之見而察全部之經文，其「君子、子人」，乃爲奴隸主與奴隸之稱也，其分別重於「位」而非在「德」也。至儒家《論語》所載之「君子、子人」，其較重在「德」矣，而仍有尊卑其位之意味焉。

七八、離四爲惡人

（1）離九四曰，焚如其來如，焚如，死如，弃如。

△按：「焚」，註疏本及本義皆作「突」。《說文》：「𠬛，不順忽出也。從到子。《易》曰：突如其來如。不孝子突出，不容於內也。𠬛，即易突字也。……焚，或從到古文子。」《集解》本作「焚」，徐芹庭曰：「晁氏《易》云：『京鄭皆作焚』……然則作𠬛者其本字也，作焚者或體字也。作突者乃假借字也。是漢《易》當作𠬛或焚。」〔註664〕是以知惠棟於《易》多用漢易古字也。〈象

〔註662〕　見同註659，頁32。
〔註663〕　見同註660，頁63～64。
〔註664〕　見《周易異文考》，五洲出版社，民國64年12月版，頁64。

傳〉曰：「突如其來如，無所容也。」朱熹云：「後明將繼之時，而九四以剛迫之，故其象如此。」〔註665〕又曰：「無所容，言焚死棄也。」〔註666〕孔疏引鄭氏《易》註曰：「不孝之罪，五刑莫大焉，得用議貴之辟刑之。若如所犯之罪，焚如殺其親之刑，死如殺人之刑，棄如流宥之刑。」《漢書‧匈奴傳》：「莽作焚如之刑。」顏註：「如淳曰：焚如死如棄如者謂不孝子也，不畜於父母，不容於朋友，故燒殺棄之，莽依此刑名也。」〔註667〕是離九四為不孝子之象，故將受諸刑也。

（2）大有初九，无交害。虞註云，害謂四，四離火，為惡人。

△按：朱熹云：「雖當大有之時，然以陽居下，上下無應。而事在初，未涉乎害者也。何咎之有。」〔註668〕是朱熹雖仍以「害」字為名詞，然未以「害謂四」也。高亨云：「交害猶言相賊也。彼此無相賊害，則相安無事，自不為咎。故曰無交害匪咎。」〔註669〕是高氏以「害」字為動詞。比較二者之義，以高氏較長。然則，虞註云「害謂四」，非也。

（3）旅九四，旅于處。虞註云，巽為處，四焚弃惡人，失位遠應，故旅於處，言无所從也。

△按：李道平曰：「四互體巽，巽為入為伏，故為處。四在離為焚棄惡人，已失位遠應于初，故旅于處，言若寄處于人家者然，故云無所從也。」〔註670〕察旅九二爻辭曰：「旅即次，懷其資，得童僕貞。」九三爻辭曰：「旅焚其次，喪其童僕，貞厲。」九四爻辭曰：「旅于處，得其資斧，我心不快。」九二言旅人就客舍，懷藏錢幣，又得奴僕，是貞卜之吉兆也。〔註671〕九三言所居客舍，忽遭火焚，而失其奴僕，此占卜之凶兆也。〔註672〕是二爻之占辭，皆旅人之情況也。因之九四亦然。《說文》：「處，止也。」高亨云：「旅于處者，蓋王亥在客舍被焚，自造室屋而居之也。……得其資斧者，蓋前客被焚之時，資斧被人盜去或劫去，今復得之也。我心不快者，蓋客舍被焚，童僕亦喪，

〔註665〕見《周易本義》，皇極出版社，民國69年10月版，頁114。
〔註666〕見同註665，頁114。
〔註667〕見《周易古經今註》，樂天出版社，民國63年2月版，頁106。
〔註668〕見同註665，頁66。
〔註669〕見同註667，頁53。
〔註670〕見《周易集解纂疏》，廣文書局，民國68年6月版，頁632～633。
〔註671〕見同註667，頁196～197。
〔註672〕見同註667，頁198。

資斧又失，明是有人暗害之，今雖復得資斧，而我仍不快也。至資斧所以復得，無由知也。」〔註673〕愚以為，是否占王亥之事明，以及焚後有否自造，姑不論之。然餘義，甚有理焉。依此辭，得知此旅人乃受害者也，而虞註此之為惡人，是顛倒事實也。李氏因之而誤也。其云「四互體巽」察卦無此象。然則、虞註云「巽為處」莫知所由。

（4）〈繫下〉云，子曰，德薄而位尊。虞註云，鼎四也，則離九四凶惡小人，故德薄。

△按：李道平曰：「釋下鼎四爻辭，故云鼎四也。鼎外體離，鼎四即離四，突如無容，故云凶惡小人。」〔註674〕此德薄之義也。「位尊」者，乾鑿度謂四為諸侯，今鼎九四，是卦中之尊位也。觀〈繫辭下傳〉：子曰：「德薄而位尊，知少而謀大，力少而任重，鮮不及矣。《易》曰『鼎折足，覆公餗，其形渥，凶。』言不勝其任也。」朱熹註鼎九四：「形渥，諸本作刑剭，謂重刑也。」〔註675〕然則，以壞其事物而致受重刑，為凶險之兆，此爻辭之占象也。愚竊以為，敗此事物者，殆奴婢之屬，子曰云云，乃就義理上有所闡發也，當非爻辭之本指。而例七七總案，愚已論之爻辭之「君子、小人」重在「位」之分別，亦即奴隸制度下之主從關係。故鼎九四之象，曰「小人」可，曰「凶惡小人」則不可，以其凶在人事變化因果，而非其人本性既為凶惡也。

（5）大有九四，匪其尪。虞註云，其位尪足，尪體行不正，四失位，折震足，故尪。象曰，匪其尪，咎无，明辯折也。虞註云，折之離，故明辯折也。四在乾，則尪。在坤為鼠（晉）。在震，噬肺得矢。在巽，折鼎足。在坎，為鬼方。在離，焚死。在艮，旅于處，言无所容。在兌，睽孤，孚厲。三百八十四爻，獨无所容也。

△按：此條為惠棟徵引虞翻註大有九四之辭，伸其「離九四為惡人」之義也。徐芹庭曰：「彭有作旁、作者，蓋聲近義近而師承不同，所以有異也。」〔註676〕是「尪」字，註疏本及本義皆作「彭」，《帛書周易》亦然。《說文》：「尢，跛也。曲脛人也。」「篆文從皇。」段註：「本從皇聲，省作尪。」大有九四爻

〔註673〕見同註667，頁198。
〔註674〕見同註670，頁850。
〔註675〕見同註665，頁180。
〔註676〕見同註664，頁37。

辭全文作：「匪其尫無咎。」虞註全文作：「匪，非也。其位尫足，尫體行不正，四失位，折震足，故尫。變而得正，故無咎。或作彭、作旁，聲字之誤。」〔註677〕然則，依虞義，「匪」字不作「盜賊」解。依許慎之義，「尫」止不過作「曲脛人」解，未嘗有「惡人」之義。故虞翻云：「尫體行不正」，乃就外表行動，非以德行而言之也。九四為陽爻居陰位，故曰「四失位」。若得位，則三四五爻互體為震。震為足，見於說卦。今四失位，是「折震足」矣。凡占得此爻動，是老陽變少陰，故曰「變而得正」，其兆為「無咎」也。「明辯折」之「折」，集解本作「析」〔註678〕釋文：「虞作折。」徐芹庭曰：「又《集解》本虞作析，不作折，未知釋文何所據。」〔註679〕愚以為，釋文及惠棟所引作「折」，蓋誤取「折震足」之「折」也。此字註疏本作「晢」，《周易本義》作「晢」。說文：「晢。昭晢，明也。」其「折」之「扌」原為「屮」字之縱排，易使人誤作「手」字耳。段註：「且下曰明也，明下曰昭也，既昧爽則旦矣。周易王弼本『明辨晢』也。陳風：明星晢晢。〈傳〉曰：晢晢猶煌煌也。洪範明作晢。鄭曰：君視明則臣昭晢。按昭、晢皆從日，本謂日之光，引伸之為人之明。晢，口部曰哲，知也。析舊作折，今正。晢字日在下，或日在旁作晰。」故知「晢」「晢」之「扌」「木」皆為「屮」之筆誤也，而「晢、晢、晰、晰」四字實同一義也，即「明」也。〔註680〕「辯」王弼本《周易本義》作「辨」，徐芹庭曰：「蓋音同義近可以通用。」〔註681〕朱熹云：「晢，明也。」〔註682〕孔疏正義曰：「由九四才性辯而晢知，能斟酌事宜，故云明辯晢也。」〔註683〕皆從義理上講也。李道平《集解纂疏》同惠棟作「明辯折」引虞註作「折之離」，其云：「四體離。說卦：離為折上槁。故云折之離。」然「折上槁」他本作「科上槁」，徐芹庭曰：「一科作折，蓋以字形相似而混淆也。」〔註684〕而李道平之義有待商榷，其註「折之離」語焉不詳。愚謂「科上槁」為正，作「折上槁」者字形近而誤。而虞註於集解本作「析之離」，與

〔註677〕見同《古經解彙函》，鼎文書局，頁153。

〔註678〕見同註677，頁153。

〔註679〕見同註664，頁37。

〔註680〕說文：「析，破木也。一曰折也。」段註：「以斤破木，從斤斷屮，其義一也。先激切。」愚謂或音唸「ㄒㄧ」，近「先激切」；唸「ㄓㄜˊ」，音之變也。

〔註681〕見同註658，頁37。

〔註682〕見同註665，頁67。

〔註683〕見周易註疏及補正，《十三經註疏》，頁16，世界書局。

〔註684〕見同註664，頁162。

《纂疏》本所書者異矣。今大有九四在上卦離中，其〈象傳〉著「明」字，殆取離卦之象也。餘字未詳，當從《孔疏》之義。「四在乾」者，謂離下為乾成大有卦之第四爻也，其爻辭取象為尪，故曰「則尪」。離下為坤成晉卦，其九四爻辭曰：「晉如鼫鼠。貞厲。」故曰「在坤為鼠」。高亨曰：「進兵侵伐敵國，如乘其不備而襲之，出沒無常，正似鼫鼠之食稼，即所謂晉如鼫鼠也。用兵如此，亦有易敗之虞，故曰，晉如鼫鼠，貞厲。」〔註685〕愚謂其言有理，唯占問敵國，其象亦可如鼫鼠，而己國亦可謂危矣。朱熹云：「不中不正，以竊高位，貪而畏人，蓋危道也，故為鼫鼠之象。占者如是，雖正亦危。」愚謂「貞」字本作「占問」解，作「正」解，象傳義也。或曰「《易》為君子謀，不為小人謀。」然則，當為君子占問小人之辭也。離下為震成噬嗑卦，其九四爻辭曰：「噬乾胏，得金矢，利艱貞吉。」故曰「在震，噬胏得金矢。」《說文》：「胏，食所遺也。從肉仕聲。《易》曰：噬乾胏，揚雄說，胏從朿。」段註：「馬融、陸績皆曰肉之有骨謂之胏。《說文》字林作胏，訓為食所遺，蓋孟本孟說與？」高亨曰：「噬乾胏而得金矢者，蓋古人射獸，矢著獸體，鏃折而鉗於骨肉中，未剔出，故噬胏而得金矢也。」〔註686〕其說合常理也。陸績曰：「離為乾肉，又為兵矢。失位用刑，物亦不服。若噬有骨之乾胏也。金矢者，取其剛直也。噬胏雖復艱難，終得信其剛直（按：信，伸也）。」〔註687〕朱熹云：「《周禮》，獄訟入鈞金束矢而後聽之，九四以剛居柔，得用刑之道，故有此象。言所噬愈堅，而得聽訟之宜也。然必利於艱難正固則吉。戒占者宜如是也。」〔註688〕按陸朱二氏皆言用刑，而餘說有異焉，皆不若高氏之簡明。唯陸氏言「離為乾肉，為金矢」乃取象於說卦「離為戈兵，為乾卦」也。離下為巽成鼎卦，其九四爻辭曰：「鼎折足。」故曰「在巽，折鼎足。」愚論於條（4）矣。離下為坎成未濟卦，其九四爻辭曰：「貞吉，悔亡。震用伐鬼方，三年有賞于大國。」故曰「在坎，為鬼方。」高亨曰：「既濟九三云：『高宗伐鬼方，三年克之。』與此所記為一事。蓋殷高宗伐鬼方之時，因鬼方為西北狄國，與周接壤，亦周之強敵，故周君命震率師伐之，即所以助殷亦所以自為也。其所以出兵，或由於高宗之徵命，或由於殷周之合謀，或由於周

〔註685〕見同註667，頁122～123。
〔註686〕見同註667，頁77。
〔註687〕見同註670，頁293～294。
〔註688〕見同註665，頁88～89。

君之自願，則不可知；然總爲高宗所嘉許之事也。故三年之後，既克鬼方，高宗嘉震之功而賞之。遂記之日，震用伐鬼方，三年有賞于大國。筮遇此爻，所占者吉，其悔可亡。何故？因遇震伐鬼方之兆也。」〔註689〕然則，此爻記載爲震之事跡，重點非在鬼方，與「離四爲惡人」之說相去遠矣。離下爲離成離卦，其九四爻辭曰：「如某來如、焚如、死如、棄如。」故曰「在離、焚死。」愚論之條（1）矣。離下爲艮成旅卦，其九四爻辭曰：「旅于處。」故曰「在艮，旅于處。」「言無所容」者，虞氏義也，愚論之條（3）矣。離下爲兌成睽卦，其九四爻辭曰：「睽孤，遇元夫，交孚，厲無咎。」故曰「在兌，睽孤，孚厲。」然則《集解》本、《註疏》本、朱子《本義》皆作「交孚，厲无咎」之斷句，而非如惠棟所書之「孚厲」也。高亨云：「〈序卦傳〉曰『睽，乖也』〈雜卦傳〉曰：『睽，外也。』……綜覈〈易傳〉，則睽當爲乖離在外，遠于相見之義。而睽孤即遭難在外之孤子矣。……此孚當爲俘，此乃古代故事。蓋有睽孤者，遭難在外，遇一大夫，與之同行，偶爲人所俘，其危甚矣，然終脫於禍。」〔註690〕朱熹云：「睽孤，謂無應。遇元夫，謂得初九。交孚，謂同德相信，然當睽之時，故必危厲，乃得無咎，占者亦如是也。」〔註691〕二氏所解雖異，而得知所謂睽孤，於卦爲無應，而其義爲乖離在外者，與「惡人」尚有距離也。孚作俘，是被俘之義。孚作信，是信於彼此也，此又與「惡人」之俘人不信實之德相去遠矣。虞註「三百八十四爻，獨無所容也。」乃此八卦九四之義也。然愚以爲，不見容者，或遇主不賢，或爲人所害，而未必爲惡人也。大有九四之尪，爲跛者，未或遇主不賢，必爲惡人，而其占曰「無咎」。晉九四之鼫鼠，釋爲敵國或小人，較近「惡人」之義，然所危者在己國或君子，故其占曰「貞厲」。噬嗑九四，其占爲「利艱貞吉」，其象曰「噬乾胏，得金矢」未有所指明「惡人」也。鼎九四言如婢之覆公餗，而遭重刑，故其占曰「凶」，然未可確之爲「惡人」也。未濟九四言震伐鬼方之功，又非「惡人」可比焉。離九四言不孝子之受焚死棄之刑，可確有「惡人」之象也。旅九四言旅人遭劫災之禍，是受害者也，非「惡人」可比焉。睽九四言孤離者與元夫俱被俘，或孤離者遇元夫之阻，是危險之象。其後脫險或使彼相信，故曰「厲無咎」。此人又非「惡人」可比也。愚謂凡此八卦之九四爻，其象或

〔註689〕見同註667，頁222。
〔註690〕見同註667，頁132～133。
〔註691〕見同註665，頁141。

有惡人之害己，而其占有「吉」「凶」「厲」「厲無咎」「無咎」之別，蓋時境不同，遇有所差也。若止以「離四爲惡人」，豈非爻爻皆凶耶？又此「惡人」乃被占問之對象耶？或自占者耶？諸卦之九四雖有「無所容」之義，然唯有上下重離之卦合於惡人不爲世所容之義也。而餘七卦之主格皆非「惡人」也。故此例當改作「離四言無所容」也。

　　總案：見條（5）愚之結論。

七九、五行相次

　　　　乾用九，見群龍。象傳曰，時乘六龍以御天。此帝王五行相次之道也。乾六龍，故堂有六天，一爲道本。初九勿用，天之主氣，乃上帝也。故月令止有五帝（天爲玄，兼五色，天之主氣，即太極也）。

△按：此惠棟案語引明堂大道錄四「明堂六天」章，參之以乾卦六龍，以解「五行相次」之義。同右章案云：《唐書・禮樂》曰：《禮》曰以禋記昊天上帝，此天也。鄭氏以爲天皇大帝者，北辰耀魄寶也。又曰，祕五帝于四郊，此五行精气之神也。鄭以爲青帝靈威仰，赤帝赤熛怒，黃帝含樞紐，白帝白招拒，黑帝汁光紀，五天也。由是有六天之說。」又曰：「上帝雖與五帝爲六天，其祀之則仍有別。蓋上帝又爲五帝之主帝也。」又曰：「《禮記・郊特牲正義》曰，鄭氏謂天有六天，天爲至極之尊，其體祇應是一，而以爲六者，指其尊極清虛之體，其實是一。論其五時生育之功，其別有五，以五配一，故爲六天。」是漢鄭玄有六天之說是也。然乾〈象傳〉云「時乘六龍以御天」，朱子云：「龍，陽物也。」又曰：「則見卦之六位，各以時成。而乘此六陽以行天道，是乃聖人之元亨也。」〔註692〕故乾〈象傳〉止云卦六爻爲六龍，未曾有「六天」之說，是惠棟以之附會於鄭玄「六天」之說也。又乾卦納支自初至上，爲子水、寅木、辰土、午火、申金、戌土，除辰土、戌土之外，子水、寅木、午火、申金之次，合于五行北東南西之序也。是「五行相次」合於乾卦納支之序也。惠棟云：「初九勿用，天之主氣，乃上帝也。」而《易緯・乾鑿度》，以上爲宗廟之位，上帝之所居者，《說文》：「宗，尊祖廟也。」段註：「宗，從宀，從示。示謂神也。宀謂屋也。」上帝爲天之主氣，即眾神之主宰，當居三才天道上爻宗廟之位也。惠棟以初爲上帝，顯與右說判離。

〔註692〕見《周易本義》，皇極出版社，民國69年10月版，頁3、6。

八十、土數五

一二三四，得五為六七八九，故爻止用七八九六，而一二三四在其
中。五得五為十，故天地之數五十有五。大衍之數五十，而五在其
中。天地之數，五不用，故九疇五行不言用。大衍之數，一不用，
故蓍數四十九。

△按：此惠棟綜論天地之數，天地生成之數、大衍之數、成卦之數，以明土數
五之用與否也。愚謂成卦之數由大衍之數得之，而天地生成之數由天地之數而
來，而大衍之數本與天地之數無涉。故「七八九六」之成卦之數，殆從「數卜
法」紀錄之數「一五六七八」衍生得之，亦與天地生成之數無關也。〔註693〕
是以惠棟案語，似是而實非。然則「土數五」者，止合於五行與天地之生成之
數之關係耳。

八一、乾為仁

虞仲翔註《易》云，乾為仁。《史記》五帝本紀云，其仁如天。管子
曰，天仁地義。

△按：此乃惠棟引虞翻、《史記》、管子諸說，以證「乾為仁」之義也。

八二、初為元士

《易》爻初為元士。乾六龍皆御，而初為元士者，案《士冠禮記》曰，
天子之元子，猶士也，天下無生而貴者也。鄭注云，元子，世子也。
無生而貴，皆由下升。又鄭郊特牲注云，明人有賢行著德乃得貴也。
愚謂二義相兼，乃成《易》氣從下生。其得位者，從下而升，如二升
五，亦有賢行著德，故得升五也。

△按：此文為惠棟之案語，其引禮記及鄭註，與郊特牲鄭玄註，以為凡尊者，
皆由卑下而升，是無天生即尊貴之人也。後天之尊貴，皆由修行著德以得之。
猶易卦之六爻，有貴賤之等也。例四四條（1）引《乾鑿度》曰：「初為元士，
二為大夫，三為三公，四為諸侯，五為天子，上為宗廟。凡此六者，陰陽所
以進退，君臣所以升降，萬民所以為象則也。」惠氏以為其得尊貴之位者，

〔註693〕參見例四、例六條（1）、例六二。

皆由初爻而升，故題曰：「初爲元士。」特愚於例三六、例五十，已證卦之「升降」法，實不可據。故惠氏云「如二升五」之義，亦不可憑。雖然，人事之升降，依爻動之變化，猶可一窺脈絡。例四二「世應」、例四三「飛伏」、例四「貴賤」、例四五「爻等」，及《易漢學》，卷五「五行」「占驗」等諸例，察卦爻納甲支之生剋沖合，動靜旺衰，可定其人事之去留也。且有主卦、之卦之別，此焦延壽《易林》之藍本也。主卦者爲因，之卦者爲果，是視其爻位用神之變，可知人事之晉黜也。王洪緒云：「人生一世貧賤高低，欲知何等人物，但看世爻爲主。旺相又得日辰動爻生合，必主其人富貴福壽。若休囚無氣，而被日辰動爻剋制，其人非貧即夭。」〔註694〕然則，漢代以降，用此法以釋易者當復不少。是吾人占《易》，當以此法爲主，而《乾鑿度》所載六爻尊卑爵位，其信度不高，可以之爲輔。又此例當併入「貴賤」例。

八三、震爲車

> 屯二，乘馬班如。乘震馬。晉語，震爲車，婦乘墨車也。

△按：此惠棟案語引屯卦二之爻辭及〈晉語〉，以釋震爲車之卦象也。「乘震馬」者，〈說卦傳〉：「震……其於馬也，爲善鳴，爲馵足，爲作足，爲的顙。」故震有馬之象。「震爲車」者，說卦傳無，唯坤卦有大輿，坎卦有「其於輿也，爲多眚。」之象。

八四、艮爲言

> 艮六五，艮其輔，言有序。杜註《左傳》曰，艮爲言。《春秋傳》曰，艮山也。於人爲言。〈說卦〉曰，成言乎明。繫辭曰，吉人之辭寡，謂艮也。

△按：此惠棟案語引諸說，以證艮爲言之卦象。說卦傳云：「說言乎兌，成言乎艮。」依語法，當斷句爲：「說，言乎兌。成，言乎艮。」因朱熹釋「成言乎艮」云：「此言萬物之隨帝以出入也。」〔註695〕李鼎祚釋「說言乎兌」云：「秋分則兌王，而萬物致養也。」王者，旺也。其釋「成言乎艮」云：「立春

〔註694〕見《卜筮正宗》卷五，頁11，宏業書局，民國74年3月版，頁52。
〔註695〕見《周易本義》，皇極出版社，民國69年10月版，頁284。

則艮王，而萬物之所成終成始也。」〔註696〕是二氏皆以「言」字爲動詞，非名詞也。故惠棟舉「成言乎艮」，而不舉「說言乎兌」，豈忽略之耶？抑避重就輕耶？且其將「言」字釋爲「成」之受格，誤矣。

八五、中和之本贊化育之本

> 參天兩地而倚數。又曰，兼三才而兩之。虞仲翔註云，謂分天象爲三才，以地兩之，立爲六畫之數，故倚數。參天兩地，有坎離之象，此中和之本也。說卦云，幽贊于神明而生蓍，此贊化育之本。

△按：此惠棟案語，引虞氏之言，以釋「參天兩地而倚數」「兼三才而兩之」，而謂此爲「中和之本」也。又引說卦「幽贊神明而生蓍」，此爲聖人贊化育之本。中和之本所引諸文，與例五條（1）「伏犧作八卦之法」同。贊化育之本所引則同條四。茲不贅述。

八六、乾五爲聖人

> 虞氏謂，文王書經繫庖犧于九五，故庖犧在乾五。

△按：此例惠棟案引語引虞氏之語，以證「乾五爲聖人」。特其例七五條（7）云「九五爲聖人」，條（1）云「陽爲君子」。然則，此乾爲陽九之義明矣。屈萬里云：「〈繫辭傳〉言乾坤爲易之縕，其乾坤謂陰陽爻，非專就乾坤兩卦言。」〔註695〕惠棟此例之「乾」，亦指陽九之義也。非專就乾卦言也。故知此例即例七五條（7）所云「九五爲聖人」也。足見此例宜併入例七五「諸例」中，或「諸例」宜分開。

八七、震初爲聖人（缺）

八八、乾九三君子（缺）

八九、坤六三匪人（缺）

△按：此三例皆缺徵引或案語。「震初爲聖人」與例七五條（7）「初九爲聖人」

〔註696〕見《古經解彙函》一，鼎文書局，頁318。
〔註695〕見《先秦漢魏易例述評》，學生書局，頁53。

同。「乾九三君子」與例七五條（8）「九三爲君子」同。「坤六三匪人」與例
七五條（7）「六三（按：六四誤）爲小人」義近。宜合併之。

九十、《易》例

坤〈文言〉述坤六三之義云，婦道也，妻道也，臣道也。蓋坤于乾有
婦道，有妻道，有臣道，獨不云有子道，子道屬之六子也。聖人《易》
例之分明如是。《公羊傳》曰臣子一例，乃《春秋》之例，非《易》
例也，此治易者所當知耳。

△按：此宜爲序跋類，不宜立爲一例。又所謂「婦道、妻道、臣道」皆取坤
從乾之義，即坤象柔順利貞之義也。

下篇　結　論

壹、惠棟《易例》之特色

　　《四庫全書〈易例〉提要》云：「……皆考究漢儒之傳，以發明《易》之本例，凡九十類。其中有錄無書者十三類。原跋稱爲未成之本，今考其書非惟采摭未完，即門目亦尚未分。意棟欲鎔鑄舊說，作爲《易例》，先刱草本，采摭漢儒《易》說，隨手題識，筆之於冊，以儲作論之材。其標目有當爲例而立一類者，亦有不當爲例而立一類者，有一類爲一例者，亦有一類爲數例者。如既有扶陽抑陰一類，又有陽道不絕陰道絕義一類，又有陽無死義一類，此必欲作扶陽抑陰一例，而雜錄於三處者也。曰中和，曰詩尚中和，曰禮尚中和，曰君道尚中和，曰建國尚中和，曰春秋尚中和，分爲六類，已極繁複，而其後又出中和一類，君道中和一類，卷末更出中和之本一類，此亦必欲作《易》尚中和一例，而散見於九處者也。古者有聖人之德，然後居天子之位一類，徵引繁蕪，與《易》理無關，而題下注曰即二升坤五義，此必摭爲乾升坤降之佐證，而偶置在前者也。又如初爲元士一類，即貴賤類中之一。乾爲仁、震爲車、艮爲言三類即諸例中之三。天地之始一類，即卦無先天一類之複出。皆未及排貫，遂似散錢滿屋。至於《史記》讀《易》之文，《漢書》傳《易》之派，更與《易例》無與，亦必存爲佐證之文而傳寫者誤爲書也。此類不一而足，均不可據爲定本。然棟於諸經，深窺古義，其所捃摭，大抵老師宿儒專門授受之微旨，一字一句，具有淵源。」其言是也。愚又謂「易例」一例，宜入序跋類，以其論分例之法則耳。

　　惠棟《易例》一書，多條引諸家眾書之語，而惠氏自身案語則少焉，有引文而無案語者，如「太極生次」「太易」「扶陽抑陰」等例皆是；甚或止有引文而無案語及注文者，如「詩尚中和」、「中正」、「時」等例是也。

　　書中行文有取同音借字者：如「三統歷」之「歷」，實本「曆」字，[註1]為避清高宗弘曆諱而改字也。亦屢見用古本字：如「乘」字作「椉」，[註2]「從」作「从」，[註3]「淳」作「湻」[註4]疑刻書時避清穆宗載淳諱也，「犧」作「羲」，[註5]「突」作「𡴆」。[註6]而「棄」作「弃」，「蓋」作「葢」，「遯」作「遂」，「姤」作「遘」[註7]

　　惠棟於《易例》一書亦屢發異凡之語，或取舊以翻新之論。如「八卦由納甲而生」，「夏建寅，象首艮，故謂之連山；商建丑，象首坤，故謂之坤乾。坤以藏之，又謂之歸藏」，「夏商占七八，文王演《易》，始用九六，以變者為占，故謂之《易》」，[註8]「四時，明堂之本也。」，「說卦帝出乎震三節，皆陳明堂之法」，[註9]「聖人言太極、太一，言元，言一，即天地之先也。但不言元與先天圖耳」，[註10]「象者，五帝時書名也」，[註11]「凡陰爻居中稱黃」。[註12]又以「日月」為易，而合之「成既齊定」之義。[註13]「成既濟定」者，為《惠氏易學》之中心主題，雖採自上虞翻《易》說，而惠棟於此

〔註1〕見例一條（1）、例所引。

〔註2〕見例七所引。段注：「加其上曰乘，人乘車是其一耑也。」

〔註3〕見例三條（11）所引。段注：「今之從字從行而从廢矣。」

〔註4〕見例三條（17）所引。說文：「湻獻也。亯，篆文。」

〔註5〕見例四惠案。說文：「犧，宗廟之牲也。」皆為伏犧字。

〔註6〕見例七八條（1）所引及愚按。「突如」之突，為借字。

〔註7〕「弃」字例七八條（3）所引。《說文》：「弃，古文棄。」說文無「蓋」字，有「葢」字，疑「盍」為「葢」之形所衍者也。《釋文》：「遯，又作遂，又作遁，同隱退也。」徐芹庭《周易異文考》云：「遂，古遯字。遁，音義皆同。」（頁68）段注：「見釋詁，《易》姤卦，《釋文》曰，薛云：古文作遘，鄭同。按〈雜卦傳〉：遘，遇也，柔遇剛也。可以證全經皆當作遘矣。」《周易異文考》引李薊泚曰：「《說文》云：遘，遇也。逅，徐鉉新附字。女部無姤字，是當從古作遘。今作姤，俗字。」

〔註8〕見例三條（1）。

〔註9〕見例四見。

〔註10〕見例九。

〔註11〕見例十。

〔註12〕見例十七。

〔註13〕見例三條（1）（2）。

義用力最深。〔註14〕其謂「成既濟定」乃經「升降」「之正」「互易」之法而成。而惠氏乃謂「用九用六」即乾坤六爻升降卦變以「成既濟定」者也。〔註15〕其云「乾用九兼坤，坤用六兼乾」云云，甚合乾坤六爻盡變之義也；〔註16〕然又曰左傳「其坤」者，乃乾坤六爻之變，非乾坤、坤變乾也。〔註17〕愚按此說不合左傳原旨，而惠氏發此語，乃欲合其升降卦變之義也。惠氏又謂伏犧作《易》即有此法，〔註18〕實則「升降」例創自荀爽、虞翻諸人，而「用九」非《易》爻升降，故惠棟此言，亦不合歷史程序也。

惠棟云：「天地之數五十有五，而五為虛，故大衍之數五十。」其說與朱熹、鄭玄之見相似。〔註19〕又謂天地之數虛五者，大衍之數虛一者，皆道之本也。又云：「一者大也，五者極也，故謂之太極。」乃將「虛一」「虛五」合之於太極也。〔註20〕

惠棟解左傳筮法「用九用六」為乾坤六爻升降卦變也；復論《左傳》、《國語》占卦例，如「艮之八」「泰之八」者，皆「二爻以上變，仍為七八而不變也。」〔註21〕

惠棟謂聖人不言先天圖，其意以先天圖為後人所造，非聖人之旨，不可信也。又引《荀子·成相篇》云：「文武之道同伏羲。」其意乃古今之道不異，無所謂先後天之別也。〔註22〕

孟子法先王，荀子法後王。惠棟引荀子法後王之說，以言先天四圖之不可信。殆以遠古飄虛，流傳事物愈久而愈失其真。唯就實際之材料加以發揮，詳引考核，而不擅自杜撰附會。此見殆為清代考證學蔭影下所釀就者也。

惠棟以十二消息卦，不屬於「之卦」，與屈萬里所舉十二消息卦皆屬於「之卦」者迥別。又謂頤、小過、大過、中孚，此四卦與乾坤坎離正反相同，為反復不衰之卦，故不從臨觀「之卦」例。又謂屯剛柔始交，蒙以亨行時中，亦據傳為說，不從臨觀之例。復以虞注坎卦為「六子」例，而屈氏則以為「之

〔註14〕見例七。
〔註15〕見例五條（3）、例五五。
〔註16〕見例五三條（2）。
〔註17〕見例五四條（1）。
〔註18〕見例三一條（2）。
〔註19〕見例四。
〔註20〕見例六條（1）。
〔註21〕見例十五。
〔註22〕見例九、例三十條（1）。

卦」例，二者有所別也。〔註23〕

惠棟論德與位，云：「以易言之，六居五，是有位而無德，猶當時之周王也。九居二，是有德而無位，猶孔子也。」〔註24〕按之《易》理，頗為正確。然惠氏復以「乾二升坤五」釋「古有聖人之德然後居天子之位」之例，〔註25〕其例題已不合夏朝以降父死子繼之制度，且與論德位之語，亦有出入也。

惠氏引〈文言傳〉云「利貞者，情性也。」乃採自鄭本，而與《集解》本、《註疏》本不同、其採之之由，乃欲合「情和而性中」之己說也。〔註26〕又惠棟云：「天交乎地……地交乎天」者，猶《老子》第三二章所言：「天地相合」也。〔註27〕凡此，皆申論「中和」例也。惠棟於義理上之發揮，於「中和」諸例最見其體識。唯以「中和」作象數上之闡釋，則頓顯其瑕疵也。其引〈三統曆〉曰「二五為中，相應為合。」〔註28〕頗合《易》理。而惠棟有以「二為中和」「五和為中」者，既與引文有所出入，於《易》理上亦頗難窺通也。

惠棟言陰陽，則有「扶陽抑陰」、「陽道不絕陰道絕義」、「陽無死義」三例，及「諸例」中部份之文如「陽為生陰為死」之類皆是。凡此諸論，乃就主觀立場，以人理而發之也。〔註29〕惠氏又云：「陽大陰小，陽升陰降，故陰為陽役。」〔註30〕此義乃與泰卦之〈彖〉〈象〉二傳之旨相吻合也。

惠棟《易例》一書，除右所敘述之特色者外，餘大率有扞格之失也。愚歸納數類條述如下：

（1）驗於惠棟他作，引案註有與之出入者

惠案曰：「夏商占七八，文王演《易》，始用九六，以變者為占，故謂之易。」特於松崖文鈔，惠氏言：「京氏占法：一爻變，為九六；二爻以上變，變為七八。」前文謂「七八」為不變，至文王用「九六」始以變之義而名曰「易」；其後文卻復言「二爻以上變，為七八。」〔註31〕此有出入也。

惠棟引乾象「各正性命」注曰：「坎為性，離為為命。」然於《周易述》

〔註23〕見例十四。
〔註24〕見例三一條（7）。
〔註25〕見例三一。
〔註26〕見例二一條（6）。
〔註27〕見例二三條（2）。
〔註28〕見例二一條（1）。
〔註29〕見例十八、十九、二十、七五。
〔註30〕見例三一條（4）惠注。
〔註31〕見例三條（1）。

一書，於同文則注云：「乾爲性，巽爲命。」此難通也。且既以「升降」，復以「游魂」，以釋六爻「既濟」之義，顯有矛盾。〔註32〕

其引荀爽釋隨卦〈象傳〉「剛來而下柔」云：「動爻得正」、「陽升陰降」者，皆謂二四爻易位也。而惠棟於周易述謂「剛來而下柔」，乃虞氏「之卦」隨自否上之初也，顯與荀義相背。〔註33〕

惠案曰：「至其用以筮，而遇卦之不變，則不曰七而曰八。」乃以「八」爲卦之不變者。而惠棟於《松崖文鈔》，卷二，頁七云：「二爻以上變，爲七八。」是又以「八」爲變，此不可解也。〔註34〕

（2）引案注互相矛盾者

惠氏案云：「余謂聖人言太極、太一，言元，言一，即天地之先也。但不言元與先天圖耳。」其既謂聖人言元，復謂不言元，是互相乖舛也。〔註35〕

惠氏引《周易述》注文。既以「消息」義釋「終亥出子」一語；復以「之卦」義「乾之坤成坎」以釋「乾流坤形」一語；此二語同出《周易述》注文，而以二例釋之，實不可據也。〔註36〕

惠棟案云：「五爲大人。」又案云：「陰失位爲小人。」復引《乾鑿度》有以六五爲小人者。是即以六五失位爲小人，復以五爻之位，不論陰陽，皆爲大人，此其疵也。〔註37〕

惠案云：「分二，則有陰陽。」又案云：「揲卦之時，尚未有畫，故仲翔曰：不道乾坤者也。」是「陰陽」非指「乾坤」兩卦也。惠案又云：「分而爲二以象兩，乾坤也。」顯有矛盾之處。〔註38〕

惠案謂大衍之數，乃「天地之數，五十有五，而五爲虛，故大衍之數五十。」復舉〈京房章句〉曰：「日，十也；月，十二也；星，二十八也；合之爲五十。」是一數而二自，此有乖舛之處也。〔註39〕

惠案曰：「其德圓而神，故四十九。」注云：「七七，故圓而神。」又案

〔註32〕見例五十條（1）。
〔註33〕見例四二條（19）。
〔註34〕見例六三。
〔註35〕見例九。
〔註36〕見例五一條（4）。
〔註37〕見例七五條（1）（11）、例七七條（1）。
〔註38〕見例五條（1）（2）、例四。
〔註39〕見例四。

云：「六畫而有六十四，八八之數，所謂卦之德方以知。」若以「七七」爲方而「八八」爲圓，亦無不妥也。〔註40〕

惠案以〈大衍章〉「象兩、象三、象四時、象閏」諸詞，謂兩爲乾坤，三爲三才之單卦，四爲四正卦，此既已生卦矣；復引大衍章「十有八變而成卦」之語，是不合揲著成卦之序也。〔註41〕

惠棟引虞翻云：「四象，四時也。」又案云：「象兩、象三、象四時、象閏，是爲四象。」又案云：「分而爲二以象兩。」又案云：「四象由分二而生，故云：兩儀生四象。」既引虞氏語謂四時即四象，而四時復爲四象之一；象兩既在四象之中，而四象又由象兩生。此違乘亦太甚矣。〔註42〕

惠案舉「善不積不足以成名，惡不積不足以滅身。」以釋「乾初爲積善，坤初爲積惡」之義。實則此語於《繫傳下》乃解噬嗑上九爻之義，與「《易》初爻」異義。特其與〈文言傳〉釋坤初六「積善之家，必有餘慶。積不善之家，必有餘殃。」者相呼應。是前者所重在果，故爲釋上爻之辭。後者所重在因，故爲釋初爻之辭。又引「君子居其室」云云，以釋「《易》初爻」義。

實此段爲〈繫辭〉論中孚九二之義，非初爻也，且其義重在「應」，所謂「善有善報，惡有惡報」無有遠近之限也，此乃對應關係，而非漸進之趨勢。「千里之外應之，千里之外違之」之「千里」乃距離之對應；「失之毫釐，差以千里」之「千里」乃指結果情況之差別，是漸進之趨勢所得之結果也。〔註43〕

惠案引《三統曆》曰：「二五爲中，相應爲和」是二五陰陽相應始得稱「和」。然惠氏又云：「《易》二五爲中和」，非也，作「《易》二五爲中」方可。惠棟云「中和於易爲二五」，又舉師九二、泰九二、臨六五，皆合於二五中爻相應之例，而不合於三統曆所云，及《易大誼》所言之「既濟」例也。惠案又曰：「禮，中也；樂，和也。禮交動上，樂交應乎下，上下相應，故云，和之至也。」既不合「既濟」之例，亦成「中」與「和」二者上下相應，是不合爻位相應之說也。〔註44〕

惠棟引周易述「臨坤爲田」釋乾九二爻辭，既然九二「與坤旁通，坤土稱田」，而初爻爲地道，亦可與坤旁通，何以不稱「田」耶？又若與坤旁通，是初

〔註40〕見例四、例五條（1）。
〔註41〕見例四。
〔註42〕見例四八條（1）、例四。
〔註43〕見例十三。
〔註44〕見例二一條（1）（2）（4）（5）（8）（11）。

爻亦觸陰也，何以言之「陽陽始觸陰」，豈捨陰爻不論，而論陰位耶？〔註45〕

惠氏引虞註，既以既濟卦之上坎爲雲，下坎爲雨；又焉曰「乾以雲雨」耶？乾若有雲雨之象，何須以既濟爲說？又引虞註釋屯卦辭，謂「三已反正成既濟，坎水流坤，故滿形。」其三可「反正」而「坎水流坤」，李道平釋之云：「坎一陽而入坤。」是虞氏探「之卦」之說也。然何不曰「屯由復來，五失位，動而反正」耶？庸取乾坤相交耶？〔註46〕惠棟引《周易述》及案語，皆釋「元亨利貞」，而一「陽降陰升」，一「陽升陰降」；又前者曰「三四易位」，乃非相應之交易位，與後者案云「陰陽得位相應」者，遠矣。〔註47〕

惠棟引《周易述》，以「消息」言臨卦「陽息至二」。又以「升降」言「二陽升五」，既然「陽息至二」，豈又有升至五之理？一文而以二例說之，亦扞格不通矣。〔註48〕又引《周易述》言「遯上之初」，一釋无妄卦，爲上爻降居初爻之下；一釋革卦，則初上易位。同爲「之卦」而所易之法不同，此不合理也。〔註49〕又引《周易述》釋无妄卦辭，惠氏謂「其」爲三失位，故「匪正」，然四亦失位，何不指四？又三四爻皆「不正」，何不曰「三四易位」，而言「二上易位」？復言「上動成坎」，是上與三易位耶？抑爻動耶？〔註50〕

惠棟引虞注云：「賁離象重明麗正。」賁既不互離，則不可曰「重」。且一賁卦之義，忽取所從變之泰卦，忽取變成之既濟卦，其義甚爲牽強。又釋咸曰「初四易位」，亦與惠案云「陽升陰降，陰陽得位」之語相背。〔註51〕

惠棟於「伏羲作八卦之法」一例案語云云，顯以蓍在陰陽之先，由蓍分陰陽而後立卦也。然又於「七八九六」一例中案云「蓍爲陽，卦爲陰」，則二語有出入矣。〔註52〕又於「兩象《易》」一例，其一三兩節皆取兩象《易》卦之乾在外，而曰「上古」；而第二節兩象《易》卦外卦無乾，而謂本卦之中四爻體乾，因之曰「古」。又於第三節復釋第二節之文，曰「亦言後世聖人易之，明上古時也。」既曰「古」，又曰「上古」，是前後矛盾矣。〔註53〕惠氏於「反

〔註45〕見例三一。
〔註46〕見例五一條（2）（6）。
〔註47〕見例五一條（7）、及例三六條（3）。
〔註48〕見例五一條（8）。
〔註49〕見例五一條（9）（10）。
〔註50〕見例五一條（9）。
〔註51〕見例五二條（5）（6）、例三六。
〔註52〕見例五條（1）、例六一。
〔註53〕見例六四條（1）（2）（3）

卦」一例引虞註明夷卦，日「臨二之三」即指「之卦」例，謂明夷自臨來。又日「反晉」者，謂明夷亦自晉卦例反來，一卦有二自，終不可憑也。〔註 54〕

同釋「雲行雨施」一詞，而荀虞二氏所解不同，惠棟未辨明之。〔註 55〕惠氏又引荀註恆六五云「動正成乾」，而恆二至四已體乾，何必日「動正成乾」而以三至五體乾耶？〔註 56〕

「君子爲陽大義」，與「諸例」「君子小人」二例所載，有所出入。惠案日：「故坤卦辭：君子有攸往，君子謂乾陽。」若是，豈非乾陽有所往之於坤陰耶？乃與坤卦辭「先迷後得」之義不合也。〔註 57〕

「五行相次」一例，惠案云：「初九勿用，天之主氣，乃上帝也。」然上帝宜居上爻宗廟之位，故此說乃與「貴賤」例引乾鑿度之語有出入也。〔註 58〕

（3）驗於他文，引案注有與之出入者

惠案云：「八卦由納甲而生。」，非也。「納甲」者，乃以天干納於卦中。徐芹庭所謂：「以乾納甲爲始，故名納甲，乃以十干配八卦。」是也。〔註 59〕又據《說文・祕書》云「日月爲易」，然「易」字本義爲蜥蜴。且其既濟說，乃坎上離下，與日（離）上月（坎）下相背矣。〔註 60〕又釋明夷六五爻辭飲「箕子」爲「荄茲」，誤矣。「箕子」考之他文，實爲人名而眞有其人也。〔註 61〕

「四營而成易」，朱熹《本義》云：「易，變易也，謂一變也。」乃就揲著之法而言，其言是也。而惠棟案日：「太初之氣，寒溫始至，故云易也。」乃爲義理上之引申，非其本義也。〔註 62〕「十有八變而成卦」，朱熹本義云：「十有八變則成六爻也。」而惠案日：「十有八變，乾坤各三畫，故成卦。」謂十八變止得乾坤各三爻之卦，而未及六子卦，且非六爻之重卦，誤矣。〔註 63〕

《左傳》載史墨述乾爻辭，日乾其坤爲見群龍無首吉，則知今世傳本「用九」之義，乃乾六爻盡變爲坤也。而惠案云：「故用九用六之法，乾二居坤

〔註 54〕見例六五條（5）。
〔註 55〕見例五十條（5）、例五一條（2）。
〔註 56〕見例七二條（3）。
〔註 57〕見例七三、七五、七七。
〔註 58〕見例七九、四四。
〔註 59〕見例三條（1）。
〔註 60〕見例三條（2）（11）。
〔註 61〕見例三條（10）。
〔註 62〕見例四。
〔註 63〕見例四。

五……」云云，非也。〔註64〕

　　惠棟謂「元亨利貞」為四德，且為「成既濟定」之義。愚就蒙銘傳、季旭昇、嚴靈峰諸人之論文所敘，知「元亨利貞」非作「四德」解，乃「大通而利於卜問，或卜問則利」之義也。是「貞」字之本義作「卜問」解，非篆之「正」義也。故惠棟以「升降」「成既濟定定」釋「元亨利貞」者，非原義也。〔註65〕

　　夫惠案云：「故師、同人、大有、謙，從六子例，並自乾坤來。」愚察集解及纂疏引虞註師、大有、同人，皆未載「六子」例。是惠棟謂此四卦皆從「六子」例者，非然也。又云：「豫自復來，乃兩象易，非乾坤往來之謂也。」愚察《集解》本引虞註豫卦辭及屈氏述評之語，知其確指「之卦」例，而非「兩象《易》」例也。〔註66〕

　　《集解》本引虞注，謂坎從「乾二五之坤」變來，復言從「觀上之二」來，一身而二首，失標準矣。而惠棟未言此矛盾處，似有避重就輕之嫌。又注兌卦從「坤二五之乾」末，又謂從「大壯五之三」來，此不合理。又注睽卦謂從「大壯上之三」，又謂從「无妄二之五」來，此不合理。惠棟皆未舉其弊。虞注離卦云「于爻遯初之五」，是以之從遯來之例。惠棟舉兌從大壯來，而未舉離從遯來，又失察也。且虞氏既以離從「坤二五之乾」來，此不合理也。

　　惠棟亦未指其失。惠棟謂頤小過從晉來，大過中孚從訟來，因為反復不衰卦之故，故不從臨觀遯大壯之例。然虞注大過云：「大壯五之初，或兌三之初。」固已矛盾不合理矣，而未言從訟來也，是惠氏之說不可據也。又虞注豐卦旅卦亦一身二首，乃謂旅豐二卦不從「之卦」例，而惠棟皆未指明。焦循論虞氏「之卦」例之失，皆惠棟所未察者也。〔註67〕

　　其惠氏案云：「二爻以上變為七八」非。若此，二至六個爻皆可變，而標準焉在？且〈周語〉亦有「乾之否」三爻變之例，且左傳「艮之八」占例，穆姜及筮史皆以變卦為占，是二者皆占艮卦爻動變成之隨卦也，則惠棟引《易林補遺・京房占法》「亂變則不變」而謂「二爻以上變，仍為七八，而不變也。」皆不可信也。〔註68〕

〔註64〕見例五條（3）、例五四、五五。
〔註65〕見例七。
〔註66〕見例十四。
〔註67〕見例十四。
〔註68〕見例十五。

惠棟謂「陰爻居中稱黃」，然解九二：「得黃矢。」惠氏似避重就輕，未舉解又九二之爻辭，以自適其說也。〔註69〕

惠棟引泰九二：「朋亡，得尚於中行。」雖有「中」義，實為「道路之中」也，非荀注所謂「行中和」也。荀謂「中謂五」，亦非。〔註70〕

愚按：屈萬里釋乾九二文言傳「龍德而正中者也」云：「此以陽居二為正中者，意謂正乎中也。與〈彖〉〈象傳〉命辭小異。」而惠棟引文言此句以釋乾九二升坤五之義，非也。〔註71〕

惠棟舉引《周書》殷祝之語，載湯之誓文，將雌雄和陰陽同舉，其思想當在戰國墨子之後，而此誓文亦非商湯之實錄也。孫廣德先生於《先秦兩漢陰陽五行的政思想》一書中已明言陰陽思想觀念瑧於成熟，乃在墨子之後也。惠棟案語云云，亦背於是。〔註72〕

惠棟又引《尚書大傳》「其訓曰」以下云云，不見於今本《尚書大傳》。疑為惠棟案語引揚雄語以釋《尚書大傳》，為人所誤入。〔註73〕

其「當位不當位」一例，惠案舉當位者、不當位者、應者之卦數，審乎經傳，有所出入，宜更易焉。〔註74〕

徐芹庭曰：「游魂者，謂上為宗廟不能變，故重還於四。」而惠東引陸績以陰道不可盡滅，及樸菴先生舉剝上九爻辭，以釋游魂之因，皆不可信也。〔註75〕

惠注「訟主八月」，按之「世月」例及孟長卿六日七分圖，必無所徵。〔註76〕

其惠案引惠士奇釋荀爽「乾成於巽，而舍於離；坤出於離，與乾相遇。」之語，以游魂、歸魂說之，按之陳壽熊之見，是惠氏忽而不察以失實，或故為他說以亂之也。陳氏以六日七分圖之消息法釋之，甚確。〔註77〕

京房「夏至起純陽」云云，驗之月令孟春，實指卦之消息也，而惠棟以之釋「飛伏」例，誤矣。〔註78〕又坤上六〈文言傳〉曰：「為其嫌於無陽也。」

〔註69〕見例十七。
〔註70〕見例二一條（4）、例五十條（12）。
〔註71〕見例三一條（2）。
〔註72〕見例三一條（6）。
〔註73〕見例三六條（2）。
〔註74〕見例四一。
〔註75〕見例十九條（1）、例四二條（15）。
〔註76〕見例四二條（18）。
〔註77〕見例四二條。
〔註78〕見例四三條（3）。

惠棟引荀氏作「爲其兼于陽「者，乃以八卦方位說之。〔註79〕

虞註以〈繫傳下〉首章「因而重之，爻在其中」以釋「非其中爻不備」爲「非其中則爻辭不備」。然《周易本義》及注疏本皆以「非其中爻不備」爲一句。且依崔憬所言：「上既具論初上二爻，次又以明其四爻也。則「中爻」乃指二至五爻也，明矣。〔註80〕

「兩象《易》」一例，前三條屈萬里載入其《先秦漢魏易例述評》一書中，且云：「虞氏以兩象《易》說易者，凡此三見，然皆無當。」而後二條引虞義非兩象《易》也，而惠棟納入此例，不可得說也。〔註81〕

又引復象傳曰：「復，亨，剛反動而以順行。」虞註：「故曰反動。」然《周易本義》斷作「剛反，動而以順行。」是「反」「動」二字本不相連成一句也。且本義又云：「積陰之下，一陽復生。」是「反」作「返」義非作「倒反」義也。而惠註云「艮反震」者，差矣。〔註82〕

「半象」第一條引虞註，集解纂疏引之，於「震爲言」下有「兌爲口」三字，而此節無。〔註83〕

虞註旅九四云：「四焚棄惡人……言無所從也。」然驗之高亨古經今注，則是旅人遭劫。旅人乃受害者也，而虞氏卻以之爲惡人，是顛倒事實也。〔註84〕

（4）引案注與例義不合者

「陽無死義」一例，止能就陰陽相對之效用而言，或就「形而上之道」而言，不可就爻位也。惠棟引荀註乃就爻位而言，非也。〔註85〕

「消息」一例，惠東引荀氏言「息卦爲進，消卦爲退」，與例義不合。又引虞氏以「坤消」爲「順」，「乾息」爲「逆」，亦不合例義。又引《九家易》謂「陽息而升，陰消而降」，亦與例義不合也。〔註86〕

「元亨利貞皆言既濟」，惠棟引《周易述》曰：「乾二五之坤成坎，坤二五之乾成離。」由此得一卦內外皆坎，一卦內外皆離，何以成坎上離下之既

〔註79〕見例四三條（4）。
〔註80〕見例五五條（1）。
〔註81〕見例六三。
〔註82〕見例六五條（2）。
〔註83〕見例六七。
〔註84〕見例七八條（3）。
〔註85〕見例二十條（2）。
〔註86〕見例四七條（5）（6）（7）。

濟卦耶？〔註87〕

「諸卦既濟」一例，惠氏引虞註釋家人上九〈象傳〉。此例既然既濟，家人第三爻已「正」，何以反「之不正」以求互體坤耶？且依占例，凡稱上九者，是上爻動，而上動已成既濟，又焉取三動而上之三耶？又惠案舉夬九二、漸九五，及泰、升、歸妹、豐、渙，皆未合既濟之說也。〔註88〕

「用九用六」一例，惠案曰「此用申九用六之義，所謂中庸也」者，非本義也。〔註89〕「用九」一例，惠案云「其坤其乾者，言乾坤六爻之變，非乾變坤，坤變乾也。」，及「用九用六之法在乾坤二卦」一例，以「升降」法釋「用九用六」，皆與例義不合。〔註90〕

「兩象易」一例，第四、五兩條非兩象《易》也，而惠棟納入此例。〔註91〕

「反卦」一例，惠棟引篆傳：「剛反動而以順行。」然此「反」字作「返」解，非作「倒反」也。而惠注云「艮反震」者，亦非。〔註92〕

「古有聖人之德然居天子之位」一例，愚按：王生所指「欲以太古久遠之事匡拂天子」之時，蓋寬饒尚未進《韓嬰易傳》之語也。而惠棟將二者湊合，有違史實也。又《韓嬰易》語云云：與惠棟「升降」之旨合，然惠棟又謂世襲之父死子繼爲因時制宜之制，又與「升降」義相背矣，亦違例題之旨也。〔註93〕又例題依於義理上可通，而惠棟附於荀氏「升降」，則謬於易道矣。

「飛伏」一例，惠案引朱子發之語「說卦巽其究爲躁卦」以釋此例，然則此乃與「通旁」之例相雷同，又與「震巽特變」一致也。且復舉〈太史公律書〉之語，又和「十二消息」相浸，實與飛伏無關也。〔註94〕

「震巽特變」一例，虞註取巽變至五成噬嗑爲市，以解「躁」之由，已失巽震旁通，以震爲巽之根源也。〔註95〕又此例案之說卦傳，其義實爲震巽旁通相合也，而惠棟所引虞註諸條，或取從下漸變而上，〔註96〕或取「之正」

〔註87〕見例五一條（1）。
〔註88〕見例五二條（8）。
〔註89〕見例五三條（1）。
〔註90〕見例五四、五五。
〔註91〕見例六三。
〔註92〕見例六五條（2）。
〔註93〕見例三一條（2）。
〔註94〕見例四三條（1）。
〔註95〕見例七二條（2）。
〔註96〕見例七二條（1）（2）（3）（5）（6）（9）（10）（11）（12）。

「升降」「諸卦旁通」之例，實已失〈說卦傳〉之旨矣。〔註97〕

「艮爲言」一例，惠棟舉〈說卦傳〉「成言乎」，實此「言」字乃做動詞，宜斷句作「成，言乎艮」。〔註98〕

（5）未說明所引之處，而有抄襲之嫌

「太極生次」一例，惠棟中《乾鑿度》曰，孔子曰，《易》始於太極。」下注文有「鄭註云」外，餘引玄註《乾鑿度》之語，皆未指其名。又「太易」一例第一條，「世應」一例第二、三兩條，「貴賤」一例第一條，其所引皆鄭玄之註，而未指其名也。〔註99〕「升降」例第一條所引之註爲高誘所撰，亦未指其名也。〔註100〕

（6）徵引與原文有異

「諸例」第一條載「四爲三公」，與「貴賤」例引《乾鑿度》「三爲三公」者異。〔註101〕

（7）避重就輕

惠棟謂「陰爻居中稱黃」，然解九二云「得黃矢。」是陽爻居中亦得稱黃也。惠氏未舉此例，似欲自適其說也。〔註102〕

（8）倒果爲因

惠案云：「遇艮之隨，則云艮之八，是亂動不變。」然《左傳》原文云：「遇艮之八……史曰：是謂艮之隨。隨其出也，君必速出。」是筮史乃占本卦爻動變後之隨卦。且史曰「是謂艮之隨」，乃在筮得「艮之八」後之語，惠棟反之，是倒果爲因也。〔註103〕

（9）有應爲例而略缺者

「諸例」一例，惠案云「四爲疑」，實第三爻亦有「疑」象。惠棟未書明，或有遺漏也。〔註104〕

（10）有不宜爲例而徵引之者

〔註97〕見例七二條（3）（4）（7）（8）。
〔註98〕見例八四。
〔註99〕見例一、例二、例四二、例四四。
〔註100〕見例三六。
〔註101〕見例四四。
〔註102〕見例十七。
〔註103〕見例十六。
〔註104〕見例七五。

「易」一例引論語、《史記》、《漢書》之語，皆為史事，與《易》義宏旨無關也。

（11）徵引他說欲密反疏

「易」一例，惠案曰：「夏建寅，象首艮……商建丑，象首坤。」一句是也。〔註105〕「世應」一例第七條，陳壽熊評之云：「按〈翼奉傳〉言子為貪狼之性。惠氏欲兼卦言，逐改子卯為坎震，已非其質。且子乃初九之本位，今言坎則互坎之象，不及於初，是欲密反疏也。〔註106〕

（12）引語之書名今見於他本者

惠棟於「四正」例引：「冬至日在坎，春分日在震……」云云，愚察《易緯八種》一書，實為《稽覽圖》之語。而惠棟謂出於《是類謀》。

（13）諸例不合理引案注因之者

如言「升降」諸條，〔註107〕言「既濟」諸條，〔註108〕言「之卦」諸條，〔註109〕言「半象」諸條，〔註110〕言「爻變受成法」諸條，〔註111〕言「旁通卦變」諸條，〔註112〕言「離四為惡人」諸條〔註113〕等皆是也。

右愚所舉，皆《易例》一書之弊漏所在也。然惠氏《易例》一書可觀之處，亦復不少。其可啟示於吾人者，茲分三項簡述如下：

一、考據方面

（1）辨解名辭，推究其義：如以「象」為五帝時書名；以「箕子」為「荄茲」，而駁班固之論；以「易」字從「日月」，合之於「既濟」之義；復取八純卦，如離象傳「兩」字，震象傳「薦」字，以證「兼三才」之名義也。惠棟求字形、字音、字義，以證於己見，此可為後生所效法者也。

（2）追源尋末，察其前後：惠氏謂伏羲時止有八卦，而六十四卦之名，則後

〔註105〕見例三條（1）。
〔註106〕見例四二。
〔註107〕見例三條（2）（3）、例二一條（3）（4）、例三一條（2）、例五十。
〔註108〕見例三條（2）（3）、例五一、五二、例七七條（2）。
〔註109〕見例十四、例六五條（5）。
〔註110〕見例六七。
〔註111〕見例六八。
〔註112〕見例七十。
〔註113〕見例七八。

人所加也；又云漢以前解「元亨利貞」四德，皆以既濟爲言，後之學者，多乖此義也。愚謂惠棟重歷史之考據，率見於斯也。

（3）蒐羅豐碩，徵引詳明：舉凡經史子集，訓詁小學之書，以爲徵引之材料者，多匯集於此書，足見惠棟學養之宏博也。

（4）融會諸說，獨樹其幟：惠棟研究《易》義，發明《易》例之旨者，其法多因前說，或參經傳，而有所新創。如「伏羲作《易》大義」「伏羲作八卦之法」，即就〈繫傳‧大衍章〉，及〈說卦傳〉前二章爲主，而互證焉；又以荀爽「升降」義，與虞翻「既濟」法，而陳述「易」之名義；復採天地虛五之數，大衍虛一之數，以解「太極」之名義；又混「用九用六」「既濟」「元亨利貞」三者之義於同一逕也。凡類是出陳翻新之互相考證法，《易例》一書屢見之也。

二、象數方面

（1）說明伏羲作八卦之法：以〈大衍章〉所敘，即伏羲作八卦之事也；後人用之以作卜筮，即依此法。又參酌〈說卦傳〉前的二章所載，闡發伏羲作《易》之大義也。

（2）接納緯書：惠棟謂緯書所編，多周秦舊法，不可盡廢也。書中亦屢採《乾鑿度》、《是類謀》、《通卦驗》之說。

（3）辨審圖說：惠棟引干寶之語，而謂聖人弗論先天四圖也。又採虞翻「之卦」之見，而駁斥李挺之所作「六十四卦相生圖」，及朱熹本義之「卦變圖」，謂之以己增意益，不與卦例相符也。

（4）求其占法之原本：惠棟於「占卦」一例，引《易林補遺‧京房占法》，謂二爻以上變爲七八，而仍不變。又於「世應」「飛伏」「貴賤」「貞悔」，詳列諸家所云漢《易》占法也。

（5）詳列荀虞卦變之義：舉凡荀爽之「升降」、虞翻之「成即濟定」「之卦」「旁通」諸例，皆有詳引或論析。尤以「成既濟定」，惠棟致力甚深也。

（6）陳列卦氣卦候之語：惠棟於「四正」「消息」「十二消息」例中，載諸家所論「四時」「二十四節氣」「十二月」等，與八卦、六十四卦相配之義，可令吾輩窺見古人占候觀天之面貌也。

（7）推研筮法用數之旨：如「土數五」「用九用六」「用九」「七八九六」「天地之數止七八九六」「九六義」諸例中，惠氏皆有詳論焉。其以用九即

「升降」「成既濟定」之法，及以天地之數止，「七八九六」四數之論，非比尋常也。

（8）說明德位貴賤：如「君子小人」「離四爲惡人」「乾五爲聖人」，及「諸例」之一部份，皆有所言也。另「震初爲聖人」「乾九三君子」「坤六三匪人」有目無文，然亦屬之。又「古有聖人之德然後居天子之位」一例，以「乾二升坤五」之義，論其晉昇也。

（9）舉證卦德卦象：如「乾爲仁」一例論乾之卦德；「震爲車」「艮爲言」二例論震艮二卦之象是也。

三、義理方面

（1）發明愼始之易義：惠棟於「易初爻」一例，以爲乾初爲積善，坤初爲積惡，而本其卦爻漸進法則，申論其愼始之義，明示吾人當以爲訓戒焉。

（2）列論陰陽相對之表徵：熊十力云：「陰爲欲，而陽爲理；陰爲亂，而陽爲治。」〔註114〕此皆爲陰陽相對之表徵也。而吾人於「扶陽抑陰」「陽道不絕陰道絕義」「陽無死義」三例，及「諸例」一例言「陽爲生」「陰爲死」云云，可以見惠棟除象數之外，猶能領略陰陽之精蘊，此荀虞諸人專研象數者所未及也。其論「剛柔」，言道家尙柔儒家尙剛，頗能識其儒道相對之大體也。至其「升降」一例，引《呂覽》、《尙書大傳》、《太玄經》，言陽升陰降之性態，此亦陰陽相對之表徵也。

（3）引述中和之妙用：惠棟歸納諸說，而以「詩」「禮」「樂」「春秋」「易」「君道」「建國」皆尙「中和」。是惠棟潛在思想，必以六經乃同尙於「中和」矣。推而廣之，無物莫不以「中和」爲定律也。

（4）踵蹈荀子法後王之跡：惠棟力排先天四圖，乃引《荀子・成相篇》「文武之道同伏羲」之語，謂古今之道無異也。

（5）推崇內聖外王之古訓：惠棟於「古有聖人之德然後居天子之位」一例，引《禮運》、《孟子》、《墨子》、《文選》、《周書》、《中庸》諸書篇章之語，謂無其位而有其德者，必待升至天子之位，然後制禮作樂焉。

〔註114〕見《讀經示要》，樂天書局，民國 65 年 3 月版，頁 21。

貳、惠棟《易例》宜合分補增者

一、宜合之例

依《四庫全書〈易例〉提要》，「扶陽抑陰」、「陽道不絕陰道絕義」、「陽無死義」凡三類，宜合之爲一例。「中和」二例、「中和之本」一例（見例八五）、「詩尙中和」、「禮樂尙中和」、「君道尙中和」、「君道中和」、「建國尙中和」、「春秋尙中和」，凡九類，宜合爲一例。「初爲元士」宜併入「貴賤」例中。「乾爲仁」、「震爲車」、「艮爲言」，宜併入「諸例」中。「天地之始」、「卦無先天」凡二類宜合爲一例。

愚就右列四庫全書所舉者合併之，循此原則，《易例》一書宜合併者多矣。如談「既濟義」，又分出「諸卦既濟」一類；論「用九用六」義，乃有「用九用六」、「用九」、「用九用六之法在乾坤二卦」三類；舉「元亨利貞大義」，又有「元亨利貞皆言既濟」、「利貞」二類；而「諸例」中「陽爲生，陰爲死」云云，觀其文義，實與「扶陽抑陰」、「陽無死義」、「陽道不絕陰道絕義」相同；道「消息」義，而分爲「消息」、「十二消息」二類，前一類所舉有與後一類雷同者；闡「升降」義，又重出「乾升坤降」一類；前者兼論「陽升陰降」，而「乾升坤降」其乾指乾卦之陽爻，坤指坤卦之陰爻，而兼言他卦之陽爻、陰爻者也；「剛柔」一類，言「易道剛勝而柔危，故尙剛」，而此「易道」可包含「天道」「君道」而言，是「剛柔」一類，可兼「天道尙剛」、「君道尙剛不尙柔」一類也；究「旁通」義，而分作「諸卦旁通」、「旁通卦變」、「旁通相應」三類；就其「旁通相應」而言，又與「飛伏」一類有雷同之處也；「乾五爲聖人」、「震初爲聖人」、「乾九三君子」、「坤六三匪人」，乃與「諸例」所舉「九五爲聖人」、「初九爲聖人」、「九三爲君子」、「六三（愚按：原作「六四」誤）爲小人」者相同或相近。若夫「諸例」一類，其「陽爲君子，陰爲小人」者，乃同於「君子爲陽大義」一類；「二爲大夫」、「五爲夫子」、「上爲宗廟」者，復與「貴賤」例雷同；「二爲中和」、「五爲中和」、「二五爲中和」者，亦重出於「中和」例；「初九九五爲聖人」至「陰陽失正爲邪」諸條，實取於「君子小人」例中引《乾鑿度》之語也；又惠棟闡「七八九六」之義，而有「七八九六」、「天地之數止七八九六」、「九六義（七八附）」三類；觀「九六義（七八附）」一類所云，實兼前二類之義。凡以上所舉相同或相近之類者，依《四庫全書提要》之旨，皆宜合併之。提要云：「有一類而爲數例者。」即指宜合之類例也。又「乾爲仁」、「震爲車」、「艮爲言」、依四庫提要宜入「諸

例」中。愚謂或可併入「卦象卦德」之增例也。

二、宜分之例

「諸例」一例，其「陽爲君子，陰爲小人」者，乃同於「君子爲陽大義」一例；「二爲大夫」、「五爲天子」、「上爲宗廟」，實與「貴賤」例雷同；「二爲中和」、「五爲中和」、「二五爲中和」，亦重見於「中和」例中；「初九九五爲聖人」至「陰陽失正爲邪」諸條，實取於「君子小人」例中引《乾鑿度》之語也。故以上所舉「諸例」之文，宜分之而併入同義之例中。餘條如「自內曰往，自外曰來」、「下爲先，上爲後」等等，皆宜分而各自爲一例也。

「爻等」一例，實包括諸漢《易》之例而成，如「納甲」、「納支」、「六親」、「五行」、「生剋」、「旺相休囚」皆是，是宜分之而各爲一例也。此即《四庫全書〈易例〉提要》所云：「有當爲例而立一類者。」

三、宜補之例

惠棟《易例》一書，有僅具標目而缺引文案語者，如「《易》氣從下生」、「緯書所編多周秦舊法不可盡廢」、「中」、「大衍之數五十一章即伏羲作八卦之事後人用之作卜筮即依此法」、「左傳之卦說」、「承乘」、「應」、「君道尙剛不尙柔」、「說卦方位即明堂方位」、「性命之理」、「震初爲聖人」、「乾九三君子」、「坤六三匪人」等例，皆補之。

四、宜增之例

惠棟《易例》一書九十條例目雖夥，而宜合併者亦復不少。且於漢《易》部份未載入以成例者多矣，茲列於下，而說明之：

△卦　氣

李道平曰：「卦氣之說，出于《易緯·稽覽圖》。」〔註115〕而屈萬里曰：「卦氣之說，出于孟喜。」〔註116〕其說雖有異，然漢易有之矣。惠棟《易漢學》，卷一載「卦氣圖說」一節，言「六日七分」、「四正」、「十二消息」、「雜卦、辟卦」。「四正」、「十二消息」於《易例》一書已載，唯少「六日七分」及「辟卦雜卦」二例也。此〈卦氣〉一例亦見於《兩漢十六家易注闡微》一書，題爲「卦氣卦候」也。〔註117〕

〔註115〕見《周易集解纂疏》，廣文書局，民國68年6月版，頁25。
〔註116〕見《先秦漢魏易例述評》，廣文書局，民國64年3月版，頁82。
〔註117〕見《兩漢十六家易注闡微》，民國64年12月版，頁73。

△爻　辰

李道平曰：「爻辰者，乾坤十二爻左右相錯，當十二辰也。……又京房亦言爻辰，與鄭不同，乾左行陽時六，始于子而終於戌，二家所同；坤右行陰時六，始未而終巳者，鄭氏說也；始未而終酉者，京氏說也；二家同出于律辰。」〔註118〕屈萬里曰：「至鄭玄復小變其說，於乾六爻則從京氏，於坤六爻則值未酉亥丑卯巳。」〔註119〕徐芹庭曰：「此鄭氏《易》注用之。其法以乾初九爲子配黃鐘，九二爲寅配太簇……坤初六爲未配林鐘，六二爲酉配南宮……。」〔註120〕惠棟《易漢學》，卷六亦載「鄭氏《周易》爻辰圖」一節，並有「鄭氏《易》」一節，皆用爻辰法解《易》也。

△世　月

屈萬里曰：「京房占術，又有世卦起月之例，以八宮卦分值十二月。其術與卦氣之說殊。」〔註121〕李道平曰：「胡一桂〈京房起月例〉云，一世卦，陰主五月，一陰在午也；陽主十二月，一陽在子也……歸魂二世所主，與三世卦同。案自納支以下，干氏《易》多用之，蓋干氏說《易》多附人事而取例，亦比諸家較雜也。」〔註122〕惠棟《易漢學》，卷五載「世卦起月例」一節，所言同上所敘。《卜筮正宗》，卷一亦備此例。

△卦　身

惠棟《易漢學》卷五載「卦身考」一節。其引干寶解震六六註文，乃以爻之五行同本宮者爲卦身，如斯者一卦有二身者多矣。引郭璞《洞林》，乃以世爻爲爻身，如是則每卦皆有之矣。《卜筮正宗》乃以爻之地支同世月者爲卦身，卷一載王洪緒云：「卦身爲所占事之主，若無卦身則事無頭緒，倘卦身有傷，其事難成矣。」循此法，除臨升二卦各有二卦身外，餘六十二卦或有之，或無之也。

△互　體

屈萬里曰：「互體卦變者，皆所以濟象數之窮也。孟喜始以象釋《易》辭，京房承其緒餘，因時以象數說易。然本卦之象，不足以濟其說也，乃求之互體；互體仍不足以濟也，遂更求諸爻變。……互體者，以卦之二至四三爻互

〔註118〕見同註115，頁29、31。
〔註119〕見同註116，頁110。
〔註120〕見同註117，頁74。
〔註121〕見同註116，頁106。
〔註122〕見同註115，頁48。

一卦，三至五三爻又互一卦。」〔註123〕又曰：「互體之說，濫觴於《左傳》，而成於京房。……鄭玄以後，已漸繁賾。下逮虞翻，類例滋紛。既以二至四爻、三至五爻互三畫之卦二。……復以一至五，二至上，各互六畫之卦。……更以初至四、二至五、三至上，各體六畫之卦一。……又有本不成體，而據其半象，以為互體者。……則一卦可衍為無數之卦體。」〔註124〕

△納　甲

李道平曰：「納甲者，乾納甲壬，坤納乙癸，震納庚，巽納辛，艮納丙，兌納丁，坎納戊，離納己，其說莫詳所自。」〔註125〕徐芹庭曰：「京氏、費氏、荀氏、虞氏、干氏皆以此解《易》。」〔註126〕屈萬里所舉「八卦六位」一例載之矣。〔註127〕惠棟《易例》「爻等」一例，及《易漢學》，卷三「八卦納甲之圖」、卷四「八卦六位圖」，皆有詳論矣。

△納　支

李道平曰：「納支者，以八卦之六畫分納陰陽六辰。」〔註128〕徐芹庭曰：「納支者以八卦六爻分納十二支也。配以五行與納甲，則六十四卦乾在內者初九納甲子水，九二甲寅木，九三甲辰土；乾在外卦者，九四壬午火，九五壬申金，上九壬戌土，餘依圖類推。」〔註129〕屈萬里言之於所舉「八卦六位」例中。惠棟則於《易例》「爻等」一例及《易漢學》，卷四「八卦六位圖」中有其論也。

△六　親

李道平曰：「六親爻例起于京君明。」〔註130〕又曰：「如乾初甲子，子為水，金生水為義爻；乾外壬午，午為火，火剋金為制爻是也。」〔註131〕而此乃視爻與爻之間六親關係。而惠棟於《易例》「爻等」一例第二條引〈京房乾卦傳〉註曰：「水配位為福德（陸績曰：甲子水，是乾之子孫）。」其陸績註云云，即視爻與本宮之六親關係也。

〔註123〕見同註116，頁98。
〔註124〕見同註116，頁127～129。
〔註125〕見同註115，頁34～35。
〔註126〕見同註117，頁69。
〔註127〕見同註116，頁104～106。
〔註128〕見同註115，頁39。
〔註129〕見同註117，頁69。
〔註130〕見同註115，頁41。
〔註131〕見同註115，頁42。

△五 行

五行之名見於《尚書·洪範》。屈萬里於〈說卦傳〉云：「於參天兩地數之語，證知已取乎以五行配數字之義。」〔註132〕徐芹庭舉「五行」一例，云：「說卦傳云：『乾爲金，坤爲地（地即土也），巽爲木，坎爲水，離爲火。』……此漢儒注易所取五行之象。〈繫辭傳〉：『五位相得而各有合。』虞翻注云：『五位，謂五行之位。』」〔註133〕惠棟《易漢學》，卷五亦載「五行」一節，所敘甚備。

△用 神

所謂「用神」者，即分類所占之人事物，而歸納於所屬「六親」之用爻也。如占文章、舟車，以父母爻爲用神；占錢財、妻妾，以妻財爻爲用神；占丈夫、官府、鬼神、雷電，以官鬼爲用神；占兄、弟、朋友，以兄弟爻爲用神；占禽、獸、兒女，以子女爻爲用神。若問自己，或己邦，則以世爻爲用神；問陌生人，或彼國，則以應爻爲用神。餘條甚多，茲不備載，《卜筮正宗》「用神分類例」及其他占例詳之矣。

△生 剋

惠棟於《易例》「爻等」一例，舉陸績註〈京房乾卦傳〉云：「壬申金同位傷木。」「傷木」者，即「剋木」也。又於案語舉《抱朴子》引《靈寶經》云：「上生下，下生上，上克下，下克上。」諸語，即「生剋」之例也。

△旺相休囚

惠棟《易例》「爻等」一例引《漢書·王莽傳》曰：「兆遇金水王相。」「王」字，即「旺」也。

又於《易漢學》，卷五引五行休王論云：「立春、艮王、震相、巽胎、離沒、坤死、兌囚、乾廢、坎休。立夏……。」註云：「《唐六典》以王相囚死胎沒休廢，爲卦之八氣。」《卜筮正宗》，卷三亦載「旺相休囚論」云：「金王水相、木休火囚。」諸語，同〈王莽傳〉所云，乃以五行視其氣之旺衰也。而五行休王論，則視卦氣之旺衰也，而分爲八目。

△沖 合

惠棟《易漢學》，卷五「五行」一節引王充《論衡》云：「王之衝死，相

〔註132〕見同註116，頁57。
〔註133〕見同註117，頁68～69。

之衝囚。」其「衝」字，即「沖」也，謂八卦相沖也。卷三「五位相得而各有合」一節引虞註〈繫傳〉云：「甲乾乙木，相得合木。」諸語，是謂天干之相合也。《卜筮正宗》「生剋沖合論」載「子午相沖，丑未相沖」云云，則指地支相沖也；又載「子丑相合，寅亥相合」云云，乃謂地支相合也。《易漢學》，卷五「五行」一節引《淮南子》天文曰「木生于亥，壯於卯，死於未，三辰皆木也」云云，及引〈高堂隆議臘用日〉云「水始於申，盛於子，終於辰」云云，即後世所謂「三合會局」之例也。《卜筮正宗》，卷一「三合會局歌」云云，以申子辰爲水局，亥卯未成木局，巳酉丑成金局，寅午戌火局，其源有自，驗於《淮南子・天文訓》及〈高堂隆議臘用日〉之語，是漢代已有此法矣。

△長生訣

《易漢學》，卷五「五行」一節，引〈京房易積算法〉云：「寅中有生木，亥中有生木。」云云，惠註云：「此即後世術家長生訣之先河也，長生訣有十二辰，見唐六典。」今《卜筮正宗》一書卷一「長生掌訣」載有十二目：「長生、沐浴、冠帶、臨官、帝旺、衰、病、死、墓、絕、胎、養。」與〈五行休王論〉所載八目大同小異。唯此十二目乃視爻之納支與日辰，或爻與爻之間之強弱關係，而〈五行休王論〉則視卦於年歲四季中氣之旺衰也。

△空 亡

惠棟《易漢學》，卷三引〈繫傳〉「周流六虛」一詞及虞註云：「六虛，六位也。日月周流，終而復始，故周流六虛，謂甲子之旬辰爲虛。」又案語引裴駰曰：「甲子旬中無戌亥。」而《卜筮正宗》，卷一「六甲旬空起例」，及《增刪卜易》「旬空章二十六」，皆言「甲子旬中戌亥空」，是諸語皆論十天干與十二地支相配中所餘二地支，謂之空虛之辰也。亦可知漢代已有此說也。

△六 獸

惠棟《易漢學》二引魏伯陽《參同契》「白虎爲煞樞」文下注云：「《郭洞林》云，兌爲白虎。」於「青龍與之俱」文下注云：「青龍，東方少陽。」同卷引龍虎上經「赤童戲朱雀」文下注云：「《郭洞林》云：離爲朱雀。」於「龍虎自相尋」文下注云：「震龍、兌虎。」或以卦，或以方位，皆合《卜筮正宗》，卷一「六獸歌」所云：「甲乙起青龍，丙丁起朱雀……庚辛起白虎。」以震木在東，甲乙合爲木；離火在南，丙丁合爲火；兌金在西，庚辛合爲金。唯惠

棟所注言皆以卦及方位配獸，而《卜筮正宗》乃以「六獸」配\六爻耳。

上所列諸例，是惠棟《易例》一書，於漢《易》未舉為例者也。而徐芹庭舉「爻之」一例，云：「凡六爻有二爻以上相往來，而另成一卦者謂之爻之。其形式有互易、推遷、上息三種。」〔註134〕其「互易」、「推遷」二種，《易例》「虞氏之卦大義」一例已載其法。而「互易」除「之卦」例中所及，實虞翻易註亦復多用「三四易位」或「初之上」等法，故宜另成一例。「推遷」為「之卦」之變例，亦宜另為一例也。「上息」之法，《易例》一書所不及，今亦立為一例如下：

△互 易

徐昂曰：「易如泰五之二為既濟，第二爻與第五爻互易；否上之五為未濟，第二爻與第五爻互易，此例最多。」〔註135〕

△推 遷

徐昂曰：「推遷如泰初之上為損，泰卦初爻移置上位，二三四五上爻遞降為初二三四五爻……遯上之初為无妄，大壯之上為大畜，例可類推。」〔註136〕

△上 息

徐昂曰：「上息之卦多陽息陰，陰息陽，如謙三之坤初為復，上息謙；即謙卦第三爻降至坤初為復，將原有初爻陰化為陽，二四五上爻皆陽息陰，原有第三爻位陽化為陰。」〔註137〕

另徐芹庭於《兩漢十六家易注闡微》一書，舉「隔」、「權變」、「據」、「兩象對合」四例，愚列論如下：

△隔

徐芹庭曰：「隔者，間隔也。凡隔於他爻而不得應據承乘往來者，由於間隔同類之爻也。此虞氏用以注《易》，荀氏間亦用之。」虞注隨六二云：「承四隔三，故失丈夫。」注咸九四云：「感初隔三，感上隔五。」〔註138〕

△權 變

徐芹庭曰：「正以行常，權以應變。權者，變而為權宜之計也。」徐昂曰：

〔註134〕見同註117，頁63。
〔註135〕見同註117，頁63所引。
〔註136〕見同註117，頁63所引。
〔註137〕見同註117，頁63所引。
〔註138〕見同註117，頁61。

「爻本得正，而變為不正，權也。變正為不正，而終復正位，權而不失乎經者也。虞注漸上九云：『三已得位，又變受上，權也。』」〔註139〕屈萬里評之曰：「三本當位，又必使變為不當，而與上易位，不亦自亂其例乎？乃以『權』解嘲，所謂遁辭知其窮矣。」〔註140〕愚按此「權」例，實即屈氏所舉之「三變受上」及惠棟《易例》之「爻變受成法」也。

△據

徐芹庭曰：「陽爻在陰爻之上曰據。」虞注賁篆云：「五變據四。」注坎九二云：「據陰有實，故求小得也。」〔註141〕

△兩象對合

徐芹庭曰：「荀氏《易》有所謂兩象對合者，謂內外兩象適為反卦也。如中孚注云：『兩象對合。』以巽兌為反卦也。」〔註142〕愚謂虞氏「兩象《易》」乃兼論二重卦也，而「兩象對合」則單指一重卦之內外卦相反而言也。

另〈象〉、〈象〉、〈文言〉、〈說卦〉諸傳及爻辭之通例，惠棟《易例》一書未備者，愚亦列論於下：

△中直、直

同人九五、困九五之象傳，皆載「以中直也」，而坤〈文言傳〉云：「直其正也。」是「直」亦「正」義也。

△正　中

屈萬里曰：「中正亦曰正中。」〔註143〕審需〈象傳〉：「位乎天位以正中也。」乃指九五言。而比九五、隨九五、巽九五之〈象傳〉，皆云「位正中也」，故知〈象〉〈象〉二傳「正中」即「中正」例也。而〈文言傳〉釋乾九二云：「龍德而正中者也。」屈萬里曰：「以陽居二為正中者，意謂正乎中也。與〈象〉〈象傳〉命辭小異。」〔註144〕此說可通。

△中道、中行、行中

師六五〈象傳〉：「以中行也。」臨六五〈象傳〉：「行中之謂也。」蠱九

〔註139〕見同註117，頁62。
〔註140〕見同註116，頁148。
〔註141〕見同註117，頁60。
〔註142〕見同註117，頁67。
〔註143〕見同註116，頁18。
〔註144〕見同註116，頁42。

二〈象傳〉、離六二〈象傳〉、解九二〈象傳〉、損九二〈象傳〉，皆曰：「得中道也。」是此三例同「中」例之義也。

△凡初爻曰下

　　乾〈文言傳〉：「潛龍勿用，下也。」而乾初九、屯初九，剝初六、大過初九、益初九、井初六諸〈象傳〉，亦皆言「下」也。」

△初爻亦曰卑、曰履

　　謙初象傳：「卑以自牧也。」噬嗑初九：「履校滅趾。

△凡初爻稱窮

　　屈萬里曰：「以其居下體之極也，故又稱窮，窮者，極也。」〔註145〕其豫初六、大壯初又、旅初九諸〈象傳〉皆言「窮」也，故云。

△凡上爻稱上

　　如履上九、大有上九、豫上六、隨上六、賁上九、恆上六、萃上六、升上六、井上六、鼎上九、旅上九、巽上九諸〈象傳〉皆載「上」字是也。

△凡上爻稱亢

　　小過上六〈象傳〉：「已亢也。」乾上九爻辭亦曰：「亢龍有悔。」是也。

△上爻亦曰末

　　大過〈象傳〉：「本末弱也。」屈萬里曰：「末謂上六。」〔註146〕是也。

△凡上爻稱窮

　　〈文言傳〉釋乾上九曰：：「亢龍有悔，窮之災也。」坤上六、隨上六、无妄上六、姤上九、巽上九、節上六諸象傳亦皆曰「窮」，是也。

△上爻亦曰高、曰極

　　乾〈文言傳〉上九曰：「高而無民。」又曰：「與時偕極。」是也。

△三四爻有稱疑、或、進退、上下、反復、往來、翩翩、次且、遲、次、徐徐、憂、惕、戒、嗟、愬愬、蘇蘇、且

　　屈萬里曰：「三四爻義每相通，以反對後，則三為四，四即為三也。經文多疑而不定之辭，故〈象傳〉間申其義。〔註147〕惠棟《易例》「諸例」一例，止載「四為疑」，而於餘例未之見他；且第三爻通例，文中竟無一辭。其〈文

〔註145〕見同註116，頁21。
〔註146〕見同註116，頁23。
〔註147〕見同註116，頁19。

言傳〉釋乾九四曰：「上下無常」「進退無恆」「故或之，或之者，疑之也。」
而乾九三〈象傳〉云：「返復道也。」賁六四、損六三、升九三、既濟六四諸
〈象傳〉，亦皆言「疑」也。爻辭每於三四爻，其多疑憂懼不定之義，屢見之
也。屈萬里曰：「晉九四：『晉如鼫鼠。』解六三曰：『負且乘。』或假善疑之
物為喻，或以疑事之狀為說，胥以明其無所定主而已。」〔註148〕其言然也。
豫九四云「由豫」，即「猶豫」也；言「或」者，有乾九四、坤六三訟、六三、
師六三、无妄六三、恆九三、漸六四、中孚六三、小過九三；言「往來」或
「往」或「來」者有泰九三、坎六三、咸九四；言「翩翩」暫，有泰六四，
屈氏注引毛傳曰：「翩翩，往來貌。」；〔註149〕言「進退」者，有觀六三；言
「次且」者，有夬九四，姤九二；言「遲」者，有豫六三、歸妹九四；言「次」
者，有師六四；言「徐徐」有困四；言「且」者，有解六三，「且」乃「將」
之義，亦同「或」也；言「惕」者，有乾九三、小畜六四；言「愬愬」者，
有履九四；言「蘇蘇」者，有震六三；言「憂」者，有臨六三；言「戒」者，
有既濟六四；言「嗟」者，有離九三、萃六三也也。成蓉鏡於《周易釋爻例》
一書中謂：「凡三四爻亦稱際。」又舉坎六四象傳：「剛柔際也。」以為證。
然屈萬里於「〈象〉〈象傳〉例」云：「剛乘柔則曰柔遇剛，亦曰剛柔接，亦曰
剛柔際，亦曰剛柔節。」〔註150〕屈氏又舉姤象及睽六三、蒙九二、解初六、
鼎上九諸象傳以證此例，是「際」非三四爻之通例也，乃謂剛乘柔。屈氏云：
「剛謂九五。」〔註151〕是「剛柔際」乃坎九五乘六四也。

△凡中爻有包義

屈萬里曰：「二為初三所包，五為四上所包，故有包義。」爻辭言「包」
者，有蒙九三、泰九二、否六二、姤九二、姤九五。泰九五言「苞」，屈氏注
曰：「苞一作包，古通用。」〔註152〕故亦為「包」也。

△凡中爻有幽義

如履九二、歸妹九二之爻辭皆言「幽」字是也。屈萬里曰：「幽隱深藏，
亦中義包義也。」〔註153〕

〔註148〕見同註116，頁19。
〔註149〕見同註116，頁20。
〔註150〕見同註116，頁32。
〔註151〕見同註116，頁32。
〔註152〕見同註116，頁16。
〔註153〕見同註116，頁16。

△三四爻亦有包之義

如否六三、姤九四皆言「包」也。屈萬里曰：「蓋以全卦言之，三四固亦被包在中也。」〔註154〕

△位

屈萬里曰：「凡爻之所居曰位。」〔註155〕徐芹庭曰：「凡六爻之位，初三五爲陽位，二四上爲陰位。」〔註156〕

△凡五爻曰天位

言「天」者，有乾九五、姤九五之爻辭；師九二〈象傳〉；乾〈文言傳〉釋九五四：「本乎天者親上。」又曰：「乃位乎天德。」；需〈象傳〉云：「位乎天位。」屈萬里曰：「謂九五。」〔註157〕是也。

△五爻亦曰尊位

大有〈象傳〉曰：「柔得尊位。」屈氏云：「謂六五。」〔註158〕

△凡五爻稱帝、稱王、稱天、稱君

屈萬里曰：「按爻位以五爲最尊，故經於天、帝、君、王等辭，多於五爻稱之。」〔註159〕言「天」者，有乾九五、姤九五之爻辭；言「帝」者，有泰六五、歸妹六五之爻辭，履〈象傳〉云：「履帝位。」屈萬里曰：「指九五。」〔註160〕是也；言「君」者，有歸妹六五爻辭；言「王」者，有比九五、家人九五、渙九五之爻辭。惠棟《易例》「諸例」一例中亦云：「五爲大君。」亦屬焉，證之臨六五爻辭：「大君之宜。」是也。

△凡初四、二五、三上，陰陽互異曰與

如咸〈象傳〉：「二氣感應以相與。」屈氏云：「謂上下二體之爻皆互應。」困九四〈象傳〉：「雖不當位，有與也。」屈氏云：「謂與初六應。」〔註161〕

△不應曰無與、未有與、不相與、敵

如井九二〈象傳〉：「無與也。」屈氏曰：「謂與九五不應。」剝六二〈象

〔註154〕見同註116，頁17。
〔註155〕見同註116，頁25。
〔註156〕見同註117，頁58。
〔註157〕見同註116，頁25。
〔註158〕見同註116，頁25。
〔註159〕見同註116，頁25。
〔註160〕見同註116，頁25。
〔註161〕見同註116，頁30。

傳〉：「未有與也。」屈氏云：「謂與六五不應。」言「敵」「不相與」者，有艮〈象傳〉：「上下敵應，不相與也。」屈氏云：「謂六爻皆不應。」〔註162〕

△陽交陰曰柔遇剛、剛柔接、剛柔際、剛柔節

如姤〈象傳〉：「柔遇剛也。」屈氏謂：「初六遇九二。」餘例於睽六三、蒙九二、坎六四、解初六、鼎上九之〈象傳〉，屈氏舉論甚詳，茲不贅述。〔註163〕

△陽為男陰為女

家人〈象傳〉云：「女正位乎內，男正位乎外。」屈氏云：「女謂六二，男謂九五。」〔註164〕惠棟《易例》「陽道不絕陰道絕」一例引白虎通云：「以男生內嚮，有留家之義；女生外嚮，有從夫之義。此陽不絕，陰有絕之效也。」合「陽為男陰為女」之義，然惠氏未舉以為例也。

△凡陰稱順

旅〈象傳〉曰：「柔得中乎外而順乎剛。」屈氏云：「謂六五。」巽〈象傳〉云：「柔皆順乎剛。」屈氏云：「謂初六、六四。」〔註165〕又蒙六五、需六四、頤六五、咸六二、明夷六二、家人六、升六四、革上六、漸六四、渙初六諸〈象傳〉，皆言「順」也。

△陰陽相接曰交

屯〈象傳〉曰：「剛柔始交而難生。」愚謂剛指初九，消息為子；柔指六二，消息為丑；子為十一月，故崔憬曰：「十二月陽始浸長而交于陰，故曰剛柔始交。」〔註166〕蓋十一月盡，至十二月陽爻始與陰爻之氣相交也。故知此「交」義，乃謂初九、六二之相交也。又泰〈象傳〉曰：「天地交……上下交。」否〈象傳〉曰：「天地不交……上下不交。」是皆指內外卦之陰陽相接或相離也。凡陽氣欲升而陰氣欲降，泰外陰降而內陽升，故得相接曰「交」也；否反之，故曰「不交」也。今屈萬里舉屯〈象傳〉以釋其「陰陽雜曰交」者，非也。因此屯〈象傳〉之「交」乃指初二陰陽爻相接耳。且泰否二〈象傳〉之「交」，未有相雜錯置之義也。朱熹謂：「始交謂震，難生謂坎。」〔註167〕頗合道理。

〔註162〕見同註116，頁31。
〔註163〕見同註116，頁32。
〔註164〕見同註116，頁35。
〔註165〕見同註116，頁35。
〔註166〕見同註115，頁95。
〔註167〕見《周易本義》，皇極出版社，民國69年10月版，頁27。

△文

賁〈彖傳〉曰:「柔來而文剛。」又曰:「分,剛上而文柔。」依屈萬里先生所云:「〈彖傳〉即以反對之義說之。」〔註168〕故由此知,賁爲噬嗑倒反得之,是賁〈彖傳〉所指「剛」乃艮也,「柔」乃離也,皆以內外卦而言。「分」,當即噬嗑彖傳「剛柔分」之略文也;故知「柔來」謂離自噬嗑外卦倒反爲賁之內卦;「剛上」指噬嗑之內卦震倒反爲賁之外卦艮也。「分」字宜與「剛上而文柔」分讀;愚又謂「文」乃取諸「文明」之義,而「文明」乃離卦之德也。〔註169〕是賁〈彖傳〉曰:「文明以止」,「文」即離之德,「止」即艮之德也。故「文剛」者,離來文飾艮也;「文柔」艮上而文飾離也,此則不限於離文艮,乃取其相對性之通義也。若夫屈萬里曰:「陰陽雜曰文。」又將「分剛上而文柔」爲連句,然則此與「九二升至上六」或「二上互易」之「升降」「陰陽互易」之卦」說幾無差異,是與屈氏己身之本旨相背矣。

△內 外

屈萬里曰:「凡卦上體謂之外,下體謂之內。」如泰、否、无妄、家人、旅、渙諸〈彖傳〉皆言「內外或單言」「內」「外」是也。屈氏又云:「三爻亦間曰外者,就其一體言。」如兌〈彖傳〉:「剛中而柔外。」謂三上兩爻皆柔,一在上體之外,一在下體之外也。屈氏又云:「三四爻或又曰內者,則就其通體之形勢言。」如中孚〈彖傳〉:「柔在內而剛得中。」內謂六三、六四也。又〈彖傳〉或間以在本爻之上者爲外,在下者爲內。〔註170〕

△上行、進

此二例即惠棟《易例》「諸例」一例「自內曰往」也。其言「上行」者,有噬嗑、晉、睽、損、鼎之〈彖傳〉也;言「進」者,有晉、睽、鼎、漸之〈彖傳〉。凡此皆謂本居內卦,倒反而居外卦也。

△損益特變

損益二卦互爲倒反是矣。而猶如損卦初爻置於上爻之上而成益也;益卦上爻置於下爻之下而成損也。故損〈彖傳〉「損下益上」乃由損而言益,益〈彖傳〉「損上益下」乃由益言損也。故益〈彖傳〉又曰:自上下下」,損〈彖傳〉

〔註168〕見同註116,頁1。
〔註169〕同人〈彖傳〉:「文明以健。大有〈彖傳〉:「剛健而文明。」明夷〈彖傳〉:「內文明而外柔順。」其「文明」皆指離之卦德也。
〔註170〕皆引自同註116,頁37。

言「損剛益柔」,「剛」指初爻奇位,「柔」指上爻偶位;「損剛益柔」即由損倒反成益,損減初爻而益加於上爻之上也。故焦循《易圖略》卷七論虞氏卦變曰:上下相加如損益,四也。」此法即前所舉徐昂所謂之「推遷」例也。而此二卦〈象傳〉所言與他卦「倒反」義,乃以「剛柔」言卦或爻之陰陽者,自有不同之處,故愚名之曰「損益特變」也。

△自下漸上曰長

　　如泰、否、臨、剝、復、遯之〈象傳〉皆言「長」,乃取其漸勢,由下而上也。其說頗近漢人十二消息者,且此六卦亦為十二消息卦之六也。

△三才、三極

　　〈繫傳〉云:「易之為書也,廣大悉備,有天道焉,有人道焉。兼三才而兩之,故六。六者,非他也,三才之道也。又曰:「六爻之動,三極之道也。」〈說卦傳〉曰:「兼三才而兩之,故易六畫而成卦。」徐芹庭曰:「凡六十四卦,卦有六爻,其初爻與第二爻為地之道,三四二爻為人之道,五上二爻為天之道。」此說於乾爻辭有徵矣,九二曰「見龍在田」,此地道也:九三曰「君子終日乾乾」,此人道也;九五曰「飛龍在天」,此天道也。

△卦象卦德

　　如〈說卦傳〉:「乾為馬、坤為牛」「乾為首、坤為腹」之類是也。又云:「乾為天,為圓……」云云,亦是。其「乾,健也;坤,順也;震,動也;巽,入也;坎,陷也;離,麗也;艮,止也;兌,說也。」與〈彖〉〈象〉所敘者大同小異。或有謂之「卦德」,如朱熹《本義》即是。依惠棟《易漢學》,卷三「虞氏逸象」所載,「乾健坤順」之類,亦歸入「卦象」類例中。另說卦傳「震以動之,風以散之」云云,「坎者,水也……勞卦也」、「動萬物者莫疾乎雷」之語,皆載於〈說卦傳〉第四章以後。愚謂,今本〈說卦傳〉前三章,於《帛書周易》屬於繫傳之一部份,愚審今本說卦傳,其前三章多闡義理,而後數章乃以象數為主,其判別之跡略可窺焉。另〈繫辭傳下〉第三章云「作結繩而為罔罟,以佃以漁,蓋取諸離」之語,即「《易》有聖人之道四焉……以制器者尚其象」之謂也;由此章可知離為網罟,益為耒耨,噬嗑為市,渙為舟楫,豫為重門擊柝,隨為服牛乘馬,小過為杵臼,睽為弧矢,大壯為棟宇宮室,大過為棺槨,夬為書契之象也。凡此,或從卦象,或尋爻等,皆可窺焉。而〈彖傳〉〈象傳〉亦載卦象卦德焉,如乾為天,坤為地,震為雷,巽為風為木,坎為水為雨為雲為泉,

離爲火爲明（屈氏謂此明爲名詞，謂日也）爲雷爲目，艮爲山爲男，兌爲澤爲水爲女，凡此皆屬卦象也。如乾爲剛健，坤爲柔順，震爲動爲剛，巽爲巽爲柔，坎爲險，離爲文明爲柔，艮爲止爲剛，兌爲說爲柔，凡此皆屬卦德也；其以震艮爲剛，巽離兌爲柔，亦合繫傳陽卦多陰，陰卦多陽之說也。四庫《易例》提要云：「乾爲仁、震爲車、艮爲言三類，即諸例中之三。」依此，凡言卦象卦德者，或皆可納入「諸例」一例中。

△內卦為近，外卦為遠

〈繫傳〉：「二多譽，四多懼，近。柔之爲道，不利遠者。」屈萬里曰：「按內卦爲近，外卦爲遠。近也，指二言，謂在內卦也。不利遠者，指四言，謂在外卦也。」〔註171〕

△爻者效其動

繫傳云：「爻也者，效天下之動者也。」又曰：「道有變動，故曰爻。」

△乾坤或指陰陽爻

屈萬里曰：「傳言乾坤爲易之縕，其乾坤謂陰陽爻，非專就乾坤兩卦言。」〔註172〕

△《易》有聖人之道四

〈繫傳〉曰：「易有聖人之道四焉：以言者尚其辭，以動者尚其變，以制器者尚其象，以卜筮者尚其占。」愚謂由「以制器者尚其象」一語，可知觀卦象能利用之以製造器物，此亦可證明《易》卦之實用性也。

總之，右所列論者，愚參考屈萬里《先秦漢魏易例述評》，成蓉鏡《周易釋爻例》，徐芹庭《兩漢十六家易注闡徵》「漢易略例」章，《周易集解纂疏》「諸家說易凡例」等，略究其說，以增其惠棟《易例》一書所遺缺之例。唯《左傳》、《國語》、先秦諸子、及漢代以降所論《易》法，必多乎愚所舉者千百，愚所不及者尙夥，乃僅就漢《易》，與經傳以爲論云。

參、惠棟《易例》之價值

夫聖人作卦觀象之旨，本爲占筮而用，卦辭爻辭之說，乃因解《易》而設也。是象數猶素，而義理猶繪，其繪事後素，孔門闡焉。然《易》道深閟

〔註171〕見同註116，頁51。
〔註172〕見同註116，頁53。

賾隱，聖人繫辭，乃資來學以一徑也。捨其辭而泯其義，猶自塞其門，閉戶而造車也。

愚讀惠氏《易例》之書，以其材料之富碩，目不暇瞑思繼日月，而方漸啓明。王弼盡掃象數以來，《易》道厥分爲二，除朱熹外，或單言義理，或專就象數，而惠棟雖爲清代象數之大家，然愚審此書，覺其未嘗孤絕於一隅，知其冊笥所藏，經子史集備會於一室也。故吾人可循之，以融通諸子百家之說也。此價值之一也。

惠棟斯書，雖有瑕疵，然愚亦從中窺知虞荀象數之窮，而履霜以知堅冰之將至，未敢冒然以自適也。惠氏於「易」一例文中，仍取淮南泰族「《易》之失鬼」之語，則益知其坎窞之地也。察其黑而守其白，此價值之二也。

又曰「四時，明堂之本也」「詩尚中和」「禮樂尚中和」「君道尚中和」「建國尚中和」，按此諸語，吾人亦可知古人祭祀、朝覲、撰詩、制禮、作樂、治民、奠基，舉凡作事以厚生，應對而進退者，皆合于天律也。「天人合一」之說，由此益發洞曉，此價值之三也。

至其曰「象，五帝時書名」，而辨其刑書、《易》書之際，愚蹈其踵跡，乃謂「象」爲古代之官名也。又云「卦無先天」，愚乃因之以知先天圖不可信之處。云「艮之八，是亂動不變」，愚乃知古代占筮之法，有以不變之爻爲用神者。又舉「貞悔」一例諸文，愚乃知先人亦有其一事而二筮之法，證諸考古材料，頗相吻合。復知有取世爻爲用神者也。是書發前人所未深究者，吾人可憑之以繼往開來，此價值之四也。

是書言象數乃以「既濟」爲主幹，闡義理則以「中和」爲本始，驗之「中庸」一書，實不相離也。吾人得以曉貧富貴賤之差等，夷狄患難之遭逢，皆有其起伏之天律在，遂能各安其位，發而中節，無入而不自得焉。又於《易》初爻」一例，本其卦爻漸進法則，申論其慎始之道理，明示吾人當以爲訓戒。又「扶陽抑陰」「陽道不絕陰道絕義」「陽無死義」三例，吾人亦可從中領會善惡存亡之分際。凡是，皆有益於修身者，此價值之五也。

《四庫全書〈易例〉提要》云：「然棟於諸經，深窺古義，其所捃摭，大抵老師宿儒專門授受之微旨，一字一句，具有淵源。苟汰其蕪雜，存其菁英，因所錄而排比參稽之，猶可以見聖人作《易》之大綱，漢代傳經之崖略。正未可以殘闕少緒，竟棄其稿矣。」此價值之六也。

夫「不以人廢言，不以言廢人」者，先聖教之矣。《易例》一書雖有不少

扞格不通之處，然其價值不可因之一概抹煞。孔子不亦言乎，好而知其惡，惡而知其美，此乃爲學處世之根本也。

肆、本書研究心得

一、義理方面

惠棟爲清代《易》漢學大家，其習易乃以象數爲尙。故愚於本節研究之心得，亦僅就其部份徵引偏重義理之文，或惠棟一己之見，而申以愚之拙見也。

物有先天地而生者，太極也。然太極由何而生焉？曰：無極也，即道也。宇宙一太極，人亦一太極。無極而太極，太極而天地，天地而萬物，實包括時間與空間之程序。而其物質空間上下內外，充塞無形無名者，即「無極」也。莊子曰：「六合之外存而弗論，六合之內論而弗議。」乃以空間言也。愚謂「六合」者，易卦六爻之相合也。宇宙一太極，人一太極，則六爻之卦，亦一太極也。故「六合」者，實言萬物之太極也。主乎其間曰無極，無形無名，莫能象之，故存而弗論也。〔註173〕無極以生太極，則「太易者，未見氣也」即「無極」也。惠棟引鄭玄曰：「易本無體氣，變而爲一。」無體氣，即無極也；變而爲一，即太極也。「太初、太始、太質」，合而未分，此太極也，乃先天地而生者也。故惠引鄭曰：「雖含此三始而猶未有分判。《老子》曰：有物渾成，先天地生。」道常無名，是無極無名者，太易也，道也。〈繫辭〉曰：「形而上者謂之道，形而下者謂之器。」道在形之上，乃無名之，故云乎此。形者，即太極之謂也；中含初太素、太始三者，當太易後而生也，亦先天地而生者也。是惠棟引鄭玄云：「太易既自寂然無物矣，焉能生此太初哉？則太初者亦忽然而自生。」頗見智慧焉。河上公云：「能生天地人，則當大易之氣也。」語稍不同。然天地人，乃形而下之「器」，亦各俱其氣而自爲一太極也。或有以太極爲道者，而不論至無極也，如胡渭所云：「太極，形而上者也；兩儀、四象、八卦，皆形而下者也。」是也。乾鑿度論曰：「《易》始於一。」鄭玄曰：「《易》本無體氣。」其「無體無氣」，是謂「無極」。〈繫傳〉不亦云乎：「《易》無體」者，是也。無體氣然後太極以自生，古往今來，未有先之者，故曰「一」也。〔註174〕

─────────────────

〔註173〕參見例九愚。
〔註174〕參見例二愚按，及例四二條（3）所引。

夫「道」者，形而上之謂也；互古以來，未嘗生焉，何有死地也？「陽道」在前，而「陰道」踵後，終而復始庸有絕跡？然智慧發於內外，相對生於左右，凡人基於趨善避惡之心態，畏死欲存之念頭者，皆「扶陽抑陰」之所在。此「扶陽抑陰」者，乃就人理而發也。以「道」觀之，天地之間，未曾有扶陽以抑陰；天地無心，亦何有善惡可言？其論善言惡者，而心而發。泰卦辭曰：「小往大來，吉亨。」否卦辭曰：「之匪人，不利君子貞，大往小來。」其「扶陽抑陰」之思想，由此可窺也。〔註175〕

其卦與爻，是為形而下之「器」者也，在上爻之位，無論陰陽，皆有消剝殆盡之義也。

是以「陽無死義」，止得就「相對」上以為說，不可以爻位論也。於相對上而言，陽為生存，陰為死滅可也，然就其本身而言，始終末嘗絕也，故「陽道不絕，陰道絕」實得就相對上而言。〔註176〕若夫可知可聞可見可知者，皆太極也，陰死陽生也。夫〈繫辭〉言「太極生兩儀」，是「太極」猶可論也。其存而不論，超拔乎六合之外者，乃先天以存之，無有生死焉，方是無極也。〔註177〕

以「道」言之，陽氣欲升，陰氣欲降；以「器」言之，陰陽皆可升降也。〔註178〕淮南子曰：「陰陽與和，共生物形。」是太極生陰陽兩儀，而陰陽相交復生太極，故〈繫辭〉云：「天地絪縕，萬物化醇；男女構精，萬物化生。」是人之與物，莫不各為一絕對之太極也，亦莫不各為一陰，或一陽也。〔註179〕惠棟曰：「陰為虛，陽為實。」者，以卦爻之陰陽觀之，可得其理也。驗之事物之質態，其陽剛而陰柔，亦可譬焉。然以自然之道言之，陽為發散作用，是為虛矣，陰為凝聚作用，是為實矣。然則，虛之與實，陰之與陽，唯心是問。〔註180〕陽之發散，由小而大矣；陰之聚結，由大而小矣。故陽為大而陰為小也。而此思想形諸文字，於易可見者，首推泰否二卦辭也。夫陰陽相對之觀念，載諸《周易》經文者，亦由此徵焉。〔註181〕

夫「禮」者，其一舉一動之制宜，實合天地之時節，為百年之雛形，此猶

〔註175〕參見例七五條（4）（5）（6）惠案所載。又參見例十八、例十九條（1）。
〔註176〕參見例二十總案，例十九總案。
〔註177〕參見例三十條（2）愚按。
〔註178〕參見例三六條（1）愚按。
〔註179〕參見例二三條（4）愚按。
〔註180〕參見例三一條（2）愚按。
〔註181〕參見例七五條（4）（5）（6）愚按。

莊子所云「大小之辨」耳，故《三統曆》曰：「以陰陽之中，以制其禮。」賈逵曰：「欲使人君動作不失中也。」，乃皆謂效法天地之時節而制禮儀也，此爲「天時」之「中和」，「人事」之「中和」也。「中」爲形而上之「道」，仍須落於形而下之「器」，猶有理想，須輔以計劃，方能湊效，故曰「中非禮不愼」也。「禮非樂不履」亦是禮在上、樂在下，其理亦然。〔註182〕荀悅《申鑒》曰：「以天道作中，以地道作和。」乃以天道爲「大本」，此近乎形而上者也，故曰「中」；其地道爲「達道」，此近乎形而下者也，故曰「和」也。〔註183〕

二、象數方面

甲、言占筮

〈繫下〉第二章云：「古者包犧氏之王天下也，仰則觀象於天，俯則觀法於地，觀鳥獸之文，與地之宜，近取諸身，遠取諸物，於是始作八卦，以通神明之德，以類萬物之情」古來《易》學家多信其言，多謂八卦創始神農、黃帝之前矣。然經近代考古學家之發掘，乃書寫千古以來翻案之文章，即所謂殷周時期「數字卦」也。〔註184〕

或謂伏犧創八卦而文王重之爲六十四卦，按之〈繫傳〉，不攻而自破。〈繫下〉第二章不亦云乎：「古者包犧氏……作結繩而爲罔罟，以佃以漁，蓋取諸離。」朱熹解此語曰：「兩目相承。」所謂「兩目」者，〈說卦傳〉云：「離爲目。」故「兩目相承」即離之重卦也。於斯可知，其作〈繫傳〉此文者，謂伏犧已重卦矣。而吾人不問可曉，「伏犧」乃託古之辭耳。然則，世傳八卦及六十四卦陰陽符號，濫觴於何時耶？

其殷周時期「數字卦」（或謂數卜法），已備六爻之重也。且有「象」「數」並行之趨勢也。蓋數字卦法，乃以數立卦焉，而張亞初、劉雨二氏亦發現甲文中有類似《太玄經》之卦畫也，愚謂此乃以象立卦之祖也。若〈繫傳〉所載〈大衍之數〉一章，爲《周易》之成卦法，則《周易》之陰陽符號及「七九八六」之筮法，當爲揉合前二者而成也。〔註185〕是以知，八卦及六十四卦陰陽符號之確立，當在周初時期也。且彼時方始有八卦及六十四卦名之訂定也。而其取名，亦包含「近取諸身，遠取諸物」之歸納法則也。夫數字卦無

〔註182〕參見例二六條（1）（2）、例二八條（5）愚按，反例二一條（11）惠棟案語。
〔註183〕參見例二三條（5）愚按。
〔註184〕參見例三條（9）、例四、例五條（1）愚按。
〔註185〕參見例五條（1）愚按。

所謂「象」，至八卦及六十四卦之確立，方可表示出「鼎」「井」「豐」「噬嗑」等抽象之形態也。〔註186〕

　　數字卦法，似尚未有爻變動之觀念也。唯行一事多筮之筮法，以觀其因果，察其始末也。〔註187〕愚又紬閱《尚書·洪範》一篇，其言「曰貞曰悔，占用二」，愚以此即指一事二筮之法也。夫以卦言之，其內卦曰貞，外卦曰悔，豈非筮二次之單卦耶？以一組二重卦言之，則先筮之卦爲貞，後筮之卦悔矣。由其引伸之義，遂有時間之夙遲、空間之更易、動靜之對等關係也。〔註188〕

　　〈說卦傳〉前三章，於《帛書周易》乃併入〈繫傳〉之中，〔註189〕而其「參天兩地而倚數」一句，愚以可說明殷周之際數字卦法，演變至「大衍之數」筮法之過程也。〔註190〕此亦可證「天地之數」與「大衍之數」有某種關連性也。〔註191〕今所見最早筮占之記錄者，皆載於《左傳》〈象傳〉中。左傳有「某卦之某卦」者，此殆漢代《焦氏易林》之先鋒也。易林一書，標舉四千零九十六卦，皆「某卦之某卦」，實六十四卦與六十四卦相重也。曰卦變以得之，則「某卦之某卦」之「之」字含有「變」義也。嚴靈峰曰：「《左傳》

〔註186〕參見例三條（9）（17）愚按。創卦爲歸納法則之運用，則占象爲演繹法則之運用也。

〔註187〕參見例五註六。

〔註188〕參見例四六愚按。

〔註189〕參見于豪亮遺作《帛書周易》，1984年《文物期刊》第三期，頁15。

〔註190〕于豪亮言〈帛書周易〉未見「大衍之數」章。愚以爲不外有下列數因：家學之異、版本之異、遺佚、漏抄、晚出。張政烺云：「我們所知道的講周易筮法的書，較早的一種是朱熹《周易本義》後邊附錄的〈筮儀〉，其來源可以追溯到〈繫辭傳上〉『大衍之數五十』這一章，但是馬王堆帛〈繫傳〉還沒有這一章，『盜之招也』句直接『易有聖人之道四焉』句，比唐石經少204字（所缺文在《周易正義》第八章，在《周易本義》第九章），可見這一章是後加。而《論衡·卜筮篇》有『案易之文，觀揲蓍之法，二分以象天地，四揲以象四時，歸奇于扐以象閏月』云云，皆似上舉〈大衍章〉之文，可見〈大衍章〉是西漢中期的作品。再往前推就找不到線索，其筮法無可考。」（引自《考古學報》1980年，第四期〈試釋周初青銅器銘文中的易卦〉一文，頁406。）是張氏以〈大衍章〉爲晚出，於西漢中期時後加於繫辭傳。而論衡言「案易之文」云云，可見王充或引易文以爲說也，是其時〈大衍章〉殆已編入易文也。觀今本說卦傳前三章於《帛書周易》乃爲〈繫辭傳〉之一部份，是〈大衍章〉亦可能於漢文帝時有家學之異、版本之異、遺佚（其後復得）、漏抄等情形也。而〈大衍章〉當不必晚至西漢中期始作也。

〔註191〕參見例五條（1）愚按。

中所云『某卦之某』者，……『之』字絕無任何意義。」然而《左傳》載「艮之八」占例，史曰：「是謂『艮之隨』，隨其出也，君必速出。」，此當爲不同於《周易》所占之古占法也。且顯而易見，其筮史乃占變卦而非占本卦；《國語・周語》「乾之否」占例，亦占變卦否也。然則，「之」字有「變」義，明矣。〔註192〕其「艮之八」占例，乃五爻皆變動，而以不動之第二爻爲用神也。唯穆姜及筮史皆占變卦隨，而非占本卦；然察艮卦六二爻辭，亦近筮史之辭也。故愚疑筮史之占，未嘗盡捨本卦而直視本卦也。〔註193〕若夫〈晉語〉「貞屯悔豫皆八」占例，則爲一事二筮之法也；以祝辭乃「尚有晉國」，故以二卦不動之世爻爲用神也。而此」艮之八」「貞屯悔豫皆八」二例，筮史皆占不吉，而王公大臣引《周易》而占皆曰吉也，此似爲占法之異使然。〔註194〕

其乾坤「用九用六」所云，乃乾坤六爻皆變，而兼占本卦與變卦之辭也。今之卦辭者，則爲六爻靜之占辭也。此由《左傳》占例可得之也。《左傳》多一爻動之占例，然「艮之八」則爲五爻動之例。周語「乾之否」，爲三爻動之占例也。唯乾坤外，餘六十二卦無見「用九用六」者，愚疑餘六十二卦六爻皆變，即成「旁通」矣，乃兼占本卦及變卦之卦辭也。〔註195〕

〈象傳〉有明爻變動之例者，文言傳繼而載之。屈萬里於《先秦漢魏易例述評》一書中云：「按陰動生陽，陽動生陰，本爲占筮之法。《易》所以占筮，故此義蓋自有《易》時即有之。然經中無明文。至坤六二〈象傳〉，始有：『六二之動，直以方也』之語，爲言陰陽變動之始。〈文言傳〉更申言之（按：指坤〈文言傳〉「坤至柔而動也剛」一句）。彼〈象傳〉柔變剛及剛變柔之義，類漢人所謂消息者，尚與此有間也。」（學生書局，頁45）其言甚是。愚謂「自有《易》時」當指陰陽符號確立時也。

乙、審圖說

「伏犧」既爲託古之辭，其陰陽符號之八卦尚於周初方始確立，則「伏犧八卦次序」圖亦託古之作耳。其圖與〈說卦傳〉所云者有別。以震坎爲陽卦，離巽爲陰卦者，見於〈說卦傳〉。而此圖於「八卦」列中，將震坎歸入「陰」，離巽歸入「陽」，是二者有所出入也。其「伏犧八卦次序」之排列有瑕疵，則

〔註192〕參見例十四愚按。
〔註193〕參見例十四愚按。
〔註194〕參見例十五及例四二條（4）愚按。
〔註195〕參見例五四總案。

「伏犧六十四卦次序」圖，因之以生者，豈非奠基未固，復以構棟宇歟？朱熹論「六十四卦方位」圖，云：「圓於外者陽，方於中者爲陰，圓者圖而爲天，方者靜而爲地者也。」然則，豈非「圓」者爲時間之序，「方」者爲空間之序乎？陰陽符號，既在數字卦之後孕育而成，則所謂「先天四圖」亦必在西周陰陽符號之八卦及六十四卦確立後所產生者。〔註196〕

世傳本〈說卦傳〉第三章「水火不相射」，帛書本作「火水相射」，又曰「雷風相薄」，皆指兩兩相對旁通卦也，乃合「伏犧八卦方位」圖。第六章言「雷風不相悖」則指震巽二卦非相對而置，乃合「文王八卦方位」圖也。〔註197〕又依納甲法，乾甲坤乙相合爲木，乾壬坤癸相合爲水，震庚巽辛相合爲金，離己坎戊相合爲土，艮丙兌丁相合爲火。然則，「伏犧八卦方位」圖乃兩兩相對卦爲相合也。〔註198〕惠棟《易漢學》「五行」一節引王充《論衡》之語，吾人可由之得知「文王八卦方位」圖，其兩兩相對卦乃相沖（衡）也。〔註199〕

夫巽九五爻動成蠱，而蠱〈象傳〉言：「先甲三日，後甲三日，終則有始，天行也。」巽九五爻辭亦曰：「先庚三日，後庚三日。」是二卦有某種密切關連性。且與「八卦納甲圖」相合。〔註200〕其「甲子卦氣起中孚」，語見《易緯・稽覽圖》。按之「六日七分圖」，則中孚卦位於消息十二月子之位，故其干支實屬「甲子」。〔註201〕

其屯〈象傳〉曰：「剛柔始交。」愚按之「十二消息」例及「六日七分圖」，知「剛」指初九，消息爲子；「柔」指六二，消息爲丑；子爲十一月。而《集解》引崔憬曰：「十二月陽始浸長而交于陰，故曰剛柔始交。」蓋十一月盡，至十二月，陽爻始與陰爻之氣相交也。

丙、觀卦象

夫八卦及六十四卦之設，必經歸納法則以制焉，其「井、豐、噬嗑、鼎」諸卦，可顯以窺物象者，然則，「象」與「各」猶手與足，未嘗一日離焉。其上爻有「血」之象例，而王弼《略例》，成蓉鏡《周易釋爻例》諸書無見此說。愚乃舉之：坤上六爻辭：「其血玄黃。」屯上六爻辭及象傳：「泣血漣如。」

〔註196〕參見例一、例九愚按。
〔註197〕參見例一註十九。
〔註198〕參見例一注十九及例三條（6）愚按。
〔註199〕參見上篇第參章註四。
〔註200〕參見例七二條（12）愚按。
〔註201〕參見例五六。

歸妹上六爻辭：「士刲羊無血。」而上所舉諸例，乃以爻位在上，未能以「半象」比之。至若需六四爻辭：「需于血。」小畜六四爻辭：「血去惕出。」是需小畜二卦，三至五爻體離，何曾有坎之象耶？而細思之，其乃取「旁通卦」三至五爻體坎象矣。且夫〈說卦傳〉亦云：「震，其究爲蕃；巽，其究爲躁卦。」是震巽互取旁通卦象明矣。今以離爲血，愚謂是「血脈」之象，其象乃取截面而觀之也；坎爲血，則爲血液也；坎離旁通，是血流於血脈之象也。或曰「血去惕出」之「血」爲「恤」之本字，較其語法，頗可得說。其「去」「出」詞性相同，則「惕」「血」必然相同；審夫〈說卦傳〉，不亦云乎：「坎爲加憂。」，然則「恤」之象亦在坎中，是「血」「恤」取象亦復相同，猶「兌」「說」「悅」「脫」「挩」同取于兌卦也。泰九五：「繫于苞桑。」屈氏注：「苞一作包，古通用。」又云：「二五爲中，二爲初三所包，五爲四上所包，故有包義。」則「苞」「包」同取中爻之象也。是卦象亦有歸納文字形體之功用；旁通卦有取象相同之處也。〔註202〕

　　夫重卦有以倒反兩卦爲象者也，如中孚外實內虛，故有豚魚及舟船之象；小過內實外虛，故爲飛鳥之象也。亦有以內外卦相同爲象者，如離卦兩目相承，爲網罟之象；此乃就網罟之孔眼觀之，若就繩索本身交錯觀之，似取坎之重卦爲宜矣。重卦有似器皿者，如豐卦，上震象豆之大口，下離象豆之腹也。其單卦者，如離卦，說卦傳云「爲甲冑」取其外剛物護內柔物也；「爲大腹」取其象「日」之形也；「爲、爲蟹、爲、爲蚌、爲龜」，則兼取其質與形也。〔註203〕又蠱卦之內卦巽，即象蟲也；就蟲之卦象，即可見蠱字之形義也。〔註204〕

　　朱熹《語類》云：「中孚便是大底離。」乃謂中孚爲離之單卦，其陰陽爻各加倍而得之也。

　　如大壯卦由兌之單卦而來，說卦傳曰：「兌爲羊。」故大壯爻辭中屢有羊之象也。

丁、推爻等

　　凡六親之設，視其爻之納支與本宮之五行生剋而定焉；亦可以爻與爻之間而窺其彼此之關係。〔註205〕《參同契》曰「臨爐施條」者，「爐」當指納音

────────────────────

〔註202〕參見例七十條（1）愚按，及例七十註九註十。屈氏之語見《先秦漢魏〈易例〉述評》，頁16。
〔註203〕參見例六五條（8）愚按。
〔註204〕參見例四二條（20）。
〔註205〕參見例四五條（8）愚按。

法之「丁卯爐中火」而言也，以臨卦陽息至二，持世丁卯也。〔註206〕〈象傳〉曰：「否，君子以儉德避難，不可榮以祿。」依爻等諸法，乃否之卦身、消息及世月皆持兄弟，而世爻為妻財受其剋害也。〔註207〕虞翻之例「震巽特變」者，因二卦互為旁通之外，其納甲支亦復相合也。〔註208〕若夫剝上九曰「碩果不食」，復卦辭曰：「亨，出入無疾，朋來無咎，反復其道，七日來復，利有攸往。」坤卦辭曰：「東北喪朋」者，愚以納甲支與六親、五行諸法推之，皆有得矣。〔註209〕

戊、明卦變

乾坤「用九用六」之義，其義同虞翻所創「旁通」之例也。其辭義於乾坤二卦首發其例，而餘六十二卦未之見也。世傳本《周易》唯泰否二卦，乃兼「旁通」（即錯卦）及「倒反」（綜卦）之義。而乾坤、坎離、大過頤、小過中孚，皆兩兩互為旁通之排列次序也，餘皆為兩兩倒反之排法也。「用九用六」即乾坤六爻皆變之義也，而虞翻無取其變義，徑以另一六爻皆相對之卦而釋其原卦之辭也。〔註210〕

屈萬里曰：「象傳即以反對之義說之。」證之諸文，其言甚確。〔註211〕而郡子以反對之義，言六十四卦生成之由來，自較虞翻以爻位消息推卦之所由來者，更合乎《周易》之本義也。〔註212〕漢人言「反」者，乃兼「旁通」之義。王弼略例所云「反對」者，實「旁通」也。至正義已將「反」者歸入「倒反」之義，乃與「旁通」有別也。〔註213〕又損益一卦互為倒反，猶損初爻置於上爻之上而成益也；益上爻置於下爻之下而成損也。故損〈象傳〉「損下益上」，乃由損而言益；益〈象傳〉則由益而言損也。愚名之曰「損益特變」例也。餘義詳參前「宜增之例」文中。

惠棟以「乾二升坤五」釋乾九二文言傳「《易》曰：見龍在田，利見大人，君德也」之義，然若九二為有「君德」之人，則如孔夫子之倫，何必升為九

〔註206〕參見例四九條（9）愚按。
〔註207〕參見例四九條（9）愚按。
〔註208〕參見例七二條（1）愚按。
〔註209〕參見例十九愚按。
〔註210〕參見例五三～五五及例六九～七一。
〔註211〕參見例四二條（19）愚按。
〔註212〕參見例十四、例六六條（4）愚按。
〔註213〕見例六五總案。

五之君耶？其乃有其德而無其位者也。〔註214〕虞翻以「成既濟定」例釋諸經傳之文，將「不正」之爻，使之「反正」「之正」或「互易得正」。愚以謂爻惟有陰陽動變，未有「之正」「反正」「升降」「之卦」也。若能動而「反正」，則豈未能動而失位耶？又孰令之動歟？又其兩爻互易之說，隨文取釋，未有定準，實不可信也。〔註215〕

己、究《易》辭

夫揲蓍成卦之數「六七八九」，與河圖成數「六七八九」之本義不同，不可相類比也。〔註216〕胡渭以揲蓍成卦之數「六七八九」即「四象」，頗有道理也。而此四數，乃與「四正」「四時」「五行」「十二消息」本無干涉也。〔註217〕

夫〈繫辭傳〉「五位相得而各有合」屈萬里以為明言五行配數字之義也。而惠棟取之以納甲配五行之義，而合之〈說卦傳〉「天地定位」云云之說，實有扞格之處。〔註218〕

泰之九二爻辭，古來學者各申其說，而見解遂異。其辭宜讀作：「包荒，用馮河，不遐遺，朋亡，得尚于中行。」「朋亡」，帛書本作「弗忘」；而「中行」即「行中」之倒裝也。全義即：以腰舟渡河，不因渡至彼岸遂棄之而不用，乃弗忘之攜於道途之中也。〔註219〕爻辭「中行」之義，實即「道路之中」也，而象傳言「中行」者，已趨於義理上之申詮矣。若夫「中」字之義，於爻有三類：一、以二五爻為中，乃以內外之單卦言之；二、以三四爻為中，乃以重卦視之；三、二至五爻亦稱中，語見〈繫傳〉。〔註220〕「中和」者，以義理上言之，二五兩爻皆有中和之德也。唯就象數上言之，即三統曆所云「二五為中，相應為和」也，即須二五一陰一陽而相應，始得稱「和」。〔註221〕

夫莊子云：「御六氣之辯」之「六氣」，與「六合之外，存而不論」之「六」，愚謂皆指卦之六爻也；而「六合」者，即六爻相合也。〔註222〕莊公三年〈穀梁傳〉曰：「獨陰不生，獨陽不生，獨天不生，三合然後生。」之「三合」，

〔註214〕參見例三一條（2）、例五十條（2）愚按。
〔註215〕參見例五一條（6）愚按。
〔註216〕參見例六二總案。
〔註217〕參見例一條（1）愚按。
〔註218〕參見例一注十九。
〔註219〕參見例五十條（12）愚按。
〔註220〕參見例三五愚按。
〔註221〕參見例二一條（1）愚按。
〔註222〕參見例二一條（14）愚按。

亦指爻之納支相合。〔註223〕前者如小畜、益二卦，皆一四子丑合，二五寅亥合，三上辰酉合也；後者如乾、坤二卦，是一四子午沖，二五寅申沖，三上辰戌沖；而亦得變爲「三合」，即初三五申子辰三合成水局，二四六寅午戌成火局也。〔註224〕

其「游魂」之「游」者，乃游於外卦之謂也；「歸魂」之「歸」者，乃歸於內卦之義也。〔註225〕

坤上六爻辭「龍戰于野，其血玄黃。」文言傳以「消息」言之，荀爽則兼以方位釋之，皆有理焉。〔註226〕

若夫既濟卦辭：「亨小利貞」，象傳斷作：「亨小，利貞」者，誤矣；愚證之遯卦辭及〈象傳〉，與《帛書六十四卦釋》，當作「亨，小利貞」也。且既濟卦辭無「元」字，顯其本身已非「四德」皆俱，則惠棟「元亨利貞怕言既濟」之例，實不攻而自破矣。〔註227〕豫卦「豫」字之義，證之諸爻辭及〈繫傳〉，實皆作「豫備」解，非「豫樂」「豫怠」之義也。至〈象傳〉曰：「豫，先王以作樂崇德。」之「樂」，乃作「音樂」解，非「愉樂」之義也。〔註228〕

屯〈象傳〉：「剛柔始交而難生。」之「交」乃「陰陽相接」之義也；賁〈象傳〉：「分，剛上而文柔。」「文」乃離德相對性之通義也；二字皆非「陰陽雜」義。又「分」字不宜與「剛上而文柔」連讀。愚論於「宜增之例」矣。

庚、考史實

夫古代易、覡、筮、卜、史之關係甚密也。〔註229〕《易》本占筮之書，卦爻辭非一人一時一地之作，亦非成於周武王時，屈萬里謂之成於一人一時，即成於周武王之某人者，非也。愚謂世傳本《周易》卦爻辭乃綜合不同之時地人事物而成之辭，乃經人潤飾，或成押韻之文句者，其目的在易于背誦也。〔註230〕愚由蠱革二卦辭，及巽六五爻辭，可以知其與天干地支頗有關係。而《周易》卦爻若配合納甲納支納音，得以占得事物之脈絡；夫時有變而境有

〔註223〕見例七惠案所引。
〔註224〕參見上篇第參章註四。
〔註225〕見例四二條（1）愚按。
〔註226〕參見例四三條（4）愚按。
〔註227〕參見例五一條（9）愚按。
〔註228〕參見例十五愚按。
〔註229〕參見例三條（4）愚按。
〔註230〕參見例三條（14）愚按。

遷，故卦爻辭非一辭止言一事或一物也。〔註231〕

　　夫「象」字，疑古作官名。段玉裁謂韓非以前或祇有「象」字而無「像」字，而於小篆之後方有之。其〈繫傳〉作「像」字者，有鄭玄、王弼二本，段氏謂其非不可信也。然則，〈繫傳〉之作者，以「像」釋古文「象」字，是〈繫辭傳〉之作，當不早於韓非時也。〔註232〕

　　世傳本六十四卦排法，極可能在《帛書周易》撰寫之前已如是矣，故張政烺謂《帛書周易》之排法，乃經後人改動者，有其可信度也。而于豪亮曰：「帛書本顯然是另一系統的本子。」亦有可能如此也。〔註233〕

　　愚又從卦爻辭中所載之「君子、小人」及其所舉之辭，推敲其義，乃隱含濃厚之封建階級制度之影子，其言「君子、小人」乃重在「位」之區分，而非在「德」之高下也。至儒家論語所言之「君子、小人」者，則較重於「德」矣，然亦有尊卑之意味也。〔註234〕

　　解六五爻辭曰：「君子維有解，吉，有孚于小人。」其「維有解」乃「有解維」之倒裝。「孚」字，張立文以爲作「俘」解，然驗之〈象傳〉：「君子以赦過宥罪；君子有解，小人退也。」則似以作「信」義爲佳。因在上位之官，解其在下位之民之桎梏，乃赦免其刑罰，言出必行，是有信于民也。愚疑解九四爻辭：「解而拇，朋至斯孚。」乃施刑逼供，及含冤平反之描述也。所謂「而」，即「爾」字，即「汝」也，乃第二人稱也。文義如下：「汝將受割除拇指之刑，然至汝朋友臨蒞，可證汝之冤情，故得以免罪也。」，是以，由此解卦可見我國古代典獄制度情況也。〔註235〕

　　愚就《老子》：「道生一，一生二，二生三，三生萬物。萬物負陰而抱陽，沖氣以爲和。」〔註236〕及莊子「六氣」「六合」之說，〔註237〕得知儒道同源於《易》也。

〔註231〕參見例三四愚按。

〔註232〕參見例十愚按。

〔註233〕參見例六五條（7）愚按。

〔註234〕參見例七七總案。

〔註235〕參見例七七條（2）愚按。

〔註236〕參見例四二條（3）愚按。

〔註237〕參見本節己條「究《易》辭」下所述。

參考書目

1. 〈卜筮之易與義理之易〉，戴君仁，《書目季刊》第六卷，第二期。

2. 〈大易哲學之對立而統一義〉，高懷民，《哲學與文化月刊》第四卷，第六期。

3. 〈中國哲學的基本觀念〉，羅光，《哲學與文化月刊》第五卷，第八期。

4. 〈六藝——易——生生概念的内外結構〉，張肇祺，《哲學與文化月刊》第四卷，第五期。

5. 〈先秦筮書考〉，黃沛榮，《書目季刊》第十七卷，第三期。

6. 〈西周卦畫試說〉，徐錫台，1979 年「中國考古學會」論文集。

7. 〈周易「元亨利貞」析論〉，蒙銘傳，《中國學術年刊》第六期。

8. 〈周易成卦及春秋筮法〉，程石泉，《哲學與文化月刊》第四卷，第六期。

9. 〈帛書六十四卦跋〉，張政烺，1984 年《文物》第三期。

10. 〈帛書周易〉，于豪亮，1984 年《文物》第三期。

11. 〈易經占筮性質辨說〉，李旭昇，《中國學術年刊》第四期。

12. 〈易學中的「中道」思想〉，高懷民，《哲學與文化月刊》第五卷，第八期。

13. 〈馬王堆帛書六十四卦釋文〉，整理小組，1984 年《文物》第三期。

14. 〈從商周八卦數字符號談筮法的幾個問題〉，張亞初，1981 年《考古學報》第二期。

15. 〈從漢易源流探討京房易的承傳問題〉，李周龍，《中國學術年刊》第二期。

16. 〈惠棟易漢學正誤〉，沈竹礽，《中央圖刊》第一卷，第一期。

17. 〈試釋周初青銅器銘文中的易卦〉，張政烺，1980 年《考古學報》第四期。

18. 〈蔣總統與易經哲學〉，楊汝舟，《哲學與文化月刊》第四卷，第六期。

19. 〈談易經之理念理境與理趣〉，張用俊，《學粹雜誌》第十三卷，第二期。

20. 〈論易經中「時」的意義〉，高凌霞，《哲學與文化月刊》第五卷，第八期。

21. 〈論馬王堆帛書易經之卦序〉，黃沛榮，《書目季刊》第十八卷，第四期。

22. 《九曜齊筆記》，惠棟，《四部分類叢書集成續編》。

23. 《十三經引得》，南嶽出版社，民國 66 年 2 月版。

24. 《十三經注疏》，東昇出版事業公司，引重刻宋版本。

25. 《卜筮正宗》，王洪緒，宏業書局，民國 74 年 3 月版。

26. 《中國文化史工具書》，無名氏，木鐸出版社，民國 72 年 9 月版。

27. 《中國文化地理》，無名氏，龍田出版社，民國 71 年 4 月版。

28. 《中國文明史話》，無名氏，木鐸出版社，民國 72 年 9 月版。

29. 《中國古代天文簡史》，陳遵嬀，木鐸出版社，民國 71 年 4 月版。

30. 《中國古代宗教初探》，朱天順，谷風出版社 1986 年 10 月版。

31. 《中國古史研究》，顧頡剛。

32. 《中國青銅器的奧祕》，李學勤，駱駝出版社，《古代文明之謎》。

33. 《中國通史》，文化大學，華岡出版公司，民國 66 年 9 月版。

34. 《中國經學史》，本田成之，古亭書屋，民國 64 年 4 月版。

35. 《中國經學史》，馬宗霍，臺灣商務印書館，民國 68 年 9 月版。

36. 《中國學術家列傳》，楊蔭深，德志出版社，民國 57 年 5 月版。

37. 《六十四卦經解》，朱駿聲，漢京文化事業公司，民國 73 年 7 月版。

38. 《太玄經》，揚雄，臺灣中華書局，民國 63 年 7 月版，據明刻，本校刊。

39. 《文獻微存錄》，錢林，周駿富輯，《清代傳記叢刊》第十冊。

40. 《古書眞僞及其年代》，梁啓超，台灣中華書局，民國 55 年版。

41. 《古經解彙函》，鼎文書局，引上海蜚英館印本。

42. 《四庫全書〈易例〉提要》，新文豐出版公司，《叢書集成新編》第十七冊。

43. 《四書讀本》，蔣伯潛，啓明書局。

44. 《先秦兩漢陰陽五行說的政治思想》，孫廣德，嘉新水泥文化基金委員會，民國 58 年 11 月版。

45. 《先秦經籍考》，江俠菴，新欣出版社，民國 59 年 9 月版。

46. 《先秦漢魏易例述評》，屈萬里，學生書局，民國 64 年 3 月版。

47. 《先秦諸子易說通考》，胡自逢，文史哲出版社，民國 63 年 10 月版。

48. 《列子校釋》，陶光，河洛圖書出版社，民國 64 年 10 月版。

49. 《列子讀本》，莊萬壽，三民書局，民國 68 年 1 月版。

50. 《朱子語類》，黎靖德，文津出版社，民國 75 年 12 月版。

51. 《老子》，老子，臺灣中華書局，民國 65 年 7 月版據華亭，張氏本校刊。

52. 《老子》河上公注疏證，鄭成海，華正書局，民國 67 年 8 月版。

53. 《老莊哲學》，吳康，商務印書館，民國 55 年 1 月版。

54. 《考古學基礎》，無名氏，儒雅書局，民國 74 年 3 月版。

55. 《呂氏春秋》，呂不韋，臺灣中華書局，民國 68 年 2 月版據畢氏，靈巖山館校本校刊。

56. 《兩漢十六家易注闡微》，徐芹庭，五洲出版社，民國 64 年 12 月版。

57. 《周易古經今注》，高亨，樂天出版社，民國 63 年 2 月版。

58. 《周易古義》，惠棟，新文豐出版公司，《叢書集成新編》第十冊。

59. 《周易古義》，楊樹達，河洛圖書出版社，民國 63 年 5 月版。

60. 《周易本義》，朱熹，皇極出版社，民國 69 年 10 月版。

61. 《周易兩讀》，黃家騁，皇極出版社，民國 69 年 10 月版。

62. 《周易注疏及補正》，世界書局，民國 67 年 12 月版。

63. 《周易思想研究》，張立文，湖北人民出版社，1980 年 8 月版。

64. 《周易參同契正義》，董德寧，自由出版社，民國 61 年 8 月版。

65. 《周易異文考》，徐芹庭，五洲出版社，民國 64 年 12 月版。

66. 《周易集解纂疏》，李道平，廣文書局，民國 68 年 6 月版。

67. 《周易鄭氏學》，胡自逢，嘉新水泥文化基金委員會，民國 58 年 8 月版。

68. 《周易釋爻例》，成蓉鏡，廣文書局，民國 63 年 9 月版。

69. 《易大誼》，惠棟，新文豐出版公司，《叢書集成新編》第十七冊。

70. 《易例》，惠棟，臺灣商務印書館，民圖 54 年 12 月版。

71. 《易圖明辨》，胡渭，廣文書局，民圖 60 年 5 月版。

72. 《易緯八種》，鄭玄注，新興書局，民國 52 年 3 月版。

73. 《易學三書》，焦循，廣文書局，民國 59 年 10 月版引《皇清經解》本。

74. 《易學象數論》，黃宗羲，廣文書局，民國 63 年 9 月版。

75. 《易學新論》，嚴靈峰，正中書局，民國 58 年 7 月版。

76. 《明代考據學研究》，林慶彰，學生書局，民國 72 年 7 月版。

77. 《松崖文鈔》，惠棟，《四部分類叢書集成續編‧聚學軒叢書》第一集。

78. 《松崖筆記》，惠棟，《四部分類叢書集成續編‧聚學軒叢書》第三集。

79. 《初月樓續聞見錄》，吳德旋，周駿富輯，《清代傳記叢刊》第十九冊。

80. 《春秋占筮書》，毛奇齡，廣文書局，民國 63 年 9 月版。

81. 《春秋繁露》，董仲舒，臺灣中華書局，民國 64 年 2 月版，據抱經，堂本校刊。

82. 《昭代名人尺牘小傳》，吳修，周駿富輯，《清代傳記叢刊》第三一冊。

83. 《皇極經世書》，邵康節，臺灣中華書局，民國 60 年 5 月版。

84. 《秦漢的方士與儒生》，顧頡剛，里仁書局，民國 74 年 8 月版。

85. 《馬王堆漢墓》，無名氏，弘文館出版社，民國 74 年 11 月版。

86. 《偽書通考》，張心澂，臺灣商務印書館，民國 59 年 5 月版。

87. 《偽書通考》，無名氏。

88. 《國史大綱》，錢穆，臺灣商務印書館，民國 66 年 11 月版。

89. 《國朝耆獻類徵初編》，李桓，周駿富輯，《清代傳記叢刊》第一八一冊。

90. 《國朝詩人徵略》，張維屏，周駿富輯，《清代傳記叢刊》第二二冊。

91. 《梅花易數》，邵康節，竹林書局，民國 74 年 9 月版。

92. 《清人說薈》，周駿富輯，《清代傳記叢刊》第十三冊。

93. 《清代七百名人傳》，蔡冠洛，周駿富輯清代傳記業刊第一九六冊。

94. 《清代樸學大師列傳》，支偉成，周駿富輯，《清代傳記叢刊》第十二冊。

95. 《清史》，鼎文書局。

96. 《清朝先正事略》，李元度，周駿富輯，《清代傳記叢刊》第一九三冊。

97. 《清儒易經彙解》，鼎文書局，民國 61 年 4 月版。

98. 《清儒學案》，徐世昌，中華大典編印會，民國五六年 10 月版。

99. 《清儒學案小傳》，周駿富輯，《清代傳記叢刊》第五冊。

100. 《淮南子》，劉安，臺灣中華書局，民國 60 年 9 月版據武進，莊氏本校刊。

101. 《惠氏易學》，惠棟，廣文書局，民國 60 年元月版引《皇清經解》本。

102. 《湖海文傳》，王昶，廣文書局，民國 57 年版。

103. 《湖海詩傳》，王昶，王雲五主編《國學基本叢書》第二一五～六冊。

104. 《黃帝陰符經》，張果注，自由出版社，民國 60 年 6 月版。

105. 《新唐書》，歐陽修，鼎文書局，民國 69 年 3 月版。

106. 《新學偽經考》，康有為，盤庚出版社，民國 67 年 11 月版。

107. 《經學通志》，錢基博，學人月刊雜誌社，民國 60 年 1 月版。

108. 《虞氏易述解》，徐芹庭，五洲出版社，民國 63 年 2 月版。

109. 《漢書》，班固，宏業書局，民國 63 年 11 月版。

110. 《漢學師承記》，江藩，河洛圖書出版社，民國 63 年版。

111. 《說文解字注》，段玉裁，藝文印書館，民國 55 年 10 月版。

112. 《增刪卜易》，野鶴老人，集文書局，民國 65 年 1 月版。

113. 《增補荀子集解》，久保愛，蘭臺書局，民國 61 年 9 月版。

114. 《潛研堂文集》，錢大昕，臺灣商務印書館《四部叢刊》第八九冊。

115. 《學案小識》，唐鑑，周駿富輯，《清代傳記叢刊》第二冊。

116. 《禮記今註今譯》，王夢鷗，臺灣商務印書館，民國 69 年 3 月版。

117. 《禮記鄭注》，新興書局，民國 64 年 10 月版引校相臺岳氏本。

118. 《魏晉南北朝易學書考佚》，黃師慶萱，幼獅文化事業公司，民國 64 年 11 月版。

119. 《魏書》，魏收，鼎文書局，民國 69 年 3 月版。

120. 《續偽書通考》，鄭良樹，學生書局，民國 73 年 6 月版。

121. 《讀易漢學私記》，陳壽熊，廣文書局，民國 63 年 9 月版。

122. 《讀經示要》，熊十力，洪氏出版社，民國 65 年 3 月版。

123. 《靈樞經》，王冰，臺灣中華書局，民國 65 年 3 月版，據醫統，本校刊。